普通高等教育“十二五”规划教材

矿业经济学

（第2版）

李仲学　赵怡晴　李翠平　编著
李祥仪　主审

北　京
冶　金　工　业　出　版　社
2011

内容提要

本书比较系统地阐述了矿业经济学的有关概念、理论、方法和实践，对矿业与国民经济，矿业生产，矿产需求，矿产供给，矿产市场及价格，矿产资源评估，矿业投资决策，矿业经济模型，矿业政策，矿业、环境与社区等内容进行了较为详尽的论述和深入的分析，力求反映矿业经济领域理论研究与实际工作的新进展。

本书可作为采矿工程、矿业工程、矿山地质、矿山安全、资源经济等相关学科及专业的本科生、研究生的教学用书，也可作为地质勘查、矿山生产技术与管理、矿产资源经济等相关领域的科学技术人员的参考书。

图书在版编目（CIP）数据

矿业经济学/李仲学等编著．—2 版．—北京：冶金工业出版社，2011.9

普通高等教育“十二五”规划教材

ISBN 978-7-5024-5477-7

Ⅰ.①矿… Ⅱ.①李… Ⅲ.①矿业经济—经济学—高等学校—教材 Ⅳ.①F407.1

中国版本图书馆 CIP 数据核字（2011）第 190667 号

出版人 曹胜利

地址 北京北河沿大街嵩祝院北巷 39 号，邮编 100009

电话 (010)64027926 电子信箱 yjcbs@cnmip.com.cn

责任编辑 俞跃春 美术编辑 李 新 版式设计 孙跃红

责任校对 卿文春 责任印制 李玉山

ISBN 978-7-5024-5477-7

北京兴华印刷厂印刷；冶金工业出版社发行；各地新华书店经销

2001 年 5 月第 1 版，2011 年 9 月第 2 版，2011 年 9 月第 1 次印刷

787mm×1092mm 1/16；12.25 印张；295 千字；183 页

26.00 元

冶金工业出版社发行部 电话：(010)64044283 传真：(010)64027893

冶金书店 地址：北京东四西大街 46 号(100010) 电话：(010)65289081(兼传真)

（本书如有印装质量问题，本社发行部负责退换）

第 2 版前言

北京科技大学李祥仪教授与李仲学博士编著的《矿业经济学》(第 1 版)自 2001 年 5 月出版以来,深受广大读者的欢迎,推动了矿业工程及经济管理交叉领域的研究与应用,为我国矿业高等教育及研究生的培养做出了有益的贡献。早在 20 世纪 80 年代,李祥仪教授就开始将矿业工程技术与经济学相结合的尝试,并坚持进行了十几年的相关教学、科研与指导研究生的实际工作,有关科研与教学成果获得了部、省级奖励;在李祥仪先生等矿业经济领域先行者的影响与支持下,李仲学博士努力将在国外所学发达经济体的矿业经济理论应用于我国矿业经济实践中,于 1994 编写了《矿业经济学导论》,以促进矿业工程、经济管理及信息技术交叉领域的教学、科研及研究生教育事业的发展。《矿业经济学》(第 1 版)就是在这样的基础上诞生的。

近年来,我国社会与经济的观念、价值、制度、结构和水平等方面都发生了可观变化,国民经济总量及矿业产值翻了两番;矿山科学技术发展迅速,矿业经济管理变化深刻,矿业经济学研究内容持续丰富,有关新理论、新方法与新问题层出不穷。因此,需要对《矿业经济学》(第 1 版)进行修订。

《矿业经济学》(第 2 版)在框架结构上,保持了第 1 版篇章未变。在具体内容上,做了大量的增补与更新,主要包括:在绪论,矿业与国民经济,矿业、环境与社区等章节上,增加了有关矿业与可持续发展及知识经济、矿产与循环经济、矿企与社会责任、矿业社会问题与对策等新进展、新认识、新观念,以及有关经济学沿革、经济学研究对象及方法、矿业的社会经济属性等论述,补充了对矿业经济学研究内容、矿业与国民经济的关系、矿业经济特征等内容的界定;在矿产供给、矿产市场及价格、矿产资源资产评估、矿业政策等章节上,拓展了国外矿产资源分类、市场预测主要方法、国外矿产资源资产评估、我国矿业政策等内容;在理论与实践结合上,更新了有关数据,充实了部分案例;在篇章题名上,做了局部的用词修改;此外,增加了一些思考题,添补了一些参考文献,修正了原版中一些欠缺、过时或者不妥的内容。虽然经过这些修改和补充,但受作者水平所限,书中仍会有疏漏、不足乃至谬误之处,恳请读者批评指正。

《矿业经济学》(第 2 版)的修订工作,主要由赵怡晴博士、李仲学教授和李翠平副教授完成;李祥仪教授审阅了全书。在本书修订过程中,周耀东博士,博士研究生曹志国、孙振明、李鑫、刘丰志、祖秉辉,硕士研究生张琳琳、郑瑶瑕、唐良勇、刘宇、臧丽、胡磊、赵晓鹏、王朋飞等,均参与了图表设计、文字编录、版面编排、书稿审校等工作,作者衷心地感谢他(她)们做出的贡献。

本书的部分内容得到北京市自然科学基金的资助(项目名称:企业社会责任的动态性及应对ISO26000的策略;项目编号:9113025)。

作　者
2011年9月

第1版序

北京科技大学李祥仪、李仲学两位教授，根据多年从事矿业经济教学、科研和指导研究生论文工作积累的成果和经验，并参阅了国内外大量文献，编写了这本《矿业经济学》，现由冶金工业出版社出版，我对此书的出版表示祝贺。

中国是矿业大国，矿业是我国国民经济的基础产业，矿业所提供的矿物能源和矿物原材料是人类生存、社会发展和文明进步不可缺少的物质资源。不论在我国几千年的发展史上，还是在当今的工业化时期，或是在进入"知识经济"的时代，矿业在我国国民经济中都具有不可替代的重要作用。因而，对于矿业生产中的各种技术、经济与管理问题进行研究、总结和著述，都是非常有意义和应予以提倡的。在我国实行社会主义市场经济条件下，特别是面对加入 WTO 的形势，加强对矿产开发中各种经济问题的研究，尤为重要。

矿业经济学是应用经济学理论与方法，研究矿产资源开发利用过程中各种经济问题的一门学科。矿业生产和经营管理中有一系列的特殊经济问题，如矿产资源耗竭规律、矿山级差效益现象、矿石生产成本自然递增规律、矿产资源税费问题、矿山投资的高风险问题等等，这些都赋予了矿业经济学在研究内容与方法上具有鲜明的特色。

这本书的特点，一是比较全面、系统地阐述了矿业经济学有关的理论、方法和实践；二是力求反映矿业经济领域理论研究与实际工作的最新进展，对近年来广受关注的一些重要问题，如矿业与国民经济的关系、矿业投资决策、矿产资源与矿业权评估、矿业经济数学模型、矿业与环境及可持续发展等，作了较为详细的介绍和深入的讨论。

我希望这本书的出版，能对矿业院校师生的学习有所帮助，能对矿业工程技术人员和经济管理人员的工作有所帮助，能对我国矿业的发展和矿业学科的进展有所贡献。

朱训

2001 年 5 月 14 日

第1版前言

矿业经济学是研究矿产资源开发利用过程中各种经济问题的一门学科。它是经济学科中的一个分支,是一般的经济学理论与方法在矿业这个特殊产业领域内的应用,属于经济学科中的部门经济学。从另一方面看,由于矿业生产中技术方案、工艺流程、设备类型、经营参数等的选择都与经济问题密切相关,矿业开发中许多技术与管理问题的决策在很大程度上都取决于经济合理性原则,因而,许多矿业专业内容与经济学内容相互渗透,融为一体,矿业经济学也是矿业学科中的一个重要分支。

本书是在作者多年从事"矿业技术经济"、"矿业经济"教学、科学研究和指导研究生论文工作的基础上,并广泛参阅了国内外相关文献编写的(限于篇幅,一些英文参考文献被节略)。本书在内容上力求全面系统地反映矿业经济学的主要研究问题,在结构上,一方面对涉及的基本概念和基本理论予以阐述,另一方面引证和列举了必要的实际资料和研究成果,以增强其实践性和应用性。由于经济模型已成为矿业经济研究中的重要方法,在本书中单列一章进行介绍。矿业经济学的内容十分广泛,并且在不断地发展,本书限于篇幅,只能述其梗概。

本书的前言、第一、六、十章由李祥仪编写,第二、三、四、五、七、八、九章由李仲学编写。由于作者水平所限,书中出现的错误与不妥之处,恳请读者批评指正。

在此,衷心感谢全国政协常委、中国矿业联合会会长朱训同志为本书作序,衷心感谢北京科技大学熊国华教授审阅本书并提出了宝贵意见,衷心感谢中国矿业联合会王玉平同志、国土资源部胡德斌同志、北京科技大学教务处及教材科领导同志对本书的大力支持和热情帮助。

本书得到国家自然科学基金部分资助(项目名称:我国矿区资源开发中环境、经济、社会协调发展的理论及实证研究,批准号:79770010)。

作　者

2001 年 5 月

目　录

绪 论

第一节 经济学概述

一、经济学沿革

经济学是伴随人类文明而形成和发展的。在人类社会的早期，经济思想同其他思维形式相间杂处，共存不分。后来，原始公社解体、奴隶社会建立，生产力有了一定程度的发展，人们开始自觉地从经济的角度考虑问题，经济思想自此开始分离并逐渐地独立存在与发展。

古希腊哲学家、思想家亚里士多德（Aristotle，384～322B. C.）在《政治学》和《伦理学》等著作中，提出了比较系统的经济学思想，论述了商品的使用价值与交换等关于商品经济的见解，被称为“科学史上第一个经济学家”。

13 世纪，意大利神学家、哲学家、思想家阿奎那（St. Thomas Aquinas，1225～1274）在其主要著作《神学大全》中，从神学和伦理学的角度，论述了商品和借贷行为，提出了“公平价格”的思想，反对商业利润和借贷取息。

16 世纪至 17 世纪，重商主义思想开始流行于英国、法国、意大利、西班牙等地区，形成了一种代表商业资产阶级利益的经济学说和政策体系。它的基本观点是：只有金银才是国家真正的财富；除了开采金银矿，只有对外贸易才是财富的真正源泉；对外贸易的原则是少买多卖，使贸易出超，金银进口；国家应当干预经济活动，发展对外贸易，奖励和监督工业生产。到了 17 世纪中叶，当工业资本的发展超过了商业资本时，重商主义理论成为资本主义经济进一步发展的障碍，逐渐解体。

古典政治经济学创始人威廉·配第（W. Petty，1623～1687）在研究经济问题的过程中，适应了资本主义工业生产发展的要求，摆脱了重商主义的束缚，把研究对象从流通领域转到生产领域，并寻找经济现象背后的本质，进而考察了资本主义生产的经济变量之间的联系。他提出了“土地是财富之母，劳动是财富之父”的重要命题和劳动价值论的一些基本观点，在工资、地租、货币和利息等经济研究范畴作出了贡献，被称为“经典政治经济学之父”。

18 世纪下半叶，形成了以魁奈（F. Quesnay，1694～1774）为创始人的重农学派，主要观点是：农业是唯一创造财富的生产部门；商业只是进行流通，工业只改变物质财富的形式；提出“自由放任”原则，以使政治与法律制度等“人为秩序”与自然界和社会中存在的“自然秩序”即客观规律相一致，反对重商主义者的国家干预经济的主张。魁奈在《经济表》中分析了社会总产品的再生产和流通，是对社会资本再生产过程的第一次系统的分析。

古典政治经济学理论体系的建立者亚当·斯密（Adam Smith，1723～1790）批判了重商主义关于只有对外贸易才是财富源泉的观点，克服了重农学派关于只有农业才创造财富的片面性，指出财富是由一切生产部门创造的。他第一个系统地论述了劳动价值论的基本原理，触及到了剩余价值的来源问题。他于1776年出版的传世巨著《国民财富的性质和原因的研究》，又称为《富国论》，包罗的经济思想极为广泛，被称为“经济学的百科全书”。有趣的是，亚当·斯密在讨论地租时，也将矿租与地租相提并论，认为农（矿）产品最高成本决定经济租金。

19世纪初叶，古典政治经济学理论体系的完成者大卫·李嘉图（David Ricardo，1772～1823），在理论上坚持和发展了劳动价值论，并进一步分析了资本主义社会阶级对立关系在分配领域的表现。他在经济著作中，还涉及了货币流通和信贷、国际经济关系、税收等问题。他在讨论地租时，认为地租是支付给土地所有者的使用费，并由此引出了矿租（mineral royalty）的概念，通过矿租，使得矿产资源所有者能够补偿其资源消耗。他于1817年出版的《政治经济学及赋税原理》是古典政治经济学最具有科学论点的代表作。

19世纪30年代以后，美国和西欧国家的劳动者与资本家阶级之间的矛盾日益尖锐。特别是由于1848年欧洲资产阶级革命的影响，古典政治经济学逐步分解，形成了经济学理论的两个阵营，出现了所谓的“庸俗”政治经济学和社会主义政治经济学鼎立的局面，是不同阶级或阶层的经济利益在思想及价值观念上的表现。

庸俗政治经济学从约翰·穆勒（J. S. Mill，1806～1873）开始，经过数理学派及洛桑学派的代表里昂·瓦尔拉（M. E. L. Walras，1834～1910）和维尔弗里多·帕累托（V. F. D. Pareto，1848～1923）提出了一般均衡论，由新古典经济学派的创始人阿尔弗雷德·马歇尔（A. Marshall，1842～1924）于1890年出版了代表作《经济学原理》，融合了供需论、边际效用论、生产费用论等，到凯恩斯（J. M. Keynes，1883～1946）于1936年出版了《就业、利息和货币通论》，主张实施货币与财政政策，实行国家全面调节经济活动，结合马尔萨斯（T. R. Malthus，1766～1840）的人口理论，形成了以保罗·萨缪尔逊（Paul A. Samuelson，1915～2009）为代表的新古典综合经济学派或后凯恩斯大主流经济学派。该学派在经济政策方面，主张运用财政政策和货币政策，调节总需求，以减少失业，消除危机，促进经济的稳定增长；在经济制度方面，倡导混合经济论，即公私部门共同对经济进行控制，认为现代资本主义制度是一种由政府进行调节的自由企业制度。萨缪尔逊的《经济学》（自1948年至2008年已经出版了18版），是这一学派的代表作。

社会主义政治经济学以哲学家、思想家马克思（Karl Heinrich Marx，1818～1883）于1867年出版的《资本论》第一卷为代表作，后经哲学家、思想家恩格斯（Friedrich Engels，1820～1895）等学者予以发展。

可以说，正如自然科学界伴随着一个周而复始的解析与合成相互作用的过程一样，人类社会发展的进程似乎验证着社会科学界及经济学界也在经历着一个大周期的由原始、经异化（dissimilation）到同化（assimilation）、同时伴随有多元化（ex uno plures）与一体化（e pluribus unum）相互促进的过程。随着世界经济全球化进程的推进，庸俗政治经济学和社会主义政治经济学目前似乎正趋于同化中。

二、经济学研究对象

现今的经济学，一般指以新古典综合派思想为主体的后凯恩斯主流经济学，它主要研究人类如何做出最佳抉择，以使用稀缺资源生产商品，并将其分配给社会成员或者团体以供消费之用。换言之，经济学研究人类如何在资源稀缺的条件下，有效、公平地生产、交换、分配和消费社会财富。

经济学的产生被认为是由于资源稀缺导致选择必要性而决定的。因为社会稀缺的资源和人们无限的欲望，使人类试图对可供选择的目标以及获取这些目标的不同方式进行抉择。可供选择的目标包括产品、服务以及精神上的满足等。实现这些目标的基本方式是生产与交换。生产能够创造产品及服务等商品或资产，而商品贸易能够使依赖于某种商品或资产的消费者能够从另一种商品或资产的拥有者处获得效益。由此，交换导致生产，即现存物资、资本和劳动向新商品的转换。而生产又可以带来进一步的选择，诸如劳务的使用和产品的分配等。

经济学认为，在全部经济活动过程中，生产是效益的源泉。但是，若没有产品交换，生产的效益就难以实现。所以，交换是最基本的经济活动之一。它对于资源的重新配置、发挥最大效益是必不可少的。即使是在没有生产的情况下，人们也能从现存物品的交换中获得效益。

从学科上看，经济学按照研究内容可以分为理论经济学、应用经济学和交叉学科。理论经济学研究与一定社会生产力相适应的社会生产关系的总体或者社会经济制度，主要领域有政治经济学、西方经济学、世界经济学、资源与环境经济学等。应用经济学研究物质资料的生产以及相应的交换、分配、消费等经济活动的关系、规律及其应用等，主要领域有国民经济学、区域经济学、产业经济学等。交叉科学是指由两种或多种学科的互相交叉和渗透而形成的经济学科，例如数量经济学、经济控制论、循环经济学等。

三、经济学研究方法

经济学的具体研究方法十分丰富。一般而言，可以从研究范围、研究目的、经济体系动态分析等主要方面予以考察。

（一）微观、宏观和中观分析

按照经济学所研究对象的范围大小，可以将经济分析方法划分为微观经济分析方法、宏观经济分析方法和中观经济分析方法。

微观经济分析又称为个体分析或者个量分析，是宏观与中观经济分析的基础。微观经济分析以市场经济中经济单元的经济行为作研究对象，确定相应的经济变量的数值。经济单元是指单个消费者、单个生产者或者单个厂商；经济行为是指经济单位为了获得最大的满足或者最大的利润而将有限的收入或者资源在可供选择商品的消费或者生产上予以配置的方式；单个经济变量简称为个量，是指厂商的成本或者利润、所使用的生产要素诸如土地、资本和劳动的数量及报酬和单一商品的需求量、供给量及价格等。通过分析经济行为和经济变量，可以发现其间的影响关系和相互作用，借以确定和力求实现最佳的经济目标。

微观经济分析的基本内容包括市场理论、价格理论、消费理论和生产理论等。其中，市场与价格是微观经济分析的核心问题。

宏观经济分析又称为总体分析或者总量分析，是在微观经济分析的基础上产生和发展起来的。它以整个国民经济活动为研究对象，分析其中经济变量、相互作用关系以及变化规律。宏观经济总量主要有：国民收入，国民生产总值，总供给与总需求，总就业量与总失业量，总消费量、总储蓄量与总投资量，物价水平，利率，人口以及这些变量的变动率等。

宏观经济分析的基本内容包括国民收入决定理论、经济周期理论、经济增长理论、货币及金融理论、财政政策理论等。

中观经济分析则以经济部门、地区或者企业集团为对象，研究其经济行为、经济结构、经济发展、基础设施、环境保护以及有关政策等方面的问题。中观经济分析的理论与方法，尚未形成完整的体系，仍处于发展之中。

（二）实证和规范分析

按照经济学研究的目的，可以将经济分析方法划分为实证分析方法和规范分析方法。实证经济分析方法以有关经济行为的假设为前提，研究经济系统运行的规律，并预测经济行为的后果。实证分析是经济学的主流研究方法，它广泛采用数学、系统科学等方法，研究经济系统中的数量关系，尤其是经济计量学、数量经济、经济控制论等学科的发展，加强了经济学的实证分析倾向。

规范经济分析方法则以经济活动的社会价值判断为基础，研究经济行为的判断准则和政策行动的福利后果。可以采用规范经济分析方法，研究经济发展速度、人类生活质量、资源与环境经济学、安全经济学等问题，为制定社会经济发展规划提供政策依据。

现实的经济问题，不完全是自然现象，而包含着众多的社会因素。因此，在对社会经济问题进行实证分析、定量研究经济变量的数量及其关系的同时，还需要进行规范分析，以加强经济决策的可行性。

（三）均衡分析

均衡分析是经济学研究中的一种重要分析方法。所谓均衡，原是物理学概念，即平衡。它指物体在外力的作用下，处于静止或者保持匀速运动的状态。在经济学中，均衡是指经济系统当其中重要变量在一定时期内保持不变时的状态。若商品价格下降，则需求增加，供给减少；而供给减少却会促使价格上升，进而导致供给增加，需求减少。当需求、供给和价格相互作用而最终使需求与供给达成一致时，便实现一种经济均衡。

经济均衡模型有两种。一是一般均衡模型，亦称为一般均衡论。它研究竞争条件下，各种市场及其相互作用。所谓市场，包括某种商品或者劳务的所有买主和卖主，而不仅仅是指某一地理位置存在的具体市场。所谓竞争条件，是指某市场包含众多的买主和卖主，且任何单独一方对市场及商品价格均无影响。当一经济系统中，各市场供给量与需求量相等时，便产生了一般均衡状态。

二是局部均衡模型，亦称为局部均衡论。它研究某一待定的商品市场，而不考察该市场与其他市场间的相互作用。当该市场上的供给量与需求量相等时，便认为达到了均衡状态。

所谓均衡分析，就是首先假定经济系统处于均衡状态。然后改变系统中某一或某些变量，并考察系统的新均衡状态。按照研究的目的，可以将均衡分析划分为三种：

（1）研究经济系统达到均衡状态的条件以及系统中经济变量的均衡值的均衡分析，称为静态分析。

（2）研究经济系统处于不同均衡状态时的经济变量均衡值及变化量的均衡分析，称为比较静态分析。

（3）研究经济系统从一个均衡状态到另一个均衡状态的变化过程及方式的均衡分析，称为动态均衡分析。均衡分析方法常被用来研究市场及价格、国民收入、货币政策等问题。

（四）边际分析

所谓边际，原是数学概念，指自变量单位变化所引起的函数值的变化。在经济学中，边际是指一个经济变量的相对变化对引起该变化的另一个经济变量相对变化的比率。生产者每增加一个单位产品引起的成本变化称为边际成本；生产者每增加一个单位生产要素诸如土地、资本或者劳动等引起的产量或者收益变化称为边际生产率或者收益率；消费者每增加一个单位消费品引起的效用变化称为边际效用等。

在经济学中，边际分析方法常被用于研究消费行为、生产规模、环境成本及效率、投资决策等方面的问题。

第二节 矿业经济学引论

一、矿业的经济属性

矿业泛指从地球特别是地壳提取具有经济价值的矿产品的产业，它承载着为人类生存与社会发展提供原材料的重任。从产业范畴看，矿业涉及冶金（含黑色、有色冶金及黄金）、煤炭、油气、核原料、化工、建材等相关部门；从生产过程看，矿业包括资产资源的地质勘查、矿厂建设、矿产开采、矿物加工等工艺环节。

就工业实践而言，人们通常将上述矿业生产过程环节归结为矿产资源的地质勘查及矿床技术经济评价；项目可行性评价；矿厂设计及矿山建设；矿床开采和矿物加工处理。

从经济学的角度看，矿业开发是一个具有更为广泛意义的动态经济活动过程，除了包括上述矿业生产过程的各个阶段及环节之外，还包括矿业上游的地质调查和下游的废弃物处置、矿山复垦、循环利用等涉及矿产价值链及生命周期的全过程。在此过程中，矿产生产者与社会对矿产需求的变化或者资源消耗的影响以多种形式进行响应。譬如，矿产勘查是一种响应方式。当一个矿床的勘探、矿建和开采成本比其他扩大供给方式的成本低时，便会产生此种响应方式。再如，在已知矿床内建设新矿厂是另一种响应方式。某些矿床在其勘探完毕时的开采价值可能很低，但后来因为市场情况或者采选技术条件发生变化，例如需求及价格的增长或采选新技术的应用，则这些曾经不值得开采的矿床的开发会比改扩建已有矿山、继续开采条件变差的矿床更有利可图。第三种响应是继续开采低品位矿床，这是矿产资源稀缺的标志。此时，替代品的研究与发展便会应运而生。当然，还有其他的响应方式。自然资源的过度消耗，正在引发环境、生态及气候的变化，迫切需要社会以创新的方式予以响应，拓展新兴的社会经济发展途径，诸如可持续、新能源、节能减排、资源循环利用等途径。

技术变化对前述响应过程或者经济活动有较大影响。勘查技术的进步，可以刺激勘探活动的加强。20 世纪 50 年代地球物理勘探方法的应用，曾经有效地促进了贱金属矿床的勘查及发现；而 80 年代地球化学勘探方法的改进，则使黄金矿床勘探的经济效益增加。

采选技术的进步，可以有效地降低矿产生产成本。一方面，使得现有矿山能够继续开采品位下降、开采条件变差的矿石；另一方面，促进以往不值得开采的矿床得到开发。20 世纪上半叶，大规模露天开采技术和泡沫浮选技术的应用，使得低品位次生辉铜矿在电气化大力发展及铜需求增加、高品位脉矿缺乏的情况下得以经济地开发；20 世纪 70 年代、80 年代，堆浸技术和碳浆技术的发展，使金矿处理成本得以降低，促进了低品位金矿床的有效开发。

技术变化还会导致新产品或者新材料的使用。高质合金、塑料、陶瓷和复合材料的应用，将会改变社会对金属材料的需求，它们以较低的成本或者较好的性能而替代原有的产品或者材料。在过去的近百年里，钢、铝及其他材料已经在建筑工业中大量地替代了木材；在过去的 50 年里，铝材已经在容器和包装行业大量地替代了马口铁；铝材、塑料已经在汽车工业中大量地替代了钢、铸铁和锌等材料。

矿业与社会对矿产需求变化或者资源消耗的响应方式是多样的，包括加强矿产勘查、建设新矿厂、改扩建现有矿厂、采用新技术以降低采矿及矿物加工处理成本、发展新材料以替代稀缺材料等。所以说，矿业是矿产资源供需及开发利用这一动态经济活动过程的一部分，不仅具有相关的技术属性，也具有极强的经济属性。因此，必须研究矿业工程的设计、建设、生产、废弃物处置与循环利用等决策及活动中的相关矿业经济问题，为矿产资源开发利用的政策制定和行为及活动的实施提供理论依据，使得矿产资源开发利用的经济效益或公平公正得到充分发挥与体现。

二、矿业的社会属性

矿业开发效果不仅受经济与技术因素的影响，还受社会因素的制约。对矿产资源开发具有独特作用的社会因素包括以下主要方面：

（1）矿产资源所有制；

（2）矿业税费；

（3）矿区生态环境；

（4）职业安全与健康；

（5）社区发展。

有关矿产资源所有制形式的法律主要有两类，即王权法和习惯法。在王权法律实践中，矿产资源的所有权及开发权归国家所有，德国就属于这种情况；而在习惯法实践中，地下矿产资源则由土地拥有者支配，美国和加拿大就属于这种情况。西方国家的矿产资源所有制多是上述两种形式的结合。在美国，私有土地占总土地面积的 60%，其下的矿产资源归土地所有者，而公有土地下的矿产资源则归州或者联邦政府所有。私有企业可以全权购买并拥有多数金属矿床及其所赋存的土地。而对能源矿产，则采用出租制。联邦政府向私有企业租赁资源并征收矿区租用税，但是，土地所有权仍然归属于联邦政府。在加拿大，多采用出租制。

在发展中国家，情况复杂多样。一些发展中国家原为他国殖民地，政治上独立以后，有矿产资源国有化的趋势。考虑到经济稳定与发展，这些国家往往采取与资源所有者达成协议的形式，共同开发矿产资源。

另有一些发展中国家，土地及矿产资源完全归国家所有。随着经济全球化进程的发展，计划经济持续转型，原有的经济制度在不断变革。此种情况下，研究制定并实施适应新型经济模式的土地、资源、税费等方面的法律法规和政策，确保全民所有的矿产及土地资源开发利用的效率与公平公正，显得尤为重要。

矿业开发具有明显的外部不经济效应及环境扰动性。采掘/采剥工程和废石、废水、尾矿，能够导致较大范围和程度的、长期和持续的地表和地下水系的扰动、植被及生物多样性损失、地表沉降及建筑物损坏、地形地貌及自然景观的破坏、辐射伤害、重金属及其他有毒有害物质的污染、温室气体与碳排放、滑坡及泥石流等，对周边社区产生负面的生态及环境、安全及健康风险，乃至引发事故疾病和致命灾害。矿业生产过程自身，还经常存在作业场所安全隐患和职业安全健康问题。矿产资源的大量开发和过度消耗，还会引发环境、生态及气候的变化。

因此，矿产资源及生态环境的持续利用、矿业生产作业场所安全及职业健康、矿山企业的经济决策及活动与矿山社区发展的关系等问题是矿业与其他产业相比较为独特、因此也十分重要的社会制约因素。矿业开发具有独特的社会属性，需要矿业经济学去研究。

三、矿业经济学研究内容

经过30余年的经济改革与发展，我国的国民经济总量得到了快速增长，但是仍然处于转型过程中。矿业作为发展中经济的基础产业，在我国的社会经济发展中还会继续发挥关键作用。但是，随着世界经济全球化进程的不断发展和世界经济总量及资源消费量的急剧增加，矿产资源、矿区环境与矿山安全等领域的经济与社会问题不断显现。因此，作为涉及获取和运用有关矿产资源开发利用的数学、科学、经济、社会和实践等知识的矿业工程学科，不仅需要研究和开发有关矿产资源开发利用的科学技术知识，而且必须探究和传播有关矿产资源开发利用的社会经济知识，借以合理地设计和有效地构建矿业工程及经济系统、进而全面提升人们生活质量、造福人类社会。矿业经济管理与矿业科学技术，两者相互促进，构成推进矿业工程学科和矿产资源开发利用产业发展的动力。

矿业经济学作为矿业工程学科的学术领域之一，主要涉及获取和运用数学、科学、经济、社会和实践等知识，包括理论、技术、方法和手段，研究和解决有关矿产资源开发利用的社会与经济问题。凡是与地质勘查、矿厂建设、矿床开采、矿物加工等矿业生产环节以及产业链下游的销售、使用、加工、处置等矿产交换环节相关的社会和经济及其与矿业科学技术的关系等问题，都可以纳入到矿业经济学范畴予以研究。

矿业经济学的主要研究对象是：

(1) 矿业系统内部的经济现象，即矿业组织包括企业、集团、协会、跨国公司等组织的经济决策与活动规律及其间的关系。

（2）矿业系统与其外部环境间的关系，即矿业系统与其他相关组织或者利益相关方诸如企业、产业、社区、公民社会、政府机构以及生态环境之间的相互影响作用。

矿业经济学的主要研究内容如下。

（一）矿业与国民经济增长、社会发展的关系

一般认为，矿业对于国民经济增长和社会发展具有重要的推动作用。尤其是自从西方第一次产业革命以来，全世界的经济以前所未有的速度快速增长，物质基础和主要生产要素是矿物燃料和金属材料，矿业通过原材料生产为经济的这种高速增长提供了有力支持。当然，在不同的社会发展时期，矿业对经济增长和社会发展所起的作用，在范畴上、程度上和方式上皆有所不同。研究矿业与经济增长、社会发展的关系和演化规律，认识矿业在国民经济乃至全球经济中的地位和作用，有助于制定国家矿业发展战略和长期规划，维护国民经济的稳定与持续发展。

（二）矿业与其他产业的关系

矿业是为国民经济与社会发展提供原材料及燃料的产业，常常被看做是第一可有、可无产业。矿业生产规模和增长速度必然对下游产业部门的发展产生较大影响，特别是对于发展中的经济体，矿业的作用尤为突出。如果矿业发展滞后，将因原材料及燃料供应不足而制约下游产业的发展。近年来，随着全球经济的快速发展和原材料的大量消费，资源魔咒和生态及环境问题不断显现，对社会经济的发展产生了一定的反作用。因而，需要研究矿业与国民经济其他产业部门的内在联系和相互作用关系，寻求它们在生产规模和发展速度上的适宜关系，国民经济的产业层次和部门关系得以相互协调、相互促进。

（三）矿业生产

矿业生产具有场地依赖性、资源耗竭性、生产对象信息不确定性和矿产品市场波动性。矿业生产须在矿产资源天然赋存地进行，生产基础设施、气候条件、经济环境等可选择性差，工艺技术及经济效益受制于矿产赋存丰度、埋深、产状、水文地质、构造、瓦斯、围岩力学特性等因素及其确信度。矿业生产的交易成本是矿业经济研究中的一个独特问题。

矿产资源自身不可再生，全局资源存量和矿床储量都是有限的，物理上趋于耗竭及稀缺。因此，需要研究资源消耗理论及稀缺测度，认识矿产资源勘探与开采的关系以及经济品位与储量的关系，合理地开发、利用和保护矿产资源，动态优化矿山设计、生产规模、经济品位和要素组合。

（四）矿产需求与供给

矿产品大都属于中间产品或者生产资料，对国民经济乃至全球经济水平及周期比较敏感，与下游产业的发展程度和技术水平相互影响，社会对矿产品的需求具有与最终产品或消费品不同的特殊规律。

矿产资源的长期供给或可用程度还表现出突出的动态性，随着资源稀缺和技术发展的

程度而变化。20世纪40年代以前，铀和稀土等一般作为废石，但是第二次世界大战以后，都变成了重要矿产，近年来的环境压力与新能源需求，更使得稀土成为关键的战略矿产。锰结核、可燃冰等海底资源的利用也逐渐进入了社会经济发展日程。从某一发展阶段、某一技术水平看，资源是有限的；长远地看，人对自然的认识和技术替代是没有止境的。当前资源存量或矿产储量反映人类认识的局部；随着地勘深入和科技进步，矿产资源开发利用的广度和深度在发展，过去被视为不能利用的环境要素，会变为有价值的资源。因此，资源的数量与质量依赖于地质、技术和经济条件。需要着眼于技术发展，从产业链及价值链的角度，系统、深入地研究矿产在其整个生命周期过程中的各个阶段的需求与供给规律。

（五）矿产市场与价格

矿产品市场属于中间需求市场或者生产资料市场。矿产品市场研究主要涉及矿产品市场与组织结构及其演化规律、贸易制度及规则等。矿产品价格研究则涉及矿产资源的分布、矿产需求与供给、矿产市场形式、生产及交易成本等影响因素。矿产资源分布地域不均匀性，全球60%的石油在中东，71%的煤炭在中国、美国、俄罗斯和澳大利亚，77.5%的铁矿在乌克兰、俄罗斯、中国、巴西、澳大利亚和哈萨克斯坦。这种不均衡性影响矿产市场及组织结构、生产力布局和矿产价格。国民经济与技术发展的不均衡性及生产要素价格的差异性，也会对矿产市场产生较大影响，这也是我国稀土产量与资源量之比远高于其他有关国家相应比值的原因之一。

（六）矿业外部不经济

众所周知，矿业对于发展中的经济体，具有一定的经济乘数效应，但是，它同时也具有外部不经济效应及环境扰动性。矿业生产主要是矿床开采和矿物加工等工艺，基本是一个分离有用矿物与废弃物的过程。采掘/采剥工程和废石、废水、尾矿，能够导致较大范围和程度的、长期和持续的地表和地下水系的扰动、植被及生物多样性损失、地表沉降及建筑物损坏、地形地貌及自然景观的破坏、辐射伤害、重金属及其他有毒有害物质的污染、温室气体与碳排放、滑坡及泥石流等，对周边社区产生负面的生态及环境、安全及健康风险，乃至引发事故疾病和致命灾害。

矿业生产过程自身，还经常存在作业场所安全隐患和职业安全健康问题。

矿产资源的大量生产和过度消耗，还会引发环境、生态及气候的变化。

因此，矿产资源及生态环境的持续利用、矿业生产作业场所安全及职业健康、矿山企业的经济决策及活动与矿山社区发展的关系等问题是矿业与其他产业相比较为独特、因此也十分重要的社会制约因素。在经济发达国家及地区，矿业外部不经济效应已经成为影响和制约矿业生产的主要因素之一。研究和设计解决这些负面效应问题的制度及手段，包括基于政府干预的调节市场型譬如庇古手段、基于市场机制的建设市场型譬如科斯手段和基于伦理约束的人本市场型譬如自律手段，对于国内外两个市场、两种资源的可持续开发与利用，皆具有深远的战略意义。

（七）矿业投资与融资

总体而言，矿业基本属于资本密集型产业，从矿产勘查开始，经过矿厂建设到矿山生产，一般需要大量的资金投入。另一方面，矿床多赋存于地下，矿业生产对象的属性复杂、多变，生产开始前获得的信息不完备，诸如对丰度、产状、水文地质、构造、瓦斯、围岩力学特性等的认识与实际情况经常存在较大差异，矿业生产技术风险大。矿山建设工程时空尺度大，投资时滞长，经济效果受价格变动和通货膨胀水平影响大，矿产系中间需求，受经济周期影响，价格波动大，繁荣时矿产需求大、价高，萧条时矿产需求小、价格低，矿产市场风险大。可持续发展理念及社会责任意识的普及，引发人们对于矿业外部不经济效应的日益关注，使得矿业投资的环境及社会风险比以往陡增。此外，虽然国内外两个市场、两种资源的矿产资源供给战略已经成为矿业界共识，但是，我国矿产资源类企业走出去的初步尝试似乎还不成功。这些都迫切需要研究经济全球化条件下的矿业投资动态与非确定性分析及决策方法，借以适应技术、市场、金融等条件的变化。

在我国的特殊条件下，一些矿产资源譬如某些煤炭、稀土资源的开发，存在明显的要素替代性，资金及技术被廉价劳动力所替代。这种条件与现象不仅影响投资及融资模式，而且影响矿产市场结构、矿产供给弹性和供给价格，还对矿产资源开发利用的合理性、安全性、可持续性产生严重的负面影响。需要加大力度，对有关问题进行深入的研究。

（八）矿产资源价值评估

在矿业生产与交换等经济活动中，经常需要评估矿产资源的价值。在矿产勘查的各个主要阶段，需要对勘查成果即矿床进行技术经济评价；在矿业权依法出让或流转时，需要对探矿权、采矿权进行价值评估；在矿产资源资产化管理时，需要对矿产资源资产进行价值评价；在矿山企业重组并购时，需要对矿产资源企业的价值进行评价。

在我国土地及矿产资源产权归国家所有的条件下，研究矿产资源这种公共物品的经济价值和经济效益的评价理论、指标及方法，并将矿业的外部成本内部化，以体现社会及公众对矿产资源公平利用与可持续利用的期待，具有重要意义。

（九）矿业政策与法规

资源悖论（paradox of resource）问题在我国表现得日益突出，矿产资源丰富地区的社会经济质量水平与其资源开发经济活动水平很不协调。此外，矿业作为发展中经济体的基础产业之一，其作用与地位随着社会经济发展水平及经济形态的逐步提升而变化。国家的法律法规及矿业政策取向既要有助于克服资源公有与市场逐利的矛盾，又要不断地适应社会经济发展水平的变化，促进国家在整体上和矿产资源丰富地区在局部上逐步远离资源魔咒，使得法定公共矿产资源能够有效地、公平地造福于社会及社区。在我国矿产资源归属国家所有和市场经济仍待持续完善的条件下，研究和设计出有效的、公平的矿产资源开发利用制度，与研究矿产资源价值评估一样，也具有重要价值。

在经济及工业发达国家，矿业经济学已经成为一个较为成熟的学科分支。美国矿冶工程师协会（AIME）组织了数十名矿业经济学者编著了《矿业经济学》（第4版，1985）。该书系统地反映了市场经济条件下的矿业经济学理论、方法与实践框架，是一部重要的矿业经济学教科书，也是一部矿业工作者必备的参考书，被认为是矿业经济学的经典著作。

美国科罗拉多矿业学院、宾州州立大学、西弗吉尼亚大学、亚利桑那大学以及澳大利亚、加拿大等大学的矿业类专业人才培养水平较高的大学设有矿业经济研究生培养计划或者设有矿业经济学课程，作为矿业类专业的必修或主干课程。

在我国，自20世纪80年代以来，随着改革开放政策的实施和市场经济制度的发展，人们对有关矿业经济问题的研究与教学工作不断广泛和深入。北京科技大学等设有矿业类学科的高等院校，在本科生、硕士生和博士生等不同人才培养计划中，开设了地质技术经济、矿业技术经济、矿产经济、矿业经济学等课程；有关高等院校、科研院所的矿业工程等研究生学科点，培养了这些相关研究方向的硕士生和博士生，对矿山企业的投入产出模型、矿山经济规模、矿产市场及组织、矿企发展战略、矿业税费、矿业权及矿产资源资产评估、矿业投资决策、矿产资源及环境补偿、矿业外部成本内部化、矿区循环经济、矿城可持续发展、矿产可持续供应、矿产资源企业社会责任、矿业政策等矿业经济问题在理论与方法上进行了广泛和深入的研究；一些出版社相继出版了《矿山技术经济》（张玉清，冶金工业出版社，1987）、《煤矿技术经济分析》（陶树人，煤炭工业出版社，1988）、《矿床经济评价概论》（李万亨，冶金工业出版社，1989）、《非金属矿床技术经济评价》（陶维屏，地质出版社，1990）、《矿产资源经济学》（贾芝锡，地质出版社，1993）、《矿产经济理论与实践》（袁怀雨等，冶金工业出版社，1993）、《矿业经济学导论》（李仲学，煤炭工业出版社，1994）、《矿业经济导论》（彭世济等，中国矿业大学出版社，1996）、《矿业经济学》（李祥仪等，冶金工业出版社，2001）、《矿业经济学》（陈建宏等，中南大学出版社，2007）、《矿产资源经济学导论》（朱永峰，北京大学出版社，2007）等代表性著作。

需要指出，我国社会经济制度正处于不断变革及发展之中。以生产资料公有制为基础的计划经济特色渐行渐远，以生产资料公有制为主体、多种所有制形式共存的市场经济佳境步履蹒跚；传统的社会经济价值日趋异化，新兴的社会经济观念尚无共识。可以说，在我国，以价值为基础的经济学理论与实践因缺乏价值共识而尚属无本之木，因此，与经济学密切相关或者作为其子集的矿业经济学理论与方法，尽管经过众多莘莘学子的长期不懈努力，相关研究及教育工作成果颇丰，但充其量也只能说我国矿业经济学理论与方法仍在孕育和形成中，距离正确阐述和有效解决我国矿产资源开发中的重要经济问题，还相差甚远。再者，地质、采矿、经济等学科领域的学者们，往往会从各自不同的视角来考察矿业及矿产资源开发利用中的经济问题，相应地，也就根据研究目的、内容及方法的差异，赋予矿业经济研究以不同的经济内涵，形成多样的经济概念，诸如，地质（技术）经济学、矿产经济学、资源经济学、矿山（技术）经济学、矿业经济学等；即使在社会经济体系较为成熟与稳定的工业发达国家，这种名出多门的现象也屡见不鲜，诸如 Economic Geology，Mining Economics，Mineral Economics，Mineral Industry Economics，Economics of the Mineral Industries 等。本书所论的矿业经济学，就其内容而言，与 Economics of the Mineral Industries 基本相当。

思考题

(1) 经济学的本质是什么，主要研究方法有哪些？

(2) 试分析“矿业工程”的经济属性和社会属性。

(3) 矿业经济学的研究对象是什么，主要研究内容有哪些？

第一章　矿业与国民经济

第一节　矿业特征

一、矿业概述

矿业泛指从地球特别是地壳提取具有经济价值的矿产品的产业，它承载着为人类生存与社会发展提供原材料的重任。从产业范畴看，矿业涉及冶金（含黑色、有色冶金及黄金）、煤炭、油气、核原料、化工、建材等相关部门；从生产过程看，矿业包括资产资源的地质勘查、矿厂建设、矿床开采、矿物加工等工艺环节。

矿产资源是在地质作用下形成的赋存于地壳内或地表的具有开发利用前景的金属、矿物和集料的自然富集物。在国外，矿产资源一般界定为金属（含黑色金属、有色金属、贱金属、贵金属、稀土金属和类金属等）、工业矿物（农用矿物、化工矿物、建筑材料等）和化石燃料（石油、煤炭、油页岩、油砂等）。在我国，根据国土资源部的界定，矿产资源包括能源矿产（固体、液气体等共2组、11个矿种）、金属（黑色金属、有色金属、贵金属、稀有和稀土元素等共4组、59个矿种）、非金属（化学工业、冶金辅助原料、建筑材料及其他非金属等共3组、92个矿种）以及水气（液态、气态等共2组、6个矿种）。

我国根据矿产资源的地质可靠程度，将其分为查明矿产资源和潜在矿产资源。查明矿产资源是经矿产勘查已发现的矿产资源，按照地质工作程度又分为探明的、控制的和推断的矿产资源；潜在矿产资源是根据地质依据和物化探异常预测而未经查证的矿产资源。

由于矿产资源的赋存场所、丰度、形态等条件的差异，矿产资源提取或者开采及加工处理的理论、工艺技术及方法、生产设备及技术等各不相同。

通俗地讲，以矿产资源的开采、加工处理为主要生产经营活动的企业称为矿山企业。法律上讲，矿山企业还应该具备相应的法人资格。按照矿产资源开采对象，一般将矿业分为煤炭开采业、金属矿开采业、石油和天然气开采业、非金属矿开采业和其他开采业。

金属和固态化石燃料的开采一般称为采矿（mining）。在我国，采矿还包括非金属矿开采。采矿工艺包括露天开采工艺和地下开采工艺。以金属矿开采为例，露天开采时，先对覆盖在矿体上的岩层进行剥离，然后将矿体划分为多个水平分层（台阶），自上而下逐层开采。地下开采时，先从地面开掘及构建一系列井巷工程以通达矿体，将矿体划分为多个水平分层（阶段）或块段，自上而下逐段、逐块开采。不论是露天开采还是地下开采，在采矿过程中，总会有一部分矿石无法采出，丢弃的部分矿石称为损失。开采范围内采出的矿石工业储量与消耗的矿石工业储量之比，称为矿石回采率。在采矿过程中，还不可避免地会混入一部分岩石（包括未达到工业利用标准的低品位矿石），造成采出矿石品位的降低，这种现象称为贫化。矿石工业储量品位与采出矿石品位两者之差对工业储量品位之比，称为矿石贫化率。

采出的矿石需要应用物理、化学、生物或其他方法进行加工处理，将矿石中的有用矿物与脉石分开，或将多种有用矿物分开，使有用矿物成分富集并达到冶炼或其他进一步加工利用要求的生产及工艺过程称为选矿或者矿物加工。在选矿生产工艺中，一般先将矿石进行破碎和磨细，之后进行选别分离。选矿方法有重选、磁选、浮选、生物选矿等。选矿产品称为精矿，排弃的矿岩称为尾矿。精矿中有用成分含量和相应原矿中有用成分含量之比，称为选矿回收率。

二、矿业生产过程

就工业实践而言，人们通常将矿业生产过程环节归结为四个主要阶段：

（1）矿产普查勘探；

（2）项目可行性研究；

（3）矿山设计施工；

（4）矿山生产。

矿业生产过程，如图 1-1 所示。

（一）矿产普查勘探

矿产普查勘探，简称为矿产勘查，包括普查、详查和勘探等主要环节。此阶段的主要工作是对经由地质理论、地球物理和地球化学等勘查工作确定的勘查范围内的矿产资源进行发现、认识、研究和评价，确定是否适合工业开发利用。在普查、详查和勘探等每一个环节，都需要开展矿产资源的技术经济评价，以确定是否进入下一环节。对于通过 3 个环节、确定适合工业开发利用的矿床，需要应用钻探和其他勘探工程等手段，研究矿石的矿物组成、品位和性质，查明矿床的规模和空间分布，圈定矿体，评估矿床的储量，阐明矿床的开采技术条件、水文地质条件和矿区地理、经济与环境条件，对矿床作出地质评价和经济评价，为项目可行性研究、矿山设计、建设与生产提供必需的技术经济资料。

从矿业经济的角度看，矿产普查勘探周期长、投资大、风险高。从矿产普查到完成对一个有工业开发价值矿床的勘探，一般要经历数年乃至十几年时间。

据世界矿产勘查成功率统计分析，找矿成功率一般为 1% 左右。纽蒙特矿业公司（Newmont Mining）的布莱特（A. Brant）和黄金联合公司（Consolidated Goldfields）的摩根（D. A. O. Morgan）等两位经验丰富的地勘专家曾表示，在所有找矿工作中，能够建设成功的矿山数，大约为 1%。加拿大科明可（Cominco）公司在 40 年内勘查了 1000 个矿点，其中有 78 处做了详探工作，18 处进行了开拓建矿，最后只有 7 处是盈利的矿山，成功率为 0.7%。

为了有效进行勘查工作和降低风险、减少投资失误，通常把矿产普查勘探过程划分为若干相互衔接、先后有序的工作环节。我国金属矿床勘查工作一般划分为普查、详查、勘探等 3 个环节；煤炭矿床勘查工作一般划分为普查、详查、精查等 3 个环节。每完成一个工作环节，都需要进行技术经济评价，并据此对继续进入下一勘查环节的前景做出决策。

矿产勘查作为矿业生产的基础阶段，处于矿业生产的最前端，为矿山企业建设与生产

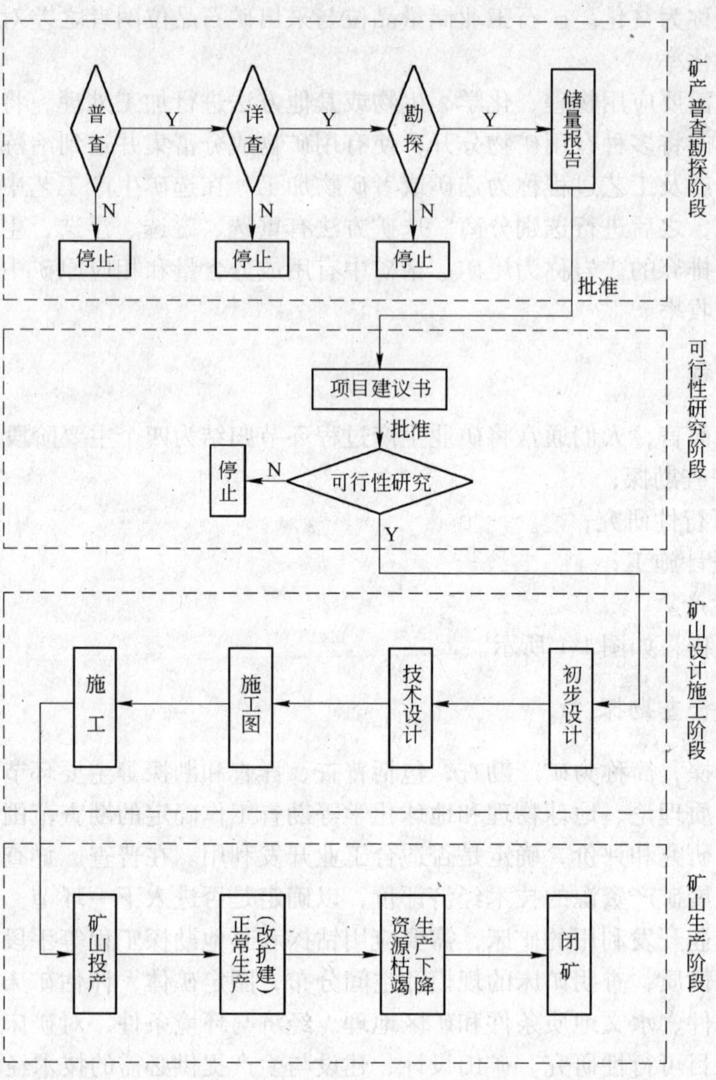

图1-1 矿业生产过程

提供必需基础数据及资料。矿山企业建成投产以后，矿产勘查工作并未结束，而是贯穿于矿山基建、生产、改扩建到闭矿的整个生产周期。矿山生产期间勘查的主要任务包括矿床生产勘探；在矿床边缘、深部和外围找矿，扩大资源，增加储量；矿产资源及储量监管；矿区工程地质、水文地质和环境地质调查研究，借以为矿山安全、有效和持续生产提供地质信息服务。

（二）项目可行性研究

项目可行性研究就是对于拟进行的矿产开发建设项目，根据已经获得的矿产储量和矿区地质、技术与经济资料，从技术、工艺、工程、经济等方面进行系统研究，包括项目风险及敏感性分析，确定项目的经济可行性，为投资决策提供科学依据。

矿产开发项目可行性研究一般包括以下内容：

（1）矿产资源可靠性检核。对矿产储量和有关地质资料进行核查检验，研究其可否作为进行设计、矿山建设及生产的依据。必要时，需进行现场勘查或补充勘探工作。

（2）建设条件可行性。研究拟建项目的内部与外部建设条件，诸如地形、工程地质、水文地质等状况，以及厂址、道路、供水、供电、外部运输等基础设施条件。

（3）技术可行性。研究矿床开采和矿石加工利用在技术上的可行性，包括矿床开采方法、工艺和设备、选矿方法、工艺和流程，以及开采顺序、生产规模、资源综合利用等。一般需要进行矿石物理力学性质研究和矿石可选性试验。

（4）市场可行性。对拟建项目矿产品现有市场供需状况进行调查和分析，预测该矿产品未来市场的供需形势，分析本项目产品竞争能力，对产品流向和销售前景进行预测等。

（5）经济可行性。在拟定矿床采选工艺、技术装备和生产规模的基础上，计算投资、成本、利润和相关经济效果指标，分析和评价该项目的经济可行性。

（6）环境可行性。根据相关法律法规要求，研究拟建项目对环境的影响，开展环境影响评价，分析矿业生产中排放的污染物种类、性质、危害性，计算排放量，根据环保法规要求，制定相应的防治措施。露天矿山需要研究和提出复垦方案，地下矿山需要研究防治地表塌陷的措施。估算污染防治及环境治理相关费用。

（7）社区咨询。社会经济可持续发展已经成为全球共识。矿山建设项目对区域经济与社会发展具有一定的带动作用，同时也会在不同程度上产生负面安全及健康、环境及生态效应乃至风险与损害。拟建项目业主需要按照可持续发展及社会责任的基本原理、行为规范和主要要求，开展有效的社区咨询工作，使矿山建设项目的工程及生产能够符合所在社区的期待，在获取建设项目经济效益的同时，为社区发展有所贡献。

综合上述有关方面的研究结果，对拟建矿产开发项目的可行性作出决策，提出可行性研究报告。

可行性研究是在矿产资源开发过程中，由对矿产资源的认识进入到实际开发的关键一环。鉴于矿业生产对象（矿床及其地质环境）属性的复杂性和不确知性，加之矿产开发项目建设周期长、投资大、环节多等特点，做好可行性研究与相关风险及敏感性分析对于矿产建设项目的成败尤为重要。

（三）矿山设计施工

矿山设计施工一般包括初步设计、施工图设计、施工建设等主要环节。对于技术上特别复杂的大型矿山，往往需要在初步设计和施工图设计之间增加技术设计环节。

初步设计是拟建项目通过可行性研究决策后，根据可行性研究报告，做出具体的工程建设实施方案。初步设计一般包括矿山规模、总体布局、开拓系统、采矿方法、选矿流程、矿山机电、安全环保、综合利用和经济效果等部分。设计深度应该满足项目投资招标、材料设备采购、土地征用和施工准备等要求。

施工图设计是根据初步设计的内容和要求，绘制有关的施工图纸，作为工程施工的依据。施工图设计主要包括矿山构筑物和建筑物的结构详图、设备及井巷安装图、井巷及其连接处的结构与支护详图等。

矿山施工就是按照矿山设计开展工程建设，以形成矿山生产系统，并达到设计规定的矿山综合生产能力要求和技术标准。开采固体矿产的矿山施工建设，主要包括矿山工程、土建工程和建筑安装工程。矿山工程包括露天矿山的剥离、掘沟和地下矿的井巷、硐室等开拓、准备工程。

为了及早出矿和提高建设项目的经济效益，若矿山主要生产系统已按设计建成，实现了投产准备和规定的生产准备矿量，矿山综合生产能力已达到设计规模的25%～30%（大型矿山）或30%～50%（中小型矿山）时，经验收合格可以正式投产，之后边生产、边建设，经过一定时间达到设计生产规模。

矿山设计施工阶段，需要按照有关法律法规的要求，对矿山地质环境保护和矿山安全措施实施“三同时”制度，必须做到环境评价及保护措施和安全生产措施与主体工程同时设计、同时施工、同时投产。

（四）矿山生产

矿山生产阶段包括矿产开采、矿物加工、复垦、地表沉降治理、闭矿等主要环节。矿床开采方法及工艺技术取决于矿产的种类、矿石性质和矿床开采条件等相关因素。矿石采出矿井或者矿坑以后，一般都要在矿山企业生产流程范围内进行初步加工，包括破碎和选矿。有些金属矿产（如黄金）还需要在矿山企业进行冶炼。

矿山生产阶段是矿业生产过程中产出商品和取得效益的阶段，在此之前所发生的费用（地质勘查投资、矿山施工建设投资等），需要通过矿产品的生产和销售予以回收，并获得矿业生产的利润。

矿山生产期或服务年限的长短，因矿产资源储量大小和生产规模的不同而定，少则十数年，多则数十年。大型矿床的开发一般都是分期进行，在矿床开采期间进行扩建和技术改造，并随着矿床开采条件的变化和矿产品价格的升降，适时调整生产规模和矿石品位指标等生产经营参数。由于特定矿床的资源有限，随着矿业生产的进行，开采范围内的矿产资源逐渐减少直至枯竭，最终矿业生产完全结束而闭矿。

矿山企业需要企业社会责任相关要求和行为规范，对采后矿区的边坡或尾矿库的稳定性、地层地表的稳定性及其安全、健康与环境风险，进行持续的护理。

三、矿业经济特征

从经济学的角度看，矿业作为国民经济的产业部门之一，与其他加工业、制造业、建筑业等相比，具有一些特殊性，使得矿业经济规律的研究显得更为重要。

（一）矿产资源分布的地域不均匀性

全球60%的石油在中东，71%的煤炭在中国、美国、俄罗斯和澳大利亚，77.5%的铁矿在乌克兰、俄罗斯、中国、巴西、澳大利亚和哈萨克斯坦。这种不均衡性影响矿产市场及组织结构、生产力布局和矿产价格。由于不同国家或地区的社会经济与技术发展的不均衡性，存在生产要素价格的差异性。这些都会对矿产市场产生较大影响。

（二）矿产资源的耗竭性及不可再生性

全局资源存量和储量具体矿床都是有限的，物理上趋于耗竭及稀缺。因此，需要研究资源消耗理论及稀缺测度，认识矿产资源勘探与开采的关系以及经济品位与储量的关系，合理地开发、利用和保护矿产资源，动态优化矿山设计、生产规模、经济品位和要素组合。

矿床储量的有限性对矿山生产规模产生制约。生产规模不仅对开采工艺和设备的选择有影响，而且还涉及基建投资的大小和生产成本的高低。在确定矿山生产规模时，必须考虑矿床的储量规模。一般说来，在一定的矿床储量规模条件下，有一个合理的矿山生产规模区间，可在此区间范围内，需要根据相关技术、经济因素综合考虑确定生产规模。

矿床储量的有限性还意味着采矿生产能力会随储量消耗而逐渐消失，需要边生产、边补偿。固体矿产开采中的采矿生产能力是由准备好的生产矿量保证的，随着矿块和阶段（台阶）的采完，由这些储量所体现的采矿生产能力即行消失。因此，为了保证采矿生产能够按照设计规模持续地进行，必须有计划地超前进行生产探矿、开拓和采准，开辟新水平、准备新的生产矿块，补偿消失的生产能力，建立新水平生产系统，因此，需要不断投入资金。我国把这部分维持采矿简单再生产的资金叫做“维简资金”。这部分资金的来源，依照国家规定标准，可以按照年产矿石量提取，计入矿石生产成本。采矿生产中这种特有的规律，使生产过程及成本核算复杂化。

资源及矿床储量的有限性还会导致矿山企业因资源的耗竭而经历由盛到衰直至闭矿的生死过程。因此，要求企业必须具有战略眼光，及早规划和因对闭矿问题。闭矿是矿业生产中一个特有现象，涉及残矿回收、矿井封闭、债务清理、企业转产、职工迁移及再就业等一系列技术、经济和社会问题。

区域地看，资源的耗竭性及不可再生性还会导致所谓的“资源悖论”，使得矿区在看似繁荣的背后，隐含着社区发展可持续性尤为突出。

（三）矿产资源可用程度的动态性

矿产资源被认为是不可再生的、有限的和可耗竭的，这是就矿产资源的物质形成而言的。从知识经济的角度看，人类对矿产资源及其替代资源的认识能力却是巨大的，甚至可以说是无限的。矿产勘查技术的进步，使新的矿产资源得到发现、矿产资源存量得到不断补充；矿床开采技术的进步，使以往无法开采的矿产资源得到开采、矿产资源的回采率得到不断提高；矿物加工技术的进步，使低品位矿石得到加工处理、矿物回收利用率得到不断改善；加工制造技术的进步，使制造单位矿产品的消耗量不断减少；海洋技术的进步，使人类可以利用的矿产资源量得到激增；材料科学技术的进步，使矿产替代品不断增多；航天技术的进步，使太空资源的利用成为可能。

实践也表明：尽管资源耗竭与发展极限的思想由来已久，但长期地看，矿产市场上并未出现预期程度的资源耗竭。所以，从某种意义上说，矿产资源是有限的，但此限度仍远离现实，特别是科学技术的突飞猛进，使矿产资源对人类社会发展的保证程度得到极大提高。因此，对矿产资源可用性的认识必须是动态的，不能忽视科学技术进步对资源的存量、开发与利用的巨大作用和市场机制引发的矿产品替代性。

（四）矿山企业效益的资源丰度决定性

矿产资源丰度包括矿石品位、矿石性质、矿床赋存要素等，对矿业开发的经济效果具有重要影响。由于资源丰度的不同，等量的投入将得到不等量的产出，或者，等量的产出需要不等量的投入。开采优质资源的企业，单位产品的成本可能会远低于开采劣质资源的企业。譬如，我国地下铁矿 1990 年的开采成本，最高者为 56.5 元/t，最低者为

20.65 元/t，前者为后者的 2.7 倍。再如，我国重点黄金矿山 1991 年的黄金生产成本，最高者为 56876.58 元/kg，最低者为 19680.64 元/kg，前者为后者的 2.9 倍。这种因矿产资源丰度不同而产生的差别收益，叫做矿山级差收益，与土地的级差收益类似，是一种较为特殊的经济现象。

（五）矿业生产的场地依赖性

矿业生产须在矿产资源天然赋存地进行，生产基础设施、气候条件、经济环境等可选择性差，工艺技术及经济效益受制于矿产赋存丰度、埋深、产状、水文地质、构造、瓦斯、围岩力学特性等因素及其确信度。矿业生产的交易成本是矿业经济研究中的一个独特问题。

新建矿山一般都在山区及边远地区，地形复杂，交通不便，经济不发达，基础设施差。因此，矿山建设常常需要配套建设相应的外部运输、供水、供电、通讯等系统，以及工人村、商业、医疗、教育和其他服务设施。这些外部工程和基础设施，加大矿山建设投资，降低投资效益。但是，从地区经济发展看，矿业生产的乘数效应也会促进当地经济的发展。

（六）矿业生产对象的信息不确定性

在矿床勘查阶段，存在着多种风险，在勘查范围内发现矿床的可能性、矿床开发利用的可行性都蕴含着不确定性和风险性。在我国，据蒋志对金矿的研究，普查阶段的成功率是 5%～10%，从费用投入的角度看，普查结束后要有个 15 倍的系数，详查结束后有 6 倍的系数，勘探结束后要有 2 倍的系数。据测算，我国铁矿的全过程勘查风险系数为 1.55，其中普查风险系数为 4.77，详查为 1.40，勘探为 0.21。B. W. 麦肯齐（B. W. Mackenzie）对加拿大某地区贱金属矿产勘查资料的研究结果表明，发现经济矿床的概率为勘查项目的 1.8%。

在矿山设计施工和生产阶段，仍然存在较大的信息不确定性。矿业生产须在矿产资源天然赋存地进行，交通运输及动力供应等生产基础设施条件一般较差，工艺技术及经济效益受制于矿产赋存丰度、埋深、产状、水文地质、构造、瓦斯、围岩力学特性等因素及其确信度，而生产开始前，人们对这些因素的认识并不完备，与实际情况经常存在较大差异。在我国作为设计依据的工业储量，是指详查后得到的 B 级与 C 级储量的总和；按规范规定，C 级储量允许误差 40%，B 级 20%。这意味着工业储量通常存在 20%～40% 的误差。在矿床开采期间，矿石储量、矿石品位、矿岩性质等都会发生一定程度的变化，使得矿床开发利用具有较大的技术风险。譬如，据对山东省焦家金矿 1980～1985 年资料的研究，若矿石地质品位下降 1g/t，年纯收入将减少 488.5 万元。

（七）矿产品质量规格的单一性

矿业生产所得到的产品种类，是由矿石中的有用成分所决定的。一般说来，矿山企业的产品单一，从矿山投产至闭矿的整个生命周期中都不会发生大的变化，难以通过产品升级换代或产品结构调整或差异化经营等方式提升竞争力。对于有伴生矿、共生矿的矿床，可能会有多种产品，但产品种类也由伴生组分、共生组分所决定。与其他产业相比，矿山企业的产品结构简单，生产工艺和流程较为固定，高端产品的供给弹性小，对市场变化的适应能力较差。

（八）矿产市场的波动性

矿产品大都属于中间产品或者生产资料，对国民经济乃至全球经济水平及周期比较敏感，与下游产业的发展程度和技术水平相互影响。

矿山建设工程时空尺度大，投资期及时滞长，经济效果受价格变动和通货膨胀水平影响大，矿产系中间需求，受经济周期影响，价格波动大，繁荣时矿产需求大、价格高，萧条时矿产需求小、价格低，矿产市场风险大。

矿业开发建设周期，起始于矿产勘查、历经可行性研究、矿山设计及施工建设，直至投产出矿，需要少则数年、多则十数年或更长时间。在我国，完成一个大型金属矿床的勘查，一般需要8～10年，建成一个大型露天矿山，约需3～5年，建成一个大型地下矿山，约需4～7年，从矿产勘探到建矿投产约需12～17年。根据B. W. 麦肯齐对加拿大1951～1974年86个金属矿山的研究资料，矿床的平均勘查时间是8年，矿山建设的平均时间是2年，即勘查建设周期平均为10年。对于自然条件差，技术难度大的矿山，勘查建设周期通常需要10年以上。加拿大不列颠哥伦比亚（British Columbia）省的莱达克河（Leduc）上游的矿化带，早在1931年已标为采矿用地，1953年才组成格兰达克（Granduc）矿业公司，1970年开始生产，历经近40年。在这样长的时期内只有投入，没有产出，对吸引投资是十分不利的。

矿业生产的长周期，加剧了矿业开发的市场风险，隐含着较大的技术、政治、政策变化的风险。

（九）矿业生产的效率递减性和成本递增性

对矿床的开采，一般是由浅而深，由近而远，由富而贫，由易而难。随着地层浅表资源和矿床浅表储量的日益消耗，矿山开采深度逐渐增加，运输距离逐渐延长，矿石品位逐渐下降，地压地热问题逐渐显现，开采技术条件渐趋复杂及恶化，形成矿业生产的效率递减性和成本递增性。据对山东省招远金矿的研究，在1980～1986年期间，因开采深度下降和开采范围的扩展，导致单位黄金生产成本平均每年递增2.25%。

（十）矿业开发的外部不经济性

矿业开发具有明显的外部不经济性及环境扰动性。矿业生产主要是矿山采掘和矿物加工等工艺，基本是一个分离有用矿物与废弃物的过程。采掘/采剥工程和废石、废水、尾矿，能够导致较大范围和程度的、长期和持续的地表和地下水系的扰动、植被及生物多样性损失、地表沉降及建筑物损坏、地形地貌及自然景观的破坏、辐射伤害、重金属及其他有毒有害物质的污染、温室气体与碳排放、滑坡及泥石流等，对周边社区产生负面的生态及环境、安全及健康风险，乃至引发事故疾病和致命灾害。

矿业生产过程自身，还经常存在作业场所动态变化，工作环境恶劣，经常存在滑坡、顶板冒落、瓦斯爆炸、矿井淹没等安全隐患，地下矿潮湿阴暗、地热影响大、可吸入颗粒物含量高，职业安全及职业健康隐患突出。矿产资源的大量生产和过度消耗，还会引发环境、生态及气候的变化。

在经济发达国家及地区，矿业外部不经济效应已经成为影响和制约矿业生产的主要因素之一。

第二节　矿业与国民经济发展

一、矿业与经济发展

经济发展是指一个国家或地区通过经济形态的转变和经济水平的提升而摆脱贫困落后、走向富裕发达的过程。经济发展不仅意味着国民经济规模的扩大，更意味着经济和社会生活质量的提高。经济发展涉及的内容比经济增长更为广泛，主要包括三层含义：

（1）经济量的增长，即一个国家或地区的产品和劳务的增加，构成了经济发展的物质基础。

（2）经济结构的改善，即一个国家或地区的技术结构、产业结构、收入分配结构、消费结构以及人口结构等经济结构的变化。

（3）经济质量的提高，即一个国家和地区经济效益、经济稳定程度、公共卫生、科技教育、自然环境和生态、政治、人文等方面质量的升级。

对于发展中国家而言，经济发展更多地意味着经济量的增长和经济结构的变化，涉及的问题包括国民生产总值、发展规划、投资、财政金融、人口、就业、分配、工业化、国际贸易与收支等。

矿产资源的开发利用对人类进步及社会经济发展具有重要作用。历史学家经常以人类利用矿产资源的程度及水平来标示人类文明进程。旧石器时代、新石器时代、青铜器时代、铁器时代等，说明矿业对社会经济发展作用之大和影响之深。

在人类文明进程的每一个新时期，社会生产力及生活水平都较前一个时期有了很大的提高，其背后的推动力之一就是新的、性能更优越的矿产品的利用，为人类提供了效能更高的生产工具及生产要素。宋健同志在《中国矿情》一书的序言中写道："人类社会的发展、进步，历来是同对资源的发现、开发、利用伴随在一起的。"

矿产品种类繁多，按照用途，大致可以划分为：传统能源矿产品，新能源矿产品，金属矿产品，化工矿产品、非金属和建材矿产品，贵金属与宝石矿产品等，如表 1-1 所示。

表 1-1　矿产品按用途分类

用　途	矿产品种类
传统能源	煤炭、石油、天然气、油页岩、油砂、铀矿等
新能源材料	稀土元素、光伏材料、锂、氦
金属材料	铁矿、锰矿、铬矿、钛矿、钒矿、铜矿、铅矿、锌矿、铝土矿、镍矿、钨矿、钼矿、锑矿等
化工原料	磷矿、硫铁矿、盐、钾盐、天然碱、芒硝、重晶石、硼砂等
非金属和建材	石棉、高岭土、石墨、滑石、石膏、石灰石、大理石、花岗石等
贵金属和宝石	金、银、铂、金刚石、钻石、玉石、玛瑙等

在我国，92%以上的能源、80%以上的工业原料和70%以上的农业生产资料，都来自于矿产资源。傅鸣珂指出："如果说农产品是人类的粮食，那么矿产品就理当成为工农业的粮食。水、土、矿是自然资源中支撑现代经济和社会可持续发展的最重要的基础性资源，对人类社会具有生死攸关的意义"。

根据《BP世界能源统计2009》数据，世界及中国矿物能源消费结构，如表1-2所示。

表1-2　2008年能源消费构成

项　目	总　量（单位：百万吨油当量）	占总量的百分比/%			
		固体能源	液体能源	气体能源	水电和核电
世界能源消费	11294.9	34.8	24.1	29.2	11.8
中国能源消费	2002.5	70.2	18.8	3.6	7.4

美国地质学家P. 克路德在"矿产资源与国家命运"一文中谈到："工业社会的生产能力……完全与自然资源——主要是地质资源——有关。当今美国的地位之所以显赫，影响之所以巨大，是因为丰富的天赐之物——矿产和矿物燃料——起着与美国人的智慧、活力与创造性同样巨大的作用。"美国正是通过不断寻找（包括其在国外获取）和开发矿产资源，特别是重要的有色金属资源和石油资源，使它在第二次世界大战后一跃成为新的国际经济中心。根据2010年数据，美国地质调查局国家矿产信息中心给出了表1-3、图1-2、图1-3，体现了固体矿产及非燃料矿产在美国经济中的作用。

表1-3　固体矿产在美国经济中的作用　　（单位：10亿美元）

年　份	2006	2007	2008	2009	2010
GDP	13399.00	14062.00	14369.00	14119.00	14600.00
金属产值	23.10	25.20	27.20	21.80	29.10
工业矿物产值	38.90	40.00	44.10	37.10	34.90
煤炭产值	29.30	29.60	36.60	35.60	36.30
产值合计	91.30	94.80	107.90	94.50	100.30
产值/GDP（%）	0.68	0.67	0.75	0.67	0.69
非燃料矿产附加值	2130.00	2210.00	2280.00	1900.00	2100.00
附加值/GDP（%）	15.90	15.72	15.87	13.46	14.38

从表1-3、图1-2、图1-3可以看出，美国2010年的固体矿产产值为1003亿美元，占GDP的0.69%；非燃料矿产对GDP的附加值为21000亿美元，占GDP的14.38%。

据原苏联科学院院士M. H. 阿果什科夫的研究资料，在当时苏联的国民经济主要部门（冶金、电力、建筑等）中，矿物原料和燃料占最终产品成本的60%以上（生铁为80%，有色金属为70%），全国工业投资的30%以上用于采矿工业，铁路货运的60%以上运输采矿工业产品及其所需物资。

经济理论认为，矿产资源作为国有资产的一部分，是国民经济发展的重要因素之一；矿业及矿产资源的开发利用是一个国家或地区经济起飞的重要条件。虽然矿产资源自身不能确保经济的稳定发展，它的开发利用对发展中经济体的经济发展，具有重要的基础地位

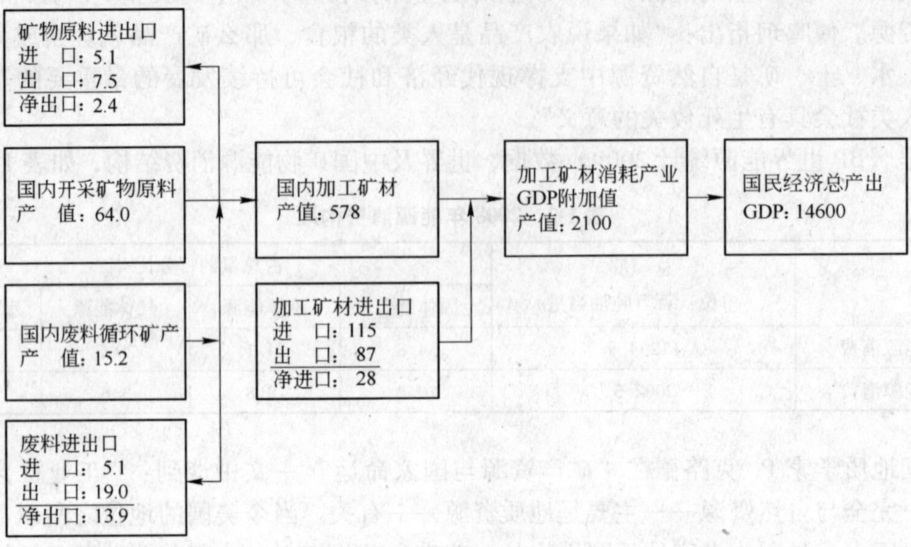

图 1-2　非燃料矿产在美国经济中的作用（2010 年，单位：10 亿美元）

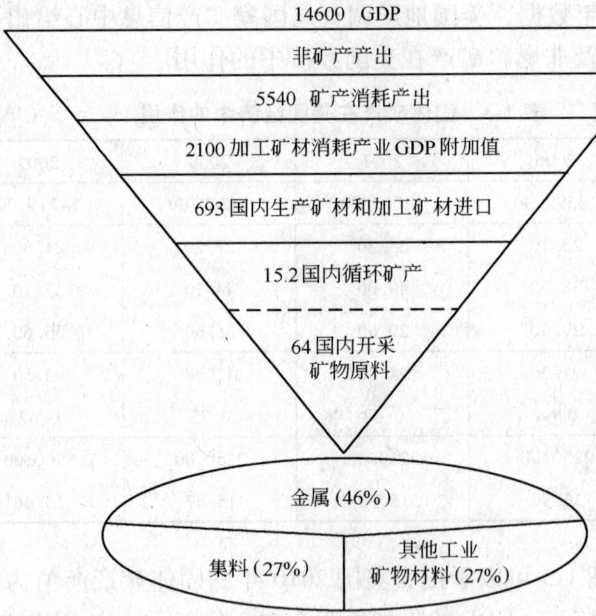

图 1-3　非燃料矿产产值与 GDP 关系（2010 年，单位：10 亿美元）

和促进作用。

（一）基础保证作用

矿业为国民经济和社会生活提供必需的能源和原材料。矿物原料可以看做是工业的粮食，国民经济的血液，矿物原料为国民经济发展提供基础的物质保障。

但是，一般而言，随着工业化程度的提高，矿业对国民经济发展的作用趋于减弱。矿业生产占发展中国家的国内生产总值的比例较发达国家大。进而，过度依赖资源开发与利用，可能引发“资源悖论”，妨碍国家或地区的社会经济可持续发展。这是因为，矿产资源是有限的，一个国家的矿产在国际市场中的份额也是有限的，况且过度的资源依赖还可能导致经济政策的偏差与失效。

（二）拉动与促进作用

矿业在社会化生产中处于产业链的最前端，矿业的发展将对社会生产具有广泛的拉动作用。一个国家和地区的经济起飞及发展，往往始于开发利用本国或本地区的资源，把资源变成财富，把资源优势变为经济优势。矿产的开发利用，将带动矿产品下游产业诸如加工、利用、制造、贸易等产业的发展，也会促进机械、电力、化工、建筑、交通运输、服务等相关产业的发展，对国民经济或地区经济产生广泛的影响作用。

（三）辐射作用

矿产资源的开发利用，会辐射周围地区而形成以矿业为主导、以矿区为中心的独具特色的经济社区，直至逐渐发展成为矿业城市。由于矿产地一般在经济不发达的山区或边远地区，矿区或矿业城市的形成和发展，将对国民经济布局和经济发展的协调与平衡发挥重要的作用。在我国，处于幼年期的矿业城市的矿业产值占城市 GDP 的 80% 以上，如广西百色市、山西朔州市、内蒙古锡林浩特市和鄂尔多斯市等；处于中年期的矿业城市，矿业产值占城市 GDP 的 40% ~80%。这些矿业城市的兴起，对于我国工业化和城市化进程，特别是不发达地区的经济发展，产生了巨大的推动作用。

（四）就业效应

矿业发展初期具有劳动密集特征，特别是在资金缺乏与技术落后的发展中国家或地区，矿业需要大量的劳力，提供了广泛的就业机会。

我国 2008 年按登记注册类型和细行业分城镇单位矿业职工为 525.6 万，占全国企业职工总数 8120.8 万人的 6.47%。在原苏联，采矿工业从业人员占全国工业从业人员的 17%；在南非，2002 年矿业部门就业人数为 41.7 万人，约占全国就业总数的 3%；在加拿大，2005 年矿业总就业人数为 38.8 万人，占全国总就业人数的 2.4%。

矿业的就业效应，除了表现为直接提供就业机会之外，还因其上下游产业的乘数效应而使相关产业及服务业得以发展。据研究，矿业的就业乘数约为 2.5，即矿业中每就业 1 人将使其他行业增加 2.5 人就业。矿业的经济乘数约为 1.5，即矿业中每 1 元的收入，将给其他行业带来 1.5 元收入。

短期地看，矿产开发利用对解决区域就业问题，是一个重要途径。但是，在宏观经济中，特别是对工业化程度较高的经济体，无论是国家还是地区，矿业劳动力的比例具有下降趋势，矿业的劳动密集特征趋于转化为资本密集特征。因此，发展矿业不是解决长期及宏观就业问题的根本途径。

（五）经济结构影响

一个国家、地区的矿产赋存状况，特别是其所拥有的重要矿产（能源矿产、金属矿产）或特种矿产（金、银等贵金属矿产、放射性矿产、新能源关键矿产）具有明显优势时，往往对该国家、地区的经济发展具有导向作用，影响经济结构及产业结构。石油蕴藏极为丰富的中东地区一些国家，石油工业在国民经济中具有举足轻重的主导作用。南非的金矿、智利和赞比亚的铜矿、澳大利亚和巴西的铁矿等，都对本国的经济发展和经济结构具有不同程度的导向作用。

根据发达国家的经验，当一个国家的国民生产总值处于人均800美元以下的工业化前期，国民经济发展对矿产品的需求一般是低增长的；当人均国民生产总值在3500美元以上的发达阶段，矿产品需求强度随着工业化进程的逐步结束而趋于平稳，甚至出现负增长；而在人均国民生产总值800～3500美元之间的工业化阶段，矿产品消耗强度迅速增长。在这一段论述中，关于800美元与3500美元的数量界限的普遍性可以另作别论，但是，早已实现工业化的发达国家，近几十年来矿业的低增长甚至负增长则是无可争辩的事实。作为资源大国和矿业大国的美国，1961年～1970年采矿工业的年均增长率为3.2%，1971年～1980年为2.2%，其中金属采矿工业为-1.1%，1960年～1975年采矿工业固定资产投资额占全国比重为4%～6%，1990年美国工业矿物产值约为210亿美元，占当年美国国民生产总值54800亿美元的0.38%。发达国家矿业增长的下降，主要与经济结构、产业结构的调整有关，特别是对矿产品需求量小的电子工业、信息工业与金融业、服务业等第三产业的扩张有关。而有些国家和地区，其本身的产业结构和经济结构对矿业的依存度甚小，如新加坡、我国的香港等。

（六）贸易及国际关系影响

矿产赋存的地域不均衡性和矿产需求的普遍性，形成国家或地区之间贸易发展的动力。矿产赋存的地域分布不均衡性不仅表现为国家或地区的矿藏丰富或贫乏，而且表现矿藏丰富的国家或地区内部矿种的多寡，一般总会有某种或若干种矿产不能满足国家或地区经济发展的需要。因此，大都需要通过贸易手段来解决矿产供给与需求之间的矛盾。矿产赋存的地域不均衡性对国际贸易结构、产品流向和成本与效应分享等问题会产生重要的影响。譬如，矿产资源贫乏的日本，需要从其他国家输入大量的石油、煤炭、铁矿等产品，以支持本国庞大的经济系统的运行，石油的供应线也已成为贫油国家经济发展的生命线。再如，盛产石油的科威特、沙特阿拉伯等国，靠输出石油换来大量外汇，保持在富有国家之列。近年来，随着世界经济全球化的发展，稀土及其他能源关键矿产的贸易问题已经成为有关国家贸易争端的热点，对国际关系产生了较大影响。

矿产资源丰富的国家或地区常常通过出口矿产品换取外汇对国民经济发展做出贡献，特别是发展中国家或地区，矿产品及其加工产品常常是主要的出口商品，是解决国民经济发展中资本缺乏问题的重要途径，如盛产石油的沙特阿拉伯、科威特、委内瑞拉、伊拉克等国。再如，智利的铜矿、巴西的铁矿、南非的黄金和钻石等，都是本国的重要出口货物。2005年，南非出口贵金属及制品、贱金属及制品和矿产品三者合计占全国出口总额的56.4%。在贵金属中，铂的出口是南非第一大类出口商品，2005年，铂出口值为53.10亿美元，占出口总值的10.2%；黄金出口下降，出口值为46.44亿美元，占出口总值的9.0%。2002～2003年，矿产品出口占澳大利亚年出口总额（包括服务出口）的37%，约549亿澳元，占澳大利亚GDP的8%。加拿大在1995年～2005年的11年间，矿产品出口额变化在 404～642 亿加元之间，占国内总出口额的比例变化在 11.7%～15.9%之间，平均所占比例约为 13.9%。

不同国家或地区的资源禀赋、经济状况、技术条件和社会因素等条件都有很大差异，因此，矿业在本国或本地区经济中的地位、作用和比重，亦相差甚远。表 1-4 列出了部分国家在不同时期的矿业经济比重。

表 1-4　部分国家矿业产值在国内生产总值中占的比重　　（%）

年份	印度	印尼	日本	沙特	法国	德国	意大利	英国	南非	澳大利亚	加拿大	美国
1980 年	1.4	25.7	0.6	65.8	0.8	0.9	28.0	5.4	20.5	6.1	5.9	4.0
1985 年	2.5	16.3	0.4	28.9	0.8	1.0	23.8	6.5	14.8	6.4	5.6	2.9
1986 年	2.5	11.1	0.4	—	0.7	0.8	23.4	3.4	15.0	5.1	—	2.0
2000 年	2.2	13.8	0.1	—	0.2	0.3	0.5	2.7	6.9	5.1	5.7	1.2
2003 年	2.3	8.3	0.1	—	0.2	0.2	0.4	2.0	6.7	4.1	5.9	1.2
2005 年	2.7	10.4		—	0.1	0.2	0.4	2.0	6.7	6.7	5.6	1.8

资料来源：2000 年以后的数据来源于《国际统计年鉴（2000～2010）》，加拿大按 2000 年价格统计，其余国家按当年价格计算。

从表 1-4 还可以看到，在发展中国家，矿业产值所占比重较大，而在发达国家，比重较小。这是因为，发达国家的制造业、第三产业乃至第四产业所占比重较大。总的说来，除了少数以矿业为主要产业的国家之外，大多数国家矿业产值占国内生产总值的比重均甚小。譬如，在矿产资源稀缺的日本，矿业产值占国内生产总值的 0.1%～0.6%；在矿产资源丰富的澳大利亚，比值为 4.1%～6.7%；而在盛产石油的沙特阿拉伯，比值高达 28.9%～65.8%。随着制造业、建筑业、旅游业、信息业、服务业等的不断发展，矿业产值占国民经济的比重趋于减小。

表 1-5 给出了采掘业在工业产值中所占比重，其中，发达国家为 5.4%（2000 年）和 4.6%（2005 年），而发展中国家为 24.7%（2000 年）和 18.3%（2005 年），差异相当明显。

表 1-5　世界工业产值的部门构成　　（%）

工业部门	世界总计		发达国家		发展中国家	
	2000 年	2005 年	2000 年	2005 年	2000 年	2005 年
总计	100.0	100.0	100.0	100.0	100.0	100.0
采掘业	9.8	7.4	5.4	4.6	24.7	18.3
其中：采煤	1.2	0.7	0.8	0.6	1.1	1.2
原油和天然气	6.6	5.0	3.2	2.7	20.0	14.3
金属矿开采	1.0	0.7	0.6	0.4	2.2	1.7
制造业	81.6	82.6	85.0	84.9	69.4	73.7
电力、煤气、自来水	8.6	10.0	9.7	10.5	5.9	8.0

资料来源：国家统计局，联合国《统计月报》。按照联合国分组标准，发达国家具体包括加拿大、美国、原欧盟成员国、澳大利亚、新西兰、日本、以色列和南非，发展中国家则指其他国家。

二、矿业与经济增长

经济增长是指一个国家或地区当年国内生产总值对比往年的增长率，它反映在一定时间内，一个经济体系生产其社会所需要商品与劳务的潜在生产力之扩大，决定于该国或该地区的自然资源禀赋，实质资本、人力资本及技术水平的提升以及制度环境改善，是一个国家或地区财富、就业增加的标志，是经济景气程度的表现。

矿产资源开发不仅能够为社会经济发展提供物质基础，而且矿业开发对经济增长的数量及质量也具有十分重要的意义。矿产资源的开发利用是人类社会发展和经济增长的重要标志，每一种新矿产的应用，都较其前者为人类带来了更充分的食物、燃料、衣着和住所，标志着人类生活水平的提高。同时，矿产资源的开发利用也是人类社会科学技术进步的动力，煤炭、石油等燃料的开发利用，极大地促进了动力技术的发展，成为工业经济的发展源泉；金属矿的开发利用，推动了制造技术的发展，使得交通、海洋、航空航天、信息及通讯等领域的高新技术得以突飞猛进。稀土及其他能源关键材料的开发利用，必将推进新能源技术的创新。另一方面，资源的可用程度在很大程度上又依赖于可用技术。一旦与某种矿产资源开发及利用相关的技术发展了，该资源便能够为社会经济的增长与人类生活质量的改善提供新的基础。

从经济增长的角度看，可以说，没有矿产资源的开发利用，就没有社会经济质量的提升；另一方面，社会经济的增长及科学技术水平的提高，也会影响到矿产资源开发利用的效率。经济发达国家由于拥有充裕的资金、先进的技术和科学的管理，使得矿产资源开发利用的效果明显高于经济落后的发展中国家，这主要表现在三个方面：

（1）矿产开采与加工过程中资源回收水平不同；

（2）矿产品的加工深度和精度不同；

（3）矿产品使用的效率不同。

我国矿产品回收率总体水平比发达国家低约10%～20%，主要产品单位能耗比国外先进水平高30%以上，仅电、钢、合成氨、水泥熟料等9种产品，每年要比国外先进水平多消耗1.5亿吨标准煤。按1994年汇价、价格测算，我国每消耗1kg标准煤能源产生的国民生产总值为0.46美元，日本为4.67美元，美国为2.06美元。

发达国家经济发展的历程表明，工业化初期一般要消耗大量能源和矿物原料。英国在19世纪的前80年中，煤炭消费量增长15倍，生铁消费量增长40倍。美国南北战争后的48年中，生铁消费量增长27倍，煤炭消费量增长38倍，石油消费量增长98倍。我国1949～1960年期间，国民经济发展速度为10.89%，而钢铁发展速度为54.13%，原煤发展速度为25.78%，采掘业总产值增长速度为31.53%。

国民经济发展及经济增长对矿产品的需求程度与经济结构的转换有关，当国民经济由以农业为主转向以工业为主时，社会生产由以农业生产和以农产品原料加工制造为主转向以工业包括采矿、冶金、机电、化工、铁路等重工业及建筑业生产和以矿物原料的加工制造为主，能源消费也由人力、畜力、风力和水力等一次能源为主转向以二次矿物能源为主，因此，消耗大量的矿物原料及能源，以支持经济增长。随着经济水平的提高和科学技术的进步，工业发达国家的经济结构发生了新的变化，以制造业为主要特征的二次产业逐步让位于电子工业、信息产业、服务业乃至知识产业，因此，对矿物原料及能源的消耗比在二次产业经济中大大下降。同时，由于科学技术的进步，使得原料及能源效率得以提高、消耗得以降低；新型材料得以推广应用，对矿物原料形成替代；开采条件好的、品位高的富矿、优质矿产资源逐渐耗竭，开采条件趋于恶化、开采成本越来越高；生态环境及职业安全健康等社会成本也随着经济水平的提高而增加。这些，都会使得矿业在国民经济中的比重会随着经济形态的转换而趋于下降。

矿产市场结构及组织直接影响矿产价格，因此影响经济增长。譬如，某种矿产的卡特尔对该矿产产量与价格的垄断，会使该矿产价格高于自由竞争价格，因而妨碍社会经济增长。

矿业外部效应对经济增长亦有较大影响。所谓外部效应，是指产生者和消费者的经济活动不经市场交易而直接或间接地给本来与这些经济活动无关的第三者带来的正面或负面影响，分别称为外部经济或外部不经济。矿产资源的开发利用难免在一定程度上对社区的生态环境乃至安全健康带来隐患、威胁乃至损害。环境污染便是对矿产开发有较大影响的一种外部效应。一个钢铁生产者与矿产（煤、石灰石、铁矿等）销售者和钢铁产品购买者做交易，可是处于交易之外的人会受到该钢铁企业排废例如高炉尘埃、氧化硫等污染物的侵害。一个煤矿经营者与资源所有者和煤炭购买者做交易，可是处于交易之外的人的利益会因露天或者地下采矿使自然景观和水质遭到破坏而受影响。在矿产开发过程中，为克服外部不经济效应而产生的费用称为外部成本。外部成本过低，会导致矿产价格偏低，矿产资源消耗过量，生态环境损害严重，安全健康风险上升；提高外部成本，趋于使矿产价格增长，矿产使用与生产减少，负面外部效应趋于减轻。

由于矿产资源的耗竭性及不可再生性，资源可能会随其开发利用而变得稀缺，趋于导致该矿产的成本升高，使用受限，进而使经济增长受到制约。另一方面，技术的进步趋于使矿产成本下降，可用资源量增加，矿产价格降低，促进经济增长。

矿产稀缺对经济增长的影响程度，可以由矿产稀缺与经济增长的作用关系来反映。一般认为，某矿产价格对综合物价水平之比的增高，便意味着该矿产的相对稀缺。这种相对价格的上升，可以由于该矿产资源的耗竭、该矿产生产技术进步的缓慢或者该矿产市场价格的垄断所造成。无论哪一种原因，结果都是该矿产购买者付出的增加，从而妨碍以该矿产为投入的商品的生产。

若矿产价格相对于其他产品价格而下降，则有利于经济增长；反之，则会妨碍经济增长。有些研究认为，由于矿产资源的不可再生性，矿产价格会随着矿产资源的消耗而上升，因此延缓经济增长。但有关统计分析表明，就长期而言，矿产价格水平相对于其他产品价格水平，未见明显上涨，尚未表现出相对稀缺。短期的矿产价格波动，主要是受市场组织、外部成本以及汇率等因素的影响。

矿产资源稀缺表示方法还有单位劳务的产出量、单位资本的产出量以及发现单位储量的成本等。

总之，矿业对于经济增长的影响和作用是多方面的，但是影响和作用的内容、方式和程度，都会由于所论国家或地区的矿产资源禀赋状况、社会经济发展阶段、形态和水平的不同而有明显差别。

三、矿业与可持续发展及知识经济

矿业作为国民经济基础产业之一，其生产对象是赋存于地壳内部或地球表面的有用矿物资源，包括煤炭、石油及天然气、金属、非金属及建材等自然资源，其产品构成人类社会赖以生存和发展的物质基础。然而，传统的矿业生产方式与工艺过程决定了矿业开发活动对地形地貌、植被、土质、水体和大气等自然资源与生态环境具有损害性。面对知识经济时代的到来与社会经济可持续发展战略在全球的实施，人们应该了解科技进步对国民经济结构演化的作用及矿业随国民经济发展的变化规律，认识矿业在国民经济中地位的变迁，从而使矿业能够适应社会经济的发展。

（一）知识经济

自20世纪70年代以来，世界进入了以信息技术为中心的高新技术蓬勃发展的时期，科技进步逐渐成为经济发展的决定性因素。在全球经济高增长中，科技进步（或知识）的贡献已上升60%～70%。在一些工业发达国家或地区，国内生产总值的近50%来自以知识为基础的产业。

面对社会的这一发展趋势，人们对世界的未来经济形态作出了多种描述。1973年，美国社会学家丹尼尔·贝尔（Daniel Bell）把它称为“后工业社会”；1980年，美国未来学家阿尔温·托夫勒（Alvin Toffler）在《第三次浪潮》中认为出现了一种不同于工业经济的经济，即“后工业经济”；1982年，美国经济学家和未来学家奈斯比特（J. Naisbitt）在《大趋势》中提出了以信息产业为主要支柱的“信息经济”；1986年，英国福莱斯特在《高技术社会》中提出了以高技术产业群体为主要支柱的“高技术经济”；1990年，联合国研究机构指出了“知识经济”的概念及性质；1996年，经济合作与发展组织（OECD）明确定义了“以知识为基础的经济”是“建立在知识和信息的生产、分配和使用之上的经济”，并第一次提出了这种新型经济的指标体系和测度。

知识经济的基本特征包括：

（1）在知识经济时代，知识不仅仅是生产要素之一，而是生产的支柱和主要产品，社会投资与产品主要在于信息及通讯等高技术领域和研究与开发、教育与培训等方面。

（2）工业经济建立在物质与环境资源的消耗之上，而知识经济的基础则是知识与智力资源，它可以通过现有知识资源的组合、集成、归纳、推理、演化、发现、发明而形成新的知识资源，具有无限性，因此，知识经济是促进人与自然协调、可持续发展的经济。

（3）工业经济建立在动力技术与制造技术基础之上，而知识经济则建立在信息科学技术、新材料科学技术、新能源科学技术、生物科学技术、空间科学技术、海洋科学技术、环境科学技术、管理科学技术等高新技术基础之上，知识经济发展的动力在于创新，包括知识创新、技术创新、观念创新、管理创新、制度创新。

（4）工业经济下的生产经营以大型化、高速化、标准化和批量化为特征，生产工具是经济活动的最主要因素，而知识经济下的生产经营则以个性化、柔性化、多样化、精良化和高品质为特征，生产者是经济活动的最主要因素。

（5）工业经济的产业结构以第二产业代替第一产业成为国民经济主体或主导为特征，随着知识经济时代的到来，第二产业和第一产业在国民经济中的比重将不断下降，而服务业（第三产业）和知识产业（第四产业）的地位将不断上升，并占主导地位。

(6) 在社会成员的组成中，工业经济社会以体力劳动者为主体，而知识经济社会则以脑力劳动者为主体。

(7) 企业的管理重点由工业经济时代的对产品生产、经营和有形资产的管理转变为注重提高企业知识创造和技术创新的能力。

知识经济的先导是教育，只有通过教育，才能开发智力资源，才能有效地实现知识的生产、分配和使用，促进知识经济的发展。

（二）可持续发展

历史地看，人类社会发展的进程基本是人类认识自然和改造自然的过程。在此过程中，人类创造了文明，积累了大量的精神和物质财富。同时，由于人类片面地追求社会财富的创造，没有意识到或难以顾及到人类同其生存环境之间存在着的协同发展的客观规律，因而对人类赖以生存的自然资源与环境造成了较大程度的掠夺与破坏。直到威胁人类生存与发展的自然环境问题不断在全球显现，才使人类认识到，人对自然的主观能动作用的盲目膨胀将导致祸及人类社会。

1972 年在瑞典斯德哥尔摩召开的人类环境大会，表明人类认识到经济和社会的发展应与资源和环境的保护相协调，提出了可持续发展观。1987 年联合国环境与发展世界委员会发表了《我们共同的未来》的报告，明确指出：可持续发展就是“既满足当代人的需求，又不对后代人满足自身需求的能力构成危害的发展”。特别是自 1992 年联合国在巴西里约热内卢召开的环境与发展大会以来，使全世界不同社会制度、不同经济发展水平和不同历史文化背景的国家或地区迅速达成了广泛共识：人类需要从以大量消耗资源与牺牲环境为代价的经济发展，转变为依靠科学技术实现人与自然环境相协调的经济发展，即社会经济的可持续发展。

社会经济可持续发展的基本要素是人口、资源与环境，实现可持续发展的关键在于大力发展科学技术、高新技术产业、循环经济和履行社会责任，因此，发展基于知识的经济和恪守承担责任的规范是通向人类可持续发展的基本途径。

社会经济可持续发展的目标及指标体系具有时间与空间的动态性，应能反映给定时空点的经济、社会、人口、资源和环境等方面的发展状况，评价给定时空域的经济、社会、人口、资源和环境等方面的发展趋势与速度，测量给定时空点或时空域的经济、社会、人口、资源和环境等各方面的发展协调程度，体现全局的共同性（commonness）、代间（intragenerational）/国际/区际和代际（intergenerational）的公平性（equity）、局部的差异性（differentiatedness）及多样性（diversity）。

（三）面向知识经济与可持续发展的矿业观

知识经济浪潮与可持续发展理念正在使传统的矿业生产方式和管理模式面临着前所未有的挑战，要求人们对矿业的观念不断更新。

矿产资源开发在区域经济发展历史上发挥了显著作用。澳大利亚卡尔古力（Kalgoorlie）、加拿大萨德伯里（Sudbury），智利安托法加斯塔（Antofagasta），南非约翰内斯堡，美国内华达州一些地区，我国的大庆、阜新、大同、鄂尔多斯等地区的社会经济发展都带有突出的矿业印记。矿业活动能够为地方乃至国家提供税收及财政收入，促进地方就业，改善医疗、教育等公共服务和公路、铁路、航空、电力、供排水等基础设施，还可以通过乘数效应带动上游或下游产业发展，这些经济效应对于发展中的经济体尤为重要。

但是，矿产资源开发作为一个分离有用矿物与废物的大尺度工程，其自身性质决定了在生产过程中不可避免地导致一系列的负面效应，诸如占用良田、破坏生态、污染环境、损害健康、危害生命等等。因此，以矿业开发为主导的经济社会发展及工业化进程常常伴随有一系列社会经济问题，包括企业效益、居民权利、社区需求、社会成本、政策目标等方面的矛盾乃至冲突，导致比其他产业发展更为突出的社会责任问题。人们不仅需要关注矿业能否成为区域发展的可持续基础，而且需要研究矿区发展的可持续程度与方式，包括社会责任。当然，不同的利益相关方对于矿业开发与矿区发展的认知与期待是存在差异的。

随着科学技术及高新技术产业的发展和知识经济时代的到来，与其他传统的基础产业部门一样，矿业的产值占国民生产总值的比例和矿业就业人数占全社会总就业人数的比例也趋于减少，矿业产值在国民经济中的比重趋于下降。这是不以人们的主观意志为转移的社会经济发展客观规律。

但是，矿业对国民经济发展的影响和作用会因社会所处发展阶段、经济形态和水平的不同而异。在美国、英国等工业发达国家，矿业在本土的生产规模日渐缩小，矿业生产对象（矿物资源）与矿业资本逐渐转向发展中国家，矿业被称为“夕阳工业”。而在发展中特别是矿产资源比较丰富的经济体（国家、地区），矿业对社会经济发展则发挥着重要的作用：

（1）矿业生产占发展中经济体的国内生产总值的比例较大，对发展国民经济及区域经济、促进工业化程度的提高具有基础支撑作用。

（2）虽然在宏观经济中，矿业劳动力占社会总劳动力人数的比例并不很高，但是，矿产开发对解决区域就业问题，是一个重要途径。

（3）矿产开发对区域经济的发展和短期经济的起飞有较大的促进作用。

（4）发展矿业可以吸引资金、引进技术，促进相关产业发展，是解决区域经济发展问题的重要途径。

随着社会经济的增长，人类生活质量不断提高，人们保护自然资源与生态环境的意识日益加强。因此，在进行矿产资源开发利用的过程中，必须积极采取有益于生态环境保护的设计思想（诸如循环经济、预防性措施、从摇篮到摇篮的设计、配合设计等）、生产工艺技术与管理措施（清洁生产、精益生产、生命周期护理等），确保矿产资源开发等人类生产活动与自然生态环境得以协调发展。

第三节 我国矿业发展概况

一、矿产资源特点

我国国土面积广大，成矿地质条件好，矿种多、资源丰富。我国的矿产资源有以下特点。

(一) 矿种齐全，总量丰富

根据2006年12月《国务院关于矿产资源合理利用、保护和管理工作的报告》中数据，我国具有探明储量的矿产159种，是世界上矿产资源丰富、矿种齐全的少数几个国家之一。已探明的储量约占世界总量的12%，仅次于美国和俄罗斯，居世界第三位。有20多种矿产的探明储量居世界前列，其中钨、锡、锑、稀土、钛、镁等12种矿产的探明储量居世界第一位，煤、钒、钼、锂等7种矿产的探明储量居世界第二位，汞、硫、磷等5种矿产的探明储量居世界第三位。

(二) 人均拥有资源水平低，重要矿产保有储量少

我国多数矿产资源总量丰富，但由于人口众多，人均拥有资源水平不高。我国已探明矿产资源尤其是大宗矿产的保障能力不足。据估算，我国人均拥有矿产储量约为世界人均水平的58%，居世界第53位。我国资源储量大多为一般性矿产，战略性矿产的储量偏低，石油资源的人均拥有储量为世界人均水平的35.4%，铁矿为34.8%，铜矿为17%，铝矿为11%，钾盐不到5%。

根据对我国矿产资源形势的分析，45种主要矿产的现有探明储量，到2020年能保证需求的仅有天然气、稀土、菱镁矿、钠盐、芒硝、膨润土、石墨、滑石、硅灰石等9种，不能保证需求的有21种，短缺矿产有5种。近年来，我国铁、铜、铝、锰、铬、镍、钾盐等大宗矿产的供需缺口不断加大，2007年，它们的对外依存度已分别高达约52%～97%。1990年以来，我国矿产品进出口贸易逆差不断加大，2007年达到约1000亿美元，矿产品进口额已高达我国当年进口总额的31%。

(三) 富矿及大型矿床少、贫矿及中小型矿床多

我国铁矿能够直接入炉含铁品位55%以上的富矿只占3.1%，96%以上均为贫矿，平均品位33%，比世界铁矿石平均品位低10%，比目前铁矿石供应大国平均水平低20%～30%。绝大多数铁矿石必须经过选矿才能进行冶炼，因而开发投资大，生产成本高。我国锰矿的保有储量中，锰矿平均品位仅22%，含锰品位大于30%的富矿只占6.3%。铜矿平均地质品位为0.87%，其中22个大型铜矿平均地质品位为0.65%，不及世界主要生产国铜矿石品位的1/3。磷矿中含$P_2O_5$30%以上的富矿占保有储量的6.56%，硫铁矿中含硫大于35%的一级品矿石仅占保有储量的4.3%。

我国的石油贫矿多，单井产量低，1994年生产井平均日产5.8t，而国外多在100t以上。我国一些重要的矿产地如新疆塔里木、准噶尔、甘肃镜铁山、青海锡铁山、内蒙古白云鄂博等，区位条件差，生产与生活条件恶劣，运输困难，开发成本高。在已探明储量的15000个矿床中，66%为小矿，23%为中型矿床，大矿占11%。

(四) 矿石组分复杂，多种矿产共生伴生

我国80%的有色金属矿、40%的金矿、25%的铁矿和一些煤矿，都有其他矿产与之共生或伴生，开发利用的139个矿种中，有87种部分或全部来源于共、伴生矿床。铜矿在已探明的6千多万吨金属储量中，伴生或共生的金属有：铅107万吨，锌334万吨，钼87

万吨，金703吨，银23817吨，镍559万吨，钴24万吨，铂族金属186万吨，硫10674万吨，综合回收利用这些组分的价值高于采铜的价值。我国多数铝土矿区共伴生有其他矿产，主要共生矿产有耐火黏土、铁矿、铁矾土、各类灰岩、煤炭等；主要伴生有用组分及元素包括镓、钪、钛、铌、钽、钒、锂、铷等稀有元素、稀土元素；部分铝土矿区内还有铜矿、铅锌矿、锂矿存在。锡矿储量的88%伴生有铜、铅、锌、锑等，镍矿几乎全部是与铜共生的硫化型铜镍矿。我国铁矿中约有20%为钒钛磁铁矿，有些铁矿含有钽、铌及稀土元素。我国金矿中伴生金储量约占44.2%。

含有稀土的白云鄂博铁矿、含钒钛的攀枝花铁矿和含铜、钼的金川镍矿是世界闻名的三大共生矿。白云鄂博铁矿含各种元素71种，形成矿物173种，其中稀土可综合利用的有用矿物30多种。攀枝花铁矿含有钒、钛、钴、钪，镓、铂等十几种稀贵金属，其中钛矿（TiO_2）探明储量7.4亿吨，居世界第1位，钒矿（V_2O_5）探明储量1679万吨，居世界第3位。

我国矿产资源的特点，对其开发利用带来了双重影响。一方面因矿石中有用组分多，常伴有贵重金属、稀有元素，提高了矿床的经济价值，具有综合利用的巨大潜力；另一方面因多种有用组分并生、氧化矿与硫化矿共存，增加了选矿和冶炼的难度。

二、资源开发利用状况

我国的工业化过程起始于20世纪50年代初期，半个世纪以来，国民经济的发展和工业化进程，对矿产品提出了巨大需求。我国基本上依靠开发利用本国的矿产资源，满足这种需求。与1949年相比，矿产品的产量增长了数十倍至数百倍，如表1-6所示。

矿产资源的开发利用，对我国国民经济的高速发展起到了多方面的作用。一方面，保证了国民经济发展对矿产品的需求；另一方面，对发展地区经济、改善工业布局、扩大就业、出口创汇等做出了重要贡献。1949年，我国保留比较完整的矿山仅300多座。截至2006年，全国共有非油气矿山企业12.637万个，其中大型矿山3850个，中型矿山5345个，小型矿山56157个，矿山企业现价工业总产值6709.73亿元，形成了以矿业和矿产品加工业为支撑产业的300多座新兴工业城市。在我国，矿业基本属于劳动密集型产业，提供了数以百万计的就业岗位。全国矿业职工总数（未含地勘部门职工）及其按行业的分布如表1-7所示。

（一）能源矿产的开发利用

能源矿产在我国的矿产资源生产中占有最重要的位置，主要矿种包括煤、石油、天然气、铀、油页岩等。我国的能源以煤炭为主，占能源消耗总量的72.76%（2005年）。我国煤炭资源丰富，截至2005年底，全国煤炭查明资源储量10429.6亿吨。2005年全国原煤产量为21.9亿吨，产销率接近99%，居世界第一位。煤炭资源的分布及生产主要在我国的西部和北方，与地区的经济发达程度呈逆向分布，远离消费中心，煤炭生产与消费需要耗费大量运力，2005年全国煤炭铁路运量累计完成10.71亿吨。我国煤炭开采以地下为主，露天开采产量约为5%。

我国的石油和天然气资源开发，几十年来取得巨大进展，到2005年，石油剩余可采储量24.9亿吨，天然气剩余可采储量2.53万亿立方米，原油产量1.81亿吨，天然气产量499.53亿立方米，均达历史最高水平。

表 1-6 我国主要矿产品产量(1949～2008)

年份	原煤/亿吨	原油/万吨	天然气/亿立方米	原盐/万吨	硫酸/万吨	氮、磷、钾化肥/万吨	水泥/万吨	平板玻璃/万箱[①]	生铁/万吨	粗钢/万吨	10种有色金属/万吨	黄金/吨	铁矿石/万吨
1949	0.32	12	0.07	298.5	4.0	0.6	66.0	91.2	25.0	15.0	1.3	4.073	59.0
1952	0.66	44	0.08	494.5	19.0	3.9	286.0	200.0	193.0	135.0	7.4	6.452	429.0
1957	1.31	146	0.70	827.7	63.3	15.1	685.8	429.8	594.0	535.0	21.5	5.541	1937.0
1960	3.97	520	10.40	1287.3	133.0	40.5	1565.3	567.0	2716.0	1866.0	40.8	6.498	11279.0
1962	2.20	573	12.10	993.8	96.8	46.4	599.8	367.0	805.0	667.0	26.1	3.653	2578.0
1965	2.32	1131	11.00	1146.8	234.0	172.6	1634.0	599.0	1077.0	1223.0	46.2	7.824	3149.0
1968	2.20	1599	14.00	1324.9	141.5	110.9	1000.0	573.0	857.0	904.0	34.0	5.826	2679.0
1978	6.18	10405	137.30	1953.0	661.0	869.3	6524.0	1784.0	3479.0	3178.0	95.2	19.673	11779.0
1980	6.20	10595	142.70	1728.0	764.3	1232.1	7986.0	2466.0	3802.0	3712.0	124.8	24.256	11258.0
1985	8.72	12490	129.30	1479.0	676.4	1322.2	14595.0	4942.0	4384.0	4679.0	155.8	39.082	13735.0
1990	10.80	13831	152.98	2023.0	1196.9	1879.7	20971.0	8067.0	6238.0	6635.0	239.3	66.175	17934.0
1995	13.61	15005	179.47	2977.7	1811.0	2548.1	47560.6	15731.7	10529.3	9536.0	496.6	108.405	26191.0
2000	12.99	16300	272.00	3128.0	2427.0	3186.0	59700.0	18352.2	13101.5	12850.0	751.5	176.910	22256.2
2001	13.81	16396	303.29	3410.5	2696.3	3383.0	66104.0	20964.1	15554.3	15163.4	883.7	181.830	21701.5
2002	14.55	16700	326.61	3602.4	3050.4	3791.0	72500.0	23445.6	17084.6	18236.6	1012.0	189.810	23143.0
2003	17.22	16960	350.15	3437.7	3371.2	3881.3	86208.1	27702.6	21366.7	22233.6	1228.1	200.598	25317.7
2004	19.92	17587	414.60	4043.4	3928.9	4804.8	96682.0	37026.2	26831.0	28291.1	1430.0	212.348	31010.5
2005	22.05	18135	493.20	4661.1	4544.7	5177.9	106885.0	40210.2	34375.2	35324.0	1635.0	224.050	42623.6
2006	23.73	18477	585.53	5663.1	5033.2	5345.1	123676.0	46574.7	41245.2	41914.9	1916.3	240.078	58817.1
2007	25.26	18632	692.40	6167.0	5412.6	5825.0	136117.0	53918.1	47651.6	48928.8	2379.2	270.491	70707.3
2008	27.88	19001	789.32	5952.8	5132.7	6012.7	140000.0	55184.6	47067.4	50091.5	2520.3	282.01	80805.3

资料来源：中国统计年鉴，中国经济贸易年鉴、中国有色金属工业年鉴、中国钢铁工业年鉴、中国黄金年鉴。因资料来源不同，故数据仅作参考。

①1 箱 =50kg。

表 1-7 矿业职工总数及其按行业分布 （单位：万人）

项 目	2004 年	2005 年	2006 年	2007 年	2008 年
全国工业职工总数	6099	6896	7358	7875	8838
全国矿业职工总数	579	647	692	705	785
其中：煤炭开采和洗选业	388	436	464	464	502
石油和天然气开采业	76	86	93	91	113
黑色金属矿采选业	29	41	45	49	62
有色金属矿采选业	40	42	45	55	54
非金属矿采选业	45	43	44	47	54
其他采矿业	0	0	0	0	0
矿业职工占工业职工比例/%	9.49	9.38	9.40	8.96	8.88

资料来源：中国统计年鉴（按行业分全部国有及规模以上非国有工业企业主要指标）。

（二）金属矿产的开发利用

金属矿产包括黑色金属、有色金属和贵金属矿产等。铁矿是最重要的矿种之一，在金属消耗总量中占95%以上。截至2005年底，我国铁矿查明资源储量593.85亿吨，全国规模以上企业铁矿石产量4.2亿吨，生铁产量3.3亿吨，粗钢产量3.5亿吨，冶金行业的产销率接近98%。我国铁矿石大部分为露天开采，采出铁矿石平均品位33%，绝大部分铁矿石需要经过选矿、烧结才能入炉冶炼。由于我国钢产量增长迅速，铁矿石产量不能满足钢铁工业的需要，每年要进口大量铁矿石。

有色金属矿山以中小型为主，2005年，全国10种有色金属总产量为1639.02万吨，居世界第1位。其中，铜矿查明资源储量6747.47万吨，铜精矿产量76.16万吨，精炼铜产量260.04万吨；铝土矿查明资源储量26.58亿吨，铝产量780.60万吨，炼铝原料氧化铝产量860.87万吨；铅矿查明资源储量3934.54万吨，铅产量114.2万吨，精炼铅产量239.14万吨；锌矿查明资源储量9495.29万吨，锌产量254.78万吨，精炼锌产量277.61万吨；镍矿查明资源储量789.12万吨，镍产量7.27万吨，精炼镍产量9.51万吨；锡矿查明资源储量470.60万吨，锡产量12.56万吨，精炼锡产量12.18万吨；锑矿查明资源储量223.97万吨，精炼锑产量13.83万吨。

我国黄金矿产的开发，以岩金为主，砂金占产量的10%以下。黄金矿山以中小型为主，绝大多数是地下矿山。黄金产量1949年为4.07吨，1996年为121吨，2005年为271.7吨。

（三）非金属矿产的开发利用

我国的非金属矿产主要包括化工原料矿产（如硫矿、磷矿、盐矿等）、建材非金属矿产（如石墨、石棉、水泥灰岩、花岗石、大理石等）和冶金辅料矿产（如耐火黏土矿、菱镁矿、白云石矿等）。2005年度化工原料非金属矿产中化肥用灰岩查明资源储量增幅较大，碘查明资源储量有较大幅度下降，硫铁矿查明资源储量53.82亿吨，硫标矿（S≥35%）产量1146万吨；磷矿查明资源储量167.57亿吨，磷矿石产量3044万吨；钾盐查明资源储量8.8亿吨，芒硝查明资源储量折算为硫酸钠量208.38亿吨（矿石量按32.3%折算），重晶石查明资源储量3.68亿吨，盐矿查明资源储量折氯化钠量为13088.36亿吨，硼矿查明资源储量6965.10万吨。我国建材非金属矿工业发展迅速，2005年度建材非金属矿产中，石墨查明资源储量1.65亿吨，产量达到165万吨；石膏查明资源储量658.63亿吨，产量3200万吨；滑石查明资源储量2.53亿吨，产量270万吨。2005年度，冶金辅助原料非金属矿产中菱镁矿查明资源储量36亿吨，菱镁矿产量1544吨；普通萤石查明资源储量折算为氟化钙1.52亿吨（矿石量按64%折算），萤石产量270万吨；耐火黏土查明资源储量22.24亿吨。

三、矿产对外贸易

我国矿产资源虽然品种齐全，总量丰富，但人均占有水平低，而且某些事关国计民生的重要矿产，如石油、富铁矿、铜矿等显得不足。因此，为了弥补国内资源的不足，保证国民经济对矿产的需要，以及发挥我国优势矿产的经济潜力，国家积极实施了推动国内外两个市场、两种资源的政策。

近年来，我国对外贸易的矿产品种类不断增多，结构发生了较大变化。目前，我国矿产品进出口贸易的品种已达到1800多种。能源矿产为我国外贸的重要部分，其中煤炭已经由净进口转出口，从1950年至2002年，累计出口煤炭64673万吨；我国的石油在20世纪50年代主要依靠进口，60年代开始出口，至90年代初，石油是我国出口创汇大户。但是从1993年开始，进口大于出口，成为石油净进口国，之后进口量逐年增加，2005年我国原油净进口量达11875万吨，成品油净进口1742万吨，石油消费对进口的依赖程度已经达到47.3%。铁矿石是我国进口最多的产品之一，2005年国内铁矿石原矿产量4.2亿吨，表观消费量9.7亿吨，按2吨国产原矿折合1吨国外富矿计算，国产矿可满足消费需求的43%，其余依靠进口。有色金属矿大量出口的有：锡、锑、钼等，大量进口的有：铜、铝、镍、锰等。非金属矿的主要出口产品有：菱镁矿、萤石、重晶石、石墨等。

分析我国矿业的外贸状况，有以下几个特点：

（一）*矿产品外贸额持续增长、比重大*

1988年矿产品外贸额为202.93亿美元，2006年增长到3840.35亿美元，增加17.9倍，1988年~2006年平均年增长17.7%。近年外贸额如表1-8所示。

由表1-8可知，在1988年~2006年期间，矿产品进出口贸易额占全国进出口总额的比例，为16.68%~21.64%之间，平均约为19%。

（二）*矿产品外贸额存在逆差*

由表1-8可以看出，从1988年至2006年，矿产品进出口贸易逆差不断扩大，近几年的逆差表现尤为明显，2000年~2006年间，逆差总额达13525亿美元。这种变化不仅与中国经济的快速发展有密切的关系，而且与国际矿产品市场的价格有内在联系。在矿产品外贸逆差中，铁矿石进口占较大比例，2006年，进口铁矿砂及其精矿32629.64万吨，出口铁矿砂及其精矿0.45万吨，贸易逆差额209.2亿美元，占当年矿产品逆差总额的27.28%。近几年，石油外贸逆差也比较明显。

表 1-8 1988 年～2006 年我国矿产品进出口贸易额 （亿美元）

年份	总 额	全国进出口货物贸易总额	占全国进出口总额比例/%	出口金额	进口金额	差额（+/-）
1988	202.93	1028.01	19.74	86.09	116.84	-30.75
1990	227.25	1154.73	19.68	108.42	118.83	-10.41
1992	288.68	1356.58	21.28	116.74	171.94	-55.20
1994	394.79	2366.85	16.68	152.57	242.22	-89.65
1996	502.21	2899.60	17.32	207.41	294.80	-87.39
2000	897.50	4742.90	18.92	307.60	589.90	-282.30
2001	925.40	5096.50	18.16	338.50	586.90	-248.40
2002	1107.40	6207.70	17.84	415.60	692.00	-276.40
2003	1554.30	8509.90	18.26	541.40	1012.90	-471.50
2004	2311.15	11545.50	20.02	814.46	1496.69	-682.23
2005	2920.33	14219.10	20.54	1045.93	1874.37	-828.44
2006	3840.35	17604.00	21.64	1536.10	2302.90	-766.80

数据来源：2000 年～2006 年数据来源于《中国矿业年鉴 2007》。

（三）矿产品外贸结构有待改善

20 世纪 80 年代初期，我国矿产品出口以初级产品为主。近年来，初级产品的进口贸易额不断上升，出口贸易额占矿产品出口额的比重呈持续下降趋势。2006 年初级矿产品出口贸易额占矿产品出口额的比重比 1990 年下降了 85.2%，而初级矿产品进口贸易额占矿产品进口总额的比重比 1990 年增长了 2.1 倍。金属、非金属矿砂的出口额、原煤的出口额、原油的出口额占矿产品出口额的比重分别比 1990 年下降了 60%、54.9%、93.7%；金属、非金属矿砂的进口额、原煤的进口额、原油的进口额占矿产品进口额的比重分别比 1990 年增长了 61.3%、1.4% 和 6.2 倍。与此相反，矿产品加工制品出口比重逐步上升，进口所占份额明显下降。出口额在全国矿产品出口总额中的比重由 1990 年的 61.1% 上升到 2006 年的 93.5%，进口额所占比重则由 1990 年的 86.1% 下降到 2006 年的 55.6%。这些数据表明了中国矿产品加工的水平有了一定的提高。

（四）矿产品外贸多元化

随着世界经济全球化的发展，中国矿产品贸易在全球进一步扩大，贸易伙伴正向多元化方向发展。2006 年中国矿产品贸易涉及的国家或地区有 230 多个，遍及全球。中国在亚洲地区的矿产品贸易总额占中国矿产品贸易总额的 55%，非洲地区占 8%，欧洲地区占 16%，拉美地区占 7%，北美地区占 10%，大洋洲地区占 5%。其中：矿产品进出口贸易总额超过 10 亿美元的国家（或地区）有 45 个，达到 50 亿美元以上的有 22 个国家（或地区），达到 110 亿美元以上的有 11 个国家（或地区），韩国、日本和美国成为中国三大矿产品贸易伙伴，与中国的矿产品贸易总额 1073.6 亿美元，占中国矿产品贸易总额的 28%。在矿产品贸易中，日本一直是中国矿产品及相关产品的最大进口原产地国，从某种程度上表明日本在矿产品深加工技术和产品方面具有明显的优势，经过国内加工后将高附加值的矿产品返销到中国，获取更多利润。

利用国外资源除了矿产品进出口贸易，尚有在境外合资、合作勘查开发矿产资源等方式，在澳大利亚、秘鲁开采铁矿，在赞比亚开采铜矿，在马六甲海峡、哈萨克斯坦勘查油气资源，在加纳、俄罗斯、老挝等国勘查金矿等。

四、矿业存在的问题

（一）资源利用率差

我国在开发矿产资源中，乱采滥挖、无序开采、技术水平低，管理不善，造成资源采收率低，对资源的破坏及损失浪费相当严重。据估算，全国矿产资源的总回收率只有30%左右，低于国际水平20个百分点。我国煤炭资源回收率偏低，国有煤矿产量约占全国煤矿产量的65%，矿井回采率平均只有45%左右；乡镇和个体煤矿产量约占全国产量的35%，矿井回采率平均为15%到20%。我国的共生伴生矿较为丰富，但综合利用率仅为35%左右，主要有色金属的采矿回采率为53%，选矿回收率为80%，采选总回收率为42%，采选冶总回收率38%。我国综合利用有效组分在70%以上的矿山仅为2%，达到50%的矿山不到15%，而低于25%的矿山则高达75%。尾矿综合利用情况更不容乐观，基本上处于未利用状态，而美国、加拿大、日本等国家共伴生矿的综合利用率达到76%～90%，美国的一些稀有金属矿物95%～100%来自于综合利用。

（二）矿产资源保障程度低

我国地质勘查管理体制改革以后，逐渐形成了公益性与商业性地质工作分开运行、协调发展的局面，矿产资源勘查工作逐步加强，商业性矿产勘查市场机制逐步建立。“十五”以来，新发现大中型矿产地1284处，与2001年相比，2007年全国地质勘查投入增长了1.8倍。2006年～2010年，全国固体矿产勘查投入从128亿元增长到300亿元以上，其中2/3以上来自社会投入；钻探工作量从865万米增长到1800万米以上，一批大型、超大型矿床被相继发现并陆续进入开发阶段。涌现出内蒙古东胜煤田、西藏驱龙铜矿、山东焦家金矿、辽宁大台沟铁矿等一大批超大型规模的矿产地。在资源开发强度不断加大的形势下，煤、铁、铜、铝、铅锌等大多数大宗重要矿产保有资源储量实现了较快增长。

我国矿产勘查虽然呈现出良好的发展态势，但是，随着我国工业化、城镇化的快速推进，经济社会发展对矿产资源的需求持续快速增长，重要矿产消费增长快于生产增长，矿产资源大量快速消耗态势短期内难以逆转。同时，矿产资源勘查开发的制约因素增多，增储增产难度加大。目前，我国重要矿产资源储量增长相对缓慢，找矿难度不断增大，隐伏区、深部区等找矿方法尚未有效突破，一大批老矿山可采储量急剧下降，矿产资源勘查开发接续基地不足，一些重要矿产储量消耗快于储量增长，矿产资源保障程度总体不足。

（三）矿区环境及生态损害严重、安全及健康问题突出

矿产资源的开发利用给国家建设和发展做出了巨大贡献，但是，长期大规模、超强度的矿产资源开发和利用造成的负面环境影响也与日俱增，矿区环境及生态损害严重。

矿业生产安全事故频发，大型、特大型矿山事故尚未有效控制，死伤人数居高不下；职业健康及社区健康保障不足，可吸尘、辐射的危害和重金属、其他有毒有害污染物的隐患及风险大。

思 考 题

(1) 分析矿业生产过程的主要阶段及其内涵。
(2) 矿业的社会经济特征有哪些？
(3) 试分析矿业开发与国民经济发展的动态关系。

第二章　矿业生产

第一节　生产与成本

在经济学中，生产是指人们利用现有资源创造所需物品的一切经济活动。经济学认为，在生产过程中，厂商为获得最大利润，总是力图使一定产出量所需要的投入资源量或者成本最小，或者使一定投入资源量或者成本所创造的产出量或者利润最大。

生产理论所研究的核心问题，就是产出及效益与投入及成本之间的相互关系

一、生产函数

生产函数是指在一定技术水平条件下，生产者最大可能产出量与投入生产要素量之间的关系。所谓生产要素，是指生产商品所投入的各种经济资源，一般包括土地、资本和劳动。这里的土地包括为生产提供场所、原料和动力的一切自然资源，诸如陆地、海洋、矿藏、森林、风力、水力等；资本包括便于有效地生产所需要的一切人造物品，诸如建筑物、机器设备、运输工具等有形资产和商标、专利等无形资产；劳动包括生产过程中所投入的一切人类活动，诸如工人的体力劳动、领导者与技术人员的脑力劳动等。

若以 Q 表示产量，以 A，B，…，N 表示生产要素的投入量，则生产函数可以表示为：

$$Q=f\ (A,\ B,\ \cdots,\ N) \tag{2-1}$$

生产函数可以是对单个生产者而言，亦可以是对整个社会而言。社会的生产函数称为总量生产函数。

典型的生产函数有柯布-道格拉斯（Cobb-Douglas）生产函数，其形式为：

$$Q=\beta L^{\alpha}K^{1-\alpha} \tag{2-2}$$

式中　Q——产量；

L——劳动投入量；

K——资本投入量；

β——正常数；

α——小于 1 的正常数。

柯布-道格拉斯生产函数为一总量生产函数，它是根据美国某时期内资本与劳动这两种生产要素对社会产量的影响关系而得出的。

里昂惕夫（Waslie Leontief）生产函数是另一种典型的总量生产函数，其形式为：

$$Q=\min\ (K/a,\ L/b) \tag{2-3}$$

式中　Q——产量；

K——资本投入量；

a——资本消耗系数，即单位产量的资本投入量；

L——劳动投入量；

b——劳动消耗系数，即单位产量的劳动投入量。

里昂惕夫生产函数表明，生产一定数量的产品所需要的各种投入要素量之间的比例关系是固定的，超出该比例的生产要素起不到增加产量的作用。里昂惕夫生产函数是投入产出分析的基础。

生产单位产品所需要的各种生产要素的数量配比，称为技术系数。固定技术系数的生产函数表明，生产要素彼此间不能替代；而可变技术系数的生产函数表明，生产要素彼此间可以替代。换言之，可以通过增加某种要素投入量而减少另一种要素投入量的办法，达到生产等量产品的目的。

将生产函数理论用于研究矿业生产规律时，应注意到矿业产量在较大程度上取决于作为生产对象的矿产资源的数量、质量和丰度。在一般情况下，等量的资本与劳动投入，由于矿产赋存条件差异而会得到不等的、有时甚至差别很大的产出。这是矿业生产所具有的一种特殊规律性。

此外，在我国，由于生产力水平总体不高，资金价格较高、而劳动价格较低，因此，存在着较为明显的劳动对于资本的替代现象。整体而言，矿业生产函数与工业发达国家矿业生产函数会有较大的不同；个体而言，大型矿山企业与中小型矿山企业的生产函数也会存在较大差异。

二、收益递减规律

为研究生产要素投入量的变化对产量的影响，可以将产量区分为总产量、平均产量和边际产量等。

总产量是指某可变要素与一定量的其他生产要素的组合所生产的商品数量的总和。平均产量是指总产量对可变要素的平均值，它表示单位可变要素提供的产量。边际产量是指每增加一个单位可变要素所引起的总产量的变化量。表 2-1 和图 2-1 反映了总产量、平均产量和边际产量随可变生产要素投入量而变化的一般规律。

表 2-1 产量对可变要素的变化

可变要素量	总 产 量	平均产量	边际产量
0	0	0	—
1	10	10	10
2	24	12	14
3	45	15	21
4	60	15	15
5	72	14.4	12
6	80	13.3	8
7	86	12.3	6
8	90	12.2	4
9	92	10.2	2
10	89	8.9	-3

由表2-1和图2-1可以看出，随着可变生产要素投入量的增加，总产量、平均产量与边际产量先是上升，直至达到某一最大值。这种产量随生产要素投入量的增加而上升的现象，称为收益递增。升至某一最大值之后，产量便随生产要素投入量的继续增加而下降。这种在技术水平与其他生产要素投入量不变的条件下，产量随可变生产要素投入量的增加而下降的现象，称为收益递减。这是可变技术系数的生产函数所具有的一般特征，因此称为收益递减规律。

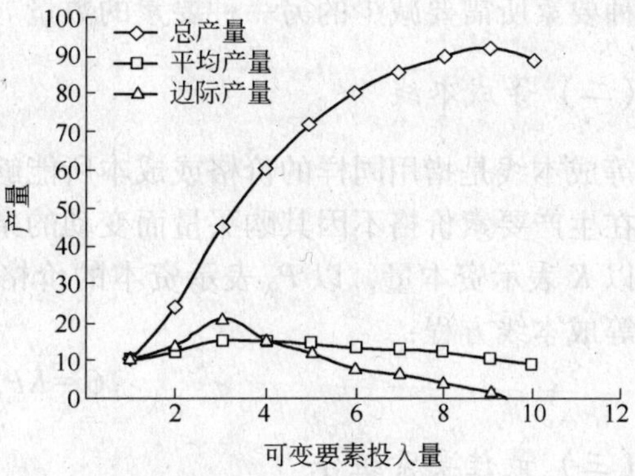

图2-1　产量曲线

收益递减规律可以是对边际产量而言，也可以是对平均产量而言。有时，它还可以对总产量而言，此时称为绝对的收益递减。

收益递减现象的产生是因为可变要素的投入量达到足以使固定要素被充分利用的界限以后，继续增加可变要素的投入量，会使单位可变要素没有技术上必要数量的固定要素与之配合，其效率便会降低，边际产量亦会下降。

三、最佳要素组合

厂商从生产中获得的利润不仅限于生产函数，即技术关系，而且受生产成本的影响。所谓成本，一般是指生产过程中所使用的生产要素的价格。使一定量产品的总成本最低的生产要素组合，称为最佳要素组合。最佳要素组合可以通过分析等产量线和等成本线来确定。

（一）等产量线

等产量线是指在一定技术条件下，为生产一定量的某种商品所需要的两种要素的各种可能投入量的组合点的连线。表2-2给出了为生产300单位某商品所需要的劳动与资本投入量的各种组合，图2-2是相应的等产量线。

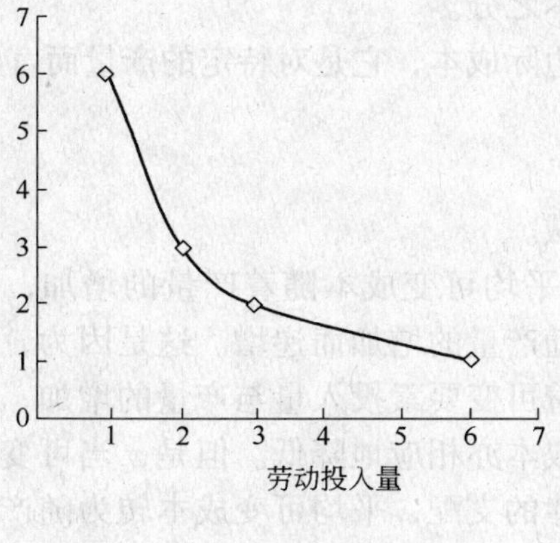

图2-2　等产量线

表2-2　产量为300的要素组合

劳动投入量	资本投入量	产　量
1	6	300
2	3	300
3	2	300
6	1	300

等产量线上任何一点的切线的斜率，称为要素的边际技术替代率，它表示每增加一单位某种要素所需要减少的另一种要素的数量。

（二）等成本线

等成本线是指用同样的价格或成本所能够买进的各种可能生产要素量的组合的轨迹。

在生产要素价格不因其购买量而变动的条件下，等成本线是一条直线。若以 C 表示成本，以 K 表示资本量，以 P_K 表示资本的价格，以 L 表示劳动量，以 P_L 表示劳动的价格，则有等成本线方程：

$$C = KP_K + LP_L \tag{2-4}$$

（三）最佳要素组合

对于不同的成本，可以得到一系列相互平行的等成本线，将其绘制于给定的等产量线图中，便有某一等成本线与该等产量线相切。这条相切于等产量线的等成本线即表示为获得给定产量所必须付出的最小成本，切点的坐标值所表示的要素量即是满足给定产量的最佳要素组合。

四、成本理论

如前所述，成本是指生产过程中所使用的生产要素的价格。但是，成本所包含的具体内容却因决策目的不同而异。

（一）成本种类

成本可以分为固定成本与可变成本。固定成本是指短期内不随产量的变动而变化的成本，它是由相对固定的生产要素所引起的费用，诸如地租、利息、厂房与设备折旧费、管理人员的薪金、保险费等。

可变成本是指直接随产量的变动而变化的成本，它是由可变要素所引起的费用，诸如工人工资、原料费、动力费等。

一定时期内，成本对产量的比值，称为该期的平均成本。相应于固定成本和可变成本，平均成本可以有平均固定成本和平均可变成本之分。

为增加一单位产品所引起的成本变化，称为边际成本，它是对特定的产量而言的。

（二）短期成本规律

在短期内，平均固定成本随产量的增加而递减。

平均可变成本的变化略为复杂。一般而言，平均可变成本随着产量的增加，先是递减，但达到一定的限度后，平均可变成本便转为随产量的增加而递增。这是因为，当产量很低时，可变要素的效率不能充分发挥出来。随着可变要素投入量与产量的增加，要素效率亦提高，单位产量分摊的可变成本即平均可变成本亦相应地降低。但是，当可变要素投入量增加到一定值以后，由于受要素收益递减规律的支配，平均可变成本转为随产量的增加而上升。

边际成本和平均成本随产量的变化，亦呈现与平均可变成本相类似的定性规律，即先是随产量的增加而递减，而后转为递增。

理论地说，边际成本总是先于平均成本由递减而转为递增，且二者于平均成本取最小值时相等。这是因为就平均成本来说，新增加的可变成本是由全部产品分摊的；而就边际成本来说，新增加的可变成本是由最后一单位产品承担的。所以，边际成本先于平均成本由递减转为递增。若边际成本小于平均成本，则平均成本必然随产量的增加而降低；若边际成本大于平均成本，则平均成本必然随产量的增加而升高。只有当平均成本处于由下降至上升的转折点时，边际成本才与平均成本相等。

成本在短期内随产量变化的规律，如表 2-3 和图 2-3 所示。

表 2-3 短期成本

产 量	固定成本	可变成本	总成本	边际成本	平均成本	平均固定成本	平均可变成本
0	20	0	20	—	—	—	—
1	20	30	50	30	50.0	20.0	30
2	20	56	76	26	38.0	10.0	28
3	20	75	95	19	31.7	6.7	25
4	20	80	100	5	25.0	5.0	20
5	20	105	125	25	25.0	4.0	21
6	20	132	152	27	25.3	3.3	22
7	20	182	202	50	28.9	2.9	26
8	20	320	340	138	42.5	2.5	40

（三）长期成本规律

在长期内，不存在所谓的固定成本，一切成本项目都是可变的。

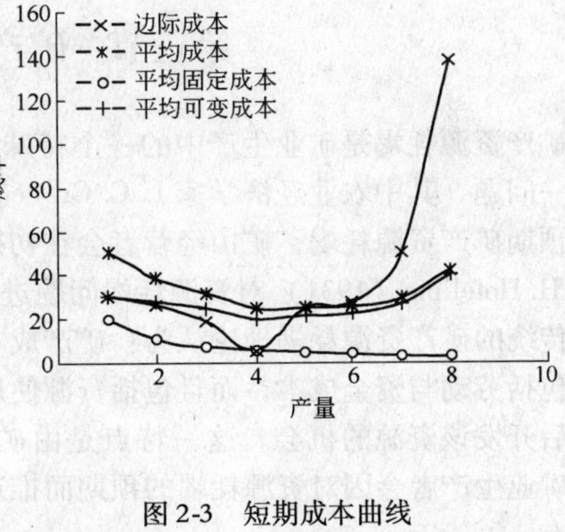

图 2-3 短期成本曲线

长期成本取决于生产技术条件、生产要素价格和产量等三个主要因素。若假定生产技术和要素价格不变，则长期平均成本随产量的变化规律即长期平均成本曲线可以由短期平均成本曲线而得到。将不同生产规模的短期平均成本曲线绘制于同一成本——产量坐标系中，这些曲线的包络线就是长期平均成本曲线。该曲线上的任一点表示相应产量的最低可能平均成本。

一般地说，长期平均成本曲线像短期平均成本曲线一样，也是一条最初随产量增加而递减，继而平缓，最后转为上升的下凹曲线。

第二节 矿产勘查与成本

矿产勘查是一个有关矿床及其属性信息的不断获取与完备的过程，在矿产成本中占有重要地位。研究矿产勘查问题，更一般地说，研究矿产资源可用性问题，必须考察矿产资源信息的不确定性与模糊性。资源的质与量，不单纯是知与不知的确定性问题，而是构成一个质量谱，它的一端是对其一无所知或者尚未发现的资源，而另一端则是其属性已经查明的资源（即储量）。此外，因矿产勘查手段及分析方法不同而得到的有关矿产资源属性信息的可靠性亦有差异。

矿产资源勘查过程可以看做是矿业生产的一个环节，它产出的是资源存量，但未必是即可利用的矿产资源。资源存量只有在具备了可行的技术条件与合理的经济条件时，才能转化为可利用资源。因此，矿产勘查结果充其量只是对资源存量及其当前技术经济可行性的当前评估。资源的未来经济意义则很难确定，因为它在很大程度上受制于需求变化和技术变化等因素。

矿产勘查不仅仅是为了发现新矿床，而且也贯穿于矿山建设与开采等生产环节中，以提高现有矿床属性信息的可靠性和不断补充现有矿山的资源储量，改善已有生产设施的利用效果，降低生产成本，提高盈利或者维持企业的生存及市场份额。

按照经济学理论，矿产勘查实质上可以看作是一个交易成本问题。所谓交易成本，一般是指与商品交换过程有关的一系列经济活动的成本，主要包括送货或者取货、寻找有利购销地点与时机、交易谈判、信息的获取等方面的成本，诸如运输费用、信息费用、购销费用、信息不完全或者信息延迟所造成的直接损失、同失去有利的交易机会有关的机会成本等。矿产勘查即是一个不断获取有关矿床信息的过程，相应的成本可以看做是交易成本。这种交易成本在矿业生产成本中占有重要的份额，是矿业生产所具有的又一种特殊规律性。

第三节 矿产资源耗竭理论

矿产资源耗竭是矿业生产中的一个特殊问题。早在20世纪初，西方经济学者便注意到这一问题，其中农业经济学家L. C. Grey（1914）是矿产资源耗竭研究的先驱。他指出：由于预期矿产资源耗竭，矿山经营者会在初期限产以满足未来的需求。后来，数量经济学先驱H. Hotelling（1931）对资源耗竭问题进行了定量分析，形成了资源耗竭理论。

传统的矿产资源耗竭理论认为：矿产成本与非矿产成本相比，具有明显的特殊性。它不仅包括劳动与资金成本，而且包括资源使用成本，即因矿产资源的开发而使生产者失去了以后开发该资源的机会。这一特点是由矿产资源的有限性与不可再生性所决定的。所以，矿业生产者会因对资源耗竭的预期而推迟生产，以满足未来的需求。推迟生产的原因可能有：

（1）因为人们对资源耗竭的预期，产量会减少，购买愿望会加强。所以，矿产的未来价格会高于当前价格。

（2）随着资源的耗竭，开采条件变差，矿产边际成本随产量的增加而上升。减少产量可以降低边际成本，相应地可以提高单位产品的利润。

（3）矿床储量的有限性，使得开发投资和生产能力限制在一定的水平。生产能力过大，分摊在单位资源量上的资金成本就会过高。通过缩小生产规模、延长生产期而推迟生产，可以降低资金成本。

（4）推迟生产可以起到保护资源的作用，相对地提高了未来资源的质量。技术的进步，会使这些推迟开采的资源得以更有效地生产。

20 世纪 70 年代初，石油危机和许多其他矿产价格的上涨，使得资源耗竭理论的研究得以复苏，并且引起了对矿产资源稀缺的普遍性问题进行广泛的探讨。研究得出的基本结论有：

（1）现值原理支配厂商的生产行为。当前收入比未来收入具有更高的价值，因为现金能够通过获取利息而增值。所以，未来生产的收入必须弥补因生产推迟而带来的利息损失。若未来生产的边际利润现值大于当前生产的边际利润，则会有生产推迟行为发生。

（2）只要对某种矿产的需求长期持续，以致该矿产的供给减少，价格上升，便会有替代品市场产生，从而改变矿业生产结构，使得该矿产的需求与产量降低。

有关研究还表明：矿产市场上尚未出现传统资源耗竭理论所预期程度的资源耗竭或矿产价格相对于社会价格水平上涨现象，亦未见有厂商将产量维持在使利润最大的水平之下，以获取未来收益。相反，长期地看，矿产价格却有下降趋势。所以，虽然矿产资源在物理上是有限的，但此限度仍远离现实。就长期而言，矿产勘查与技术进步在矿产供给中起着重要的作用。新矿床的发现，会使资源存量得以不断地补充；技术的进步，会使开采条件差及品位低的矿床得以有效地开采、矿产加工利用效率得以提高、矿产替代品得以不断地产生。

当然，从宏观及社会经济可持续发展的角度看，保护及推迟某些稀缺及战略矿产的开发，要比矿产生产厂商推迟生产具有更大意义。一方面，从资金的时间价值看，资产的未来价值对全社会而言要高于对企业而言。另一方面，保护、限制及推迟这类矿产资源的开发，能够推升矿产的国际市场价格，有利于国内有关矿产开发利用技术的发展，使得这些矿产能够在未来得以更清洁、更有效地开发利用，提高矿产开发利用的社会价值。

第四节　矿业生产规模理论

生产规模影响厂商的生产成本和利润。改变生产规模能够引起边际成本下降，或者导致边际成本上升。

一般认为，当生产规模较小时，产量提高的速率会大于成本上升的速率。这种产量提高速率大于总成本上升速率的情况，称为规模收益递增或者规模经济。规模经济的产生是由于较大的生产规模，利于充分发挥技术装备的效能，便于专业化协作的发展，能够降低单位产品的销售、管理等成本。

然而，规模经济并非是无限的。当生产规模过大时，成本上升的速率则会大于产量提高的速率。这种产量提高速率小于总成本上升速率的情况，称为规模收益递减或者规模不经济。造成规模不经济的主要原因有管理效率下降，设备搬运、装修困难加大，资源供应不足，故障影响显著等。

规模收益由递增向递减过渡时的生产规模，称为最小有效规模。竞争理论指出：厂商只有在等于或者大于最小有效规模的水平上生产，才能盈利。因此，最小有效规模产量占某矿产总销量（供给）的比例对该矿产市场的结构及竞争程度有着重要的影响。

对于矿业厂商来说，矿床的质与量对生产能力与规模经济有着特殊的影响作用。大规模开采会因工艺的选别性差或矿床平均品位低而导致矿物加工成本过高；储量丰富的大规模矿床的地理位置常常偏远、工业基础设施条件不足。这些皆为矿业生产所特有的规模不经济因素。

当然，对于特定的矿床，往往会存在最佳生产规模及生产年限问题。一般而言，投资越多，生产规模越大，资源实现利润越早，矿床总现值也就越高。但是，生产规模的加大一般是以投资为代价的。过大的生产规模，会使资金成本超过利润提前所带来的效益。此外，在某些情况下，技术因素也制约生产规模。譬如，由于受采场作业空间的限制及采掘（剥）程序的制约，采矿生产能力不能无限提高。再如，油田的开采，常有一个技术上允许的最大生产规模。超过此生产速率，石油的总回收率便会下降。

在做理论研究时，多以特定矿床可采储量的收益最大为目标，优化分析矿山生产规模及矿山生产能力。在做具体分析时，一般使用经验方法或者规范方法，结合其他因素，确定矿山的最佳生产规模及生产能力。

依据有关规范，矿井生产能力可以参考下式计算：

$$A = \frac{rQ}{(1-d)\ T} \tag{2-5}$$

式中 A——矿井生产能力，t/a；

Q——矿床工业储量，t；

T——矿井服务年限，a；

r——矿石回收率，%；

d——废石混入率，%。

一般地说，可以用 K 替代式（2-5）中的 $r/(1-d)$，作为反映多种影响因素的生产能力系数。

依据有关经验，矿山生产能力可以参考下式估计：

$$A = bQ^a \tag{2-6}$$

式中 A——矿山生产能力，t/d；

Q——矿床储量，t；

a，b——因矿种、开采方法、资源地社会经济状况不同而异的系数。

第五节　矿床品位经济理论

矿业生产是一个包括地质勘查、矿山设计及施工、矿石开采及加工处理等阶段的矿岩物料分离过程。边界品位则是指在此过程中的各个阶段，为将矿岩物料进行分别处理而确定的矿岩物料中的有用矿产的边界含量。

研究边界品位的意义是明显的：边界品位过高，则矿石储量或可回收有用矿产的量减少；而边界品位过低，则产品的有用矿产含量下降，进一步加工及处理的费用增加。二者均会导致矿业生产的经济效益不佳。

在国外，边界品位的理论与应用研究，可以追溯到 20 世纪 20 年代。在边界品位理论发展的历史中，K. F. Lane（1964）和 H. K. Taylor（1972）的研究工作被认为是边界品位理论与应用研究过程中的里程碑。

边界品位理论一般将矿岩的处理过程划分为三个阶段，即采矿、选矿和冶炼。

对于每一个阶段，都存在一个品位，其使可回收矿产的提取成本恰好等于此矿产的销售收入，这个品位称为盈亏平衡品位。

如果矿岩处理能力仅受一个阶段的制约，则该阶段的盈亏平衡品位便是最佳边界品位。然而，若生产能力受一个以上阶段的制约，那么最佳边界品位未必等于盈亏平衡品位。此时，需要考察有关阶段的平衡品位。

所谓平衡品位，是指能使所论二个制约阶段同时达到最大生产能力的品位。采选平衡品位是指能使采场和选厂同时达到最大生产能力的品位。同理，还可以定义选冶或者采冶平衡品位。平衡品位仅涉及有关阶段的生产能力，而不考察价格和成本的影响。所以，平衡品位可以直接由矿体的品位分布求得。

已经证明，若生产能力同时受二个阶段制约，则此二阶段的平衡品位即是最佳边界品位。

在矿业生产实践中，确定最佳边界品位时，还需要考虑机会成本、品位依赖成本、生产年限、价格波动等因素。

所谓机会成本，是指在利用一定资源获得某种收入的同时所必须放弃的另一种可能更高的收入。在计算边界品位的过程中，需要考虑的主要机会成本主要是为开采较低品位的矿体所导致的较高品位资源的收入的推迟。任何时刻的边界品位都须产生足够的利润以补偿这种推迟所造成的成本。随着矿山生产的继续，此种机会成本趋于减小，因为矿山剩余储量的价值在降低。由此可以得到推论：为使矿床开采的净现值最大，边界品位一般须随矿山生产的继续而降低。也就是说，常定边界品位与矿床开采现值最大是不相容的。另一种机会成本源于生产设施随生产的延续而不断损耗。所以，推迟开采高品位矿体还会导致这些矿体的开采、加工处理效率降低，矿床价值减小。

品位依赖成本是指随边界品位的变化而变化的成本。可变成本可能随边界品位的减小而降低，因为较低的边界品位允许采用低选别、大强度的采矿工艺方法。再如，某些矿体或者矿块开采的推迟，可能导致其矿产回收率的降低或者开采成本的上升。边界品位的变化还可能引起矿石可选性的变化，因而导致选矿成本的变化。

将高品位资源推迟至矿产市场价格较高时生产，有利于使矿山现值最大。但是，这种推迟必须保证价格上升的幅度足以使预期的未来边际收入现值大于不推迟开采时的边际收入。

最后，随着矿山生产的延续，边界品位应逐渐降低，生产能力可以有所扩大，以此增加储量，降低可变成本，提高矿山的现值。对于固定成本比例较大的矿山，尤应如此，以便获得规模经济。

在我国的地质勘查和矿床开采工作中，一般把对矿床品位的要求列入矿床工业指标，作为圈定矿体、计算储量的依据，也是区分符合工业要求的工业储量和不符合目前工业要求而暂时不能利用的储量以及划分矿石和废石的标准。工业指标的确定，直接关系到矿体圈定及储量，进而影响到矿床经济价值、生产规模、开采工艺、经济效果及资源的利用程度。

在我国，按照有关部门矿产资源管理规定，过去很长一段时期内，一般都采用双指标制确定矿床品位，即边界品位和最低工业品位（最低可采品位）。少数矿床采用单指标制，即边界品位。还有矿床采用多指标制（如金矿采用边界品位、块段最低工业品位和矿床最低工业品位等三个指标）。边界品位是衡量单个样品的品位是否达到工业利用的要求，是区分单个样品为矿石抑或废石的临界值。从技术上看，凡是达到边界品位的矿石，都应该是通过选冶可以回收利用的矿产资源；从经济上看，边界品位应该是盈亏平衡品位。双指标制中的最低工业品位，一般是指块段的最低可采品位。在勘探中，块段通常是指两个勘探剖面间的一个单元；而在开采中，块段往往是指矿块、采场等开采单元。最低工业品位是划分工业储量（表内储量）与非工业储量（表外储量）的标准，其值要保证相应开采单元的矿产资源在开发后的所得不仅能够补偿各种费用（直接的和摊销的），而且可以获取合理水平的利润。

自 1999 年 12 月 1 日起，国家实施了《固体矿产资源/储量分类》推荐标准（GB/T17766—1999)，对原有的资源/储量管理规范进行了变革，使得资源/储量管理标准更加贴近于国际主流做法。2007 年，国土资源部发布了规范性文件“关于全面实施《固体矿产资源/储量分类》国家标准和勘查规范有关事项的通知”（国土资发【2007】68 号，以下简称为《通知》)。《通知》指出：《固体矿产资源/储量分类》（GB/T17766-1999)、《固体矿产地质勘查规范总则》（GB/T13908-2002）国家标准和各矿类（种）地质勘查规范行业标准（以下统称新标准规范）发布实施以来，对指导和规范矿产资源勘查、开发和管理起到了积极的推动作用，但实际工作中仍存在新旧标准混用、不能正确理解和运用新标准规范等一些问题。为进一步规范矿产资源储量管理，为国家经济建设提供统一的基础数据，方便社会各界正确使用地质勘查成果和矿产资源储量信息，《通知》要求自 2007 年 5 月 1 日起，编写、提交、填报各类资源评价报告、地质勘查报告、矿山生产勘探报告、资源储量核实报告、储量动态检测报告、闭坑（停采）地质报告、可行性评价报告、矿产资源开发利用方案、矿山设计、矿产资源登记统计书（表）等，须符合新标准规范及本通知；矿产资源储量评审、矿业权评估，须依据新标准规范及本通知；各级国土资源管理部门进行矿业权审批管理、资源储量管理、资源规划与评价及矿山开发利用监督管理等，须符合新标准规范及《通知》要求。

思考题

(1) 如何认识矿产勘查与交易成本的关系？

(2) 分析矿业中规模经济的影响因素及表现规律。

(3) 分析边界品位的主要影响（决定）因素。

(4) 矿产资源有限性及可耗竭性的动态观。

第三章 矿产需求

第一节 需求与消费

一、需求及需求规律

需求是指消费者在特定时刻、每一价格水平上愿意并且能够购买的某种商品或者劳务的各种数量。

单个消费者对某种商品或者劳务的需求，称为个体需求；某种商品或者劳务的所有消费者的需求，称为该商品或者劳务的市场需求。

商品的需求量与价格相互影响。一般而言，需求量随价格的上升或者下降而相应地减少或者增加。即是说，当价格上升时，需求量减少；而当价格下降时，需求量增加。另一方面，价格随需求量的增加或者减少而相应地上升或者下降。即是说，当需求量增加时，价格上升；而当需求量减少时，价格下降。商品的需求量与价格间的这种相互作用规律，称为需求规律。

二、需求函数

需求量对价格的依赖关系称为需求函数。若以 Q_d 表示需求量，以 P 表示价格，以 D 表示需求函数，则有：

$$Q_d = D(P) \tag{3-1}$$

需求量对价格的依赖关系也可以用一表列来表示，称为需求表。需求表亦有个体需求表与市场需求表之分。表 3-1 为一示意性需求表。

需求函数也常常以曲线来表示，称为需求曲线。需求曲线可以根据需求表绘制，并且在需求曲线图中，一般以横坐标表示需求量，以纵坐标表示价格。图 3-1 是与表 3-1 相对应的需求曲线。

表 3-1 需求表

价格	需求量	价格	需求量
6	8	3	12
5	9	2	15
4	10	1	20

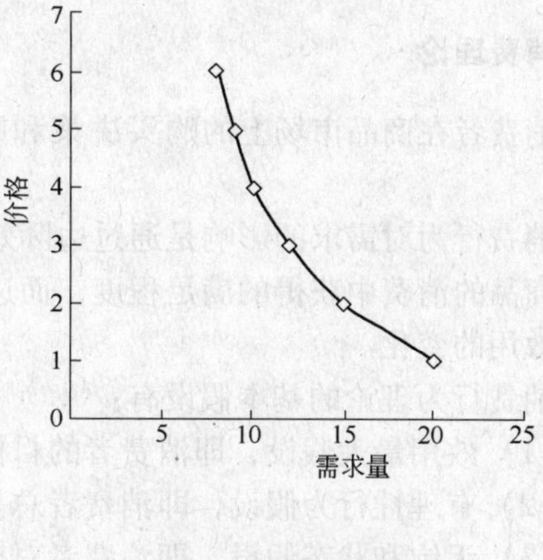

图 3-1 需求曲线

商品或者劳务的需求量不仅受市场价格这一重要因素的影响，而且与下列因素有关：

（1）消费者的收入水平，包括国民收入水平及国民收入在消费者之间的分配。消费者收入的增加一般会使优质商品的需求量增加，而使劣质商品的需求量减少。

（2）替代品的价格。某商品的替代品价格的升降，会导致该商品在价格不变的情况下，需求量按照替代品价格变化的相同方向变化。20 世纪 70 年代，煤炭的需求量因其替代品石油的价格上升而增加。

（3）互补品的价格。某商品的互补品价格的变化，会导致该商品在价格一定的情况下，需求量发生变化。高油耗或者低油耗汽车的需求量会因其互补品汽油的价格上升而相应地减少或者增加。

（4）消费者的心理因素。消费偏好、价格预期、人口数量及结构、广告宣传等因素也影响商品的需求。

当商品自身的价格不变，而上述各影响因素的一个或者几个发生变动时，该商品的需求水平则发生变化。在需求曲线图上，这种变化表现为曲线的右移或者左移，即需求量的增加或者减少。收入的增加、替代品价格的上升等能够导致需求曲线右移。

三、需求层次理论

心理学家马斯洛（A. Maslow，1908～1970）从行为理论的角度出发，将人类需求由低到高分为五个层次：

（1）生理需求，包括衣食住行等方面的人类生存所必需的基本需求；

（2）安全需求，包括人身安全及健康、生活稳定以及免遭痛苦及风险等需求，诸如保险、保健、医疗、福利等长远利益方面的需求；

（3）社会需求，包括个人友谊、家庭和睦、社会交际、团体认同等方面的需求；

（4）名誉需求，包括满足自尊心、荣誉感等方面的需求；

（5）成就需求，包括个人理想、观点、事业上的成功等方面的需求。

当然，人类对这五个层次的需求并非完全由低到高的，而经常是同时存在的，但对每一个方面的需求程度则因其具体的经济状况与价值观念的不同而异。人类需求不仅影响相关产品或服务的市场，而且影响厂商的生产经营管理行为及效果。

四、消费理论

消费者在商品市场上的购买决策和购买活动，称为消费行为，它决定商品的需求规律。

消费行为对需求的影响是通过边际效用分析方法来研究的。商品的效用，是指消费者从该商品的消费中获得的满足程度，而边际效用则是消费者每增加一个单位消费品所引起的总效用的变化。

消费行为理论的基本假设有：

（1）效用最大假设，即消费者的目标是以有限的资源，通过抉择获得最大的满足；

（2）有理性行为假设，即消费者总是做出使效用最大的抉择；

（3）无饱和状态假设，即消费者对获得商品的欲望是无止境的。

消费行为理论认为，随着消费者购买的某商品数量的增多，其从每一单位该商品所得到的追加效用减小。也就是说，消费者从消费最初一个单位的该商品中得到的效用最大，以后逐渐增多的各单位商品所提供的效用会依次减小。简言之，随着某种商品消费数量的增加，该商品的边际效用趋于减小，这被称为边际效用递减规律。

运用此规律，可以解释需求量随价格呈相反方向变化这一现象。具体地说，消费者购买和消费某种商品的数量越多，所得到的追加效用越小。依据效用最大假设，该消费者对多购买此商品所愿意付出的价格也就越低。所以，价格越高，需求量越小；价格越低，需求量越大。

消费理论进一步采用无差异曲线分析方法，研究消费者同时消费两种以上商品的消费行为。所谓无差异曲线，是指能够为消费者提供同等效用的两种商品的数量组合点的连线。若有表 3-2 所示的商品 X 与商品 Y 的各种组合，并且每一组合能够为某消费者提供同等的效用，则分别将商品 X 和商品 Y 的数量作为横坐标与纵坐标，并将相应于各组合的点连线，便可得到无差异曲线，亦称为效用等值线，如图 3-2 所示。

表 3-2 效用无差异表

商品 X	商品 Y	总效用	商品 X	商品 Y	总效用
0	25	U	4	3	U
1	15	U	5	1	U
2	10	U	6	0	U
3	6	U			

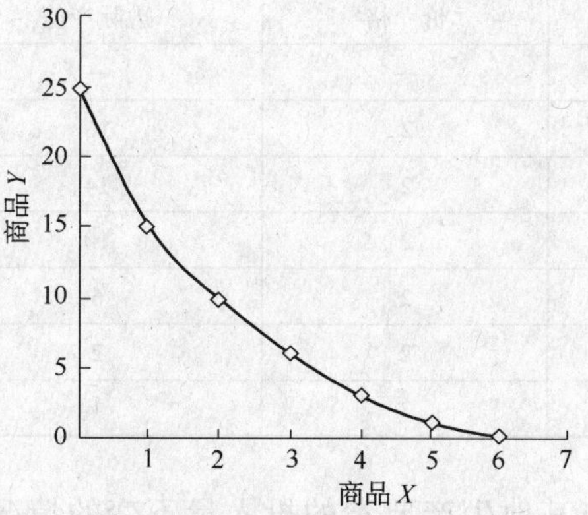

图 3-2 效用无差异曲线

无差异曲线上任一点的斜率，称为该点处商品的边际替代率。边际替代率表示消费者在维持同等满足的条件下，为获得一个单位的某种商品而必须将另一种商品减少的数量。

一般地说，无差异曲线为凸向坐标原点的曲线，离坐标原点越远，无差异曲线离坐标轴越近。这表明，在同等满足的条件下，消费者所获得的一种商品的数量越多，其为增加单位该商品所愿意减少的另一种商品的数量越少，此规律称为边际替代率递减规律。

无差异曲线是对一定的效用而言的。若效用或者消费者的满足水平不同，便可以得到不同的无差异曲线。与消费者各个满足水平相应的无差异曲线系列，称为无差异曲线群。

消费者所能够达到的满足水平与其收入水平及物价水平有关。若令消费者的收入为 I，其一种商品的购买量为 X，价格为 P_x；另一种商品的购买量为 Y，价格为 P_y。则有：

$$XP_x + YP_y = I \tag{3-2}$$

此式称为预算方程或者预算线，表示消费者全部收入的可行消费组合。按照效用最大假设，消费者将会这样分配其全部收入来购买商品，以使其获得效用最大。这个使得效用最大的最佳购买量就是与预算线和无差异曲线的切点相对应的商品量，称此切点为消费均衡点。

第二节　矿产需求——中间需求

以上讨论了最终产品或者非生产过程消费品需求的一般规律性。可是，矿产一般不属于最终产品，而是用作生产最终产品的投入。这类产品的需求称为中间需求或者导出需求。

中间需求与最终需求之间的联系是显而易见的。但是，最终需求的一般规律并不足以解释中间需求，因为中间需求不仅受最终需求的影响因素制约，而且在很大程度上依赖于生产工艺技术以及互补投入要素的可用性。

中间需求与生产有密切关系。如前所述，产出与投入间的关系称为生产函数，它表示在一定的技术水平下，从投入要素的各种可能组合所获得的最大产量。单位投入要素所引起的产量的变化，称为边际产量。边际产量与产品价格的乘积称为边际产值，它表示单位可变要素的变化所引起的总收入的变化。表 3-3 给出了竞争条件下某生产者的单可变要素生产函数、边际产量、产品价格和边际产值，相应的生产函数曲线、边际产量曲线和边际产值曲线如图 3-3 所示。

表 3-3　生产函数、产量与产值

要素量	产　量	边际产量	价　格	边际产值
0	0	—	—	—
1	8	8	2	16
2	15	7	2	14
3	20	5	2	10
4	23	3	2	6
5	24	1	2	2
6	24.5	0.5	2	1

从表 3-3 和图 3-3 中可以看出，在技术水平与其他生产要素的投入量不变的情况下，随着可变要素投入量的增加，单位可变要素所引起的产量变化趋于减小。这种边际产量随可变要素投入量的增大而减小的现象，称为收益递减规律。

生产者为使净收入最大，将会这样使用投入要素，以使要素的边际成本等于所获取的边际收入。这是因为，若要素成本低于边际收入，生产者会继续投入要素以获得收入；若要素成本高于边际收入，生产者会减少投入要素以避免损失。在竞争条件下，投入要素的边际成本等于要素的价格，因为在此种条件下投入要素的增加并不改变要素价格。进一步，边际收入即是表 3-3 中的边际产值。所以，表 3-3 与图 3-3 中的要素投入量与边际产值间的关系，也就是投入要素需求量与要素价格的关系，即中间产品的需求函数。

中间需求不仅受最终需求的各种制约因素的影响，而且与下列因素有关：

（1）最终需求。与某中间产品有关的最终产品需求的增减，会相应地引起该中间产品需求的增减。

（2）生产技术。技术的变化，对中间需求有较大影响。当生产技术使某投入要素或者其互补要素的生产率得到改善时，该要素的需求增加；而当生产技术使某投入要素的替代要素生产率得到提高时，该要素的需求则减小。

（3）投入要素比例。当某要素对其他投入要素的比例增减时，生产成本亦增减，产量会随之减少或增加，该要素的需求也就相应地减小或者增大。

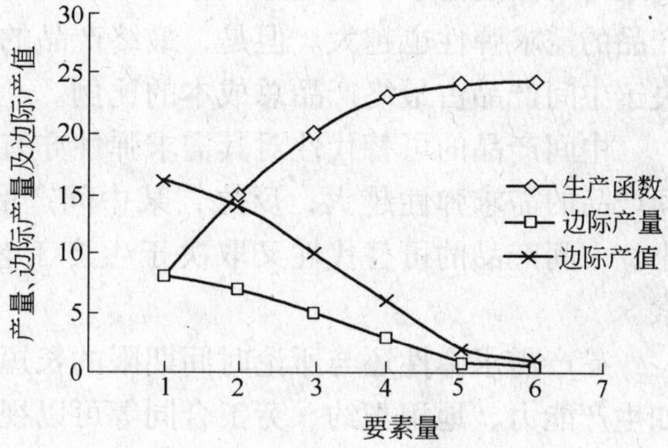

图 3-3　生产函数、产量与产值曲线

（4）其他要素的价格。某投入要素的互补要素价格的涨落，会引起该要素需求的减小或者增大。某投入要素的替代要素价格的升降，会引起该要素需求的增减；另一方面，替代要素价格的涨落，同时会使生产成本相应地升降，产量随之减少或者增加。所以，该要素的需求亦会相应地减小或者增大。因此，某要素的替代要素价格的变化，对该要素的需求产生作用相反的两种影响，其合成效果难以一般而定。

第三节　矿产需求弹性

需求弹性是指某商品的需求量因其影响因素变化而变化的程度，它以需求弹性系数来度量。需求弹性包括需求的价格弹性、需求的收入弹性和需求的交叉弹性。但是，在没有特别指明的情况下，需求弹性通常是指需求的价格弹性；相应地，需求弹性系数是指需求的价格弹性系数。

需求的价格弹性系数定义为商品需求量的相对变化与引起该变化的商品价格的相对变化之比。若以 E_d 表示需求弹性系数，P 表示商品价格，Q_d 表示商品需求量，ΔP 表示价格的变化，ΔQ_d 表示需求量的变化，则有：

$$E_d = (\Delta Q_d / Q_d) / (\Delta P / P) = (\Delta Q_d / \Delta P) / (P / Q_d) \tag{3-3}$$

若 E_d 的绝对值大于 1，则称需求富于弹性；若 E_d 的绝对值等于 1，则称需求为单一弹性；若 E_d 的绝对值小于 1，则称需求缺乏弹性。生活必需品多缺乏弹性，而奢侈品则多富于弹性。

一、矿产需求的价格弹性

矿产作为中间产品，其需求弹性受矿产占最终产品成本的比例、最终产品的需求弹性以及矿产的可替代程度等因素的影响。若某矿产占最终产品总成本的比例大，则该矿产的需求趋向富于弹性。反之，若某矿产占最终产品总成本的比例小，则该矿产的需求趋于缺乏弹性。

中间产品的价格变化，会对最终产品的价格有着直接的影响，而最终产品的价格又影响最终产品的需求，进而影响中间产品的需求。所以，最终产品的弹性越大，有关的中间产品的需求弹性也越大。但是，最终产品的需求弹性对中间产品的需求弹性的影响程度取决于中间产品占最终产品总成本的比例。

中间产品的可替代性对其需求弹性亦有较大影响。某中间产品的替代品越多，则该中间产品的需求弹性越大；反之，某中间产品的替代品越少，则该中间产品的需求弹性越小。中间产品的可替代性又取决于生产工艺技术、生产成本、技术规程、政策等诸多因素。

矿产需求弹性还与所论时间期限的长短有关。短期是指在此期间内，某些市场条件诸如生产能力、地租契约、劳工合同等可以视为不变；而长期则是指在此期间内，经济与技术条件都可能发生变化。

就短期而言，矿产的需求弹性由两个主要因素决定，即矿产成本占最终产品总成本的比例和矿产替代的可能性。一般地说，作为初级产品，矿产的成本占最终产品总成本的比例较小。例如，镍占喷气发动机总成本的比例和铜占电机总成本的比例皆较小。矿产的替代一般比较困难，因为它们常常要求特定的加工工艺。所以，替代某种矿产意味着有关的最终产品的生产系统的改变，而这种改变在短期内一般不易实现。所以，在短期内，矿产的需求趋于缺乏弹性。

就长期而言，生产设施、经济合同以及工艺技术等皆可能发生变化。所以，矿产在长期内的需求弹性要比其在短期内的需求弹性大。然而，研究矿产长期需求弹性的目的不仅仅在于其大小，更重要的是矿产需求随长期价格趋势的调整方式以及这种调整能够满足人类社会对不可再生资源需求的程度。

为此，长期地看，需要考察矿产资源开发利用与保护问题。

矿产资源保护是一个典型的规范经济学问题。由于对矿产资源开发利用的价值判断准则不同，可以对矿产资源保护赋予各种不同的意义，诸如矿产资源使用水平的绝对降低、永恒使用、浪费量最小、有效地利用等。

矿业经济学认为，矿产的价值在于其能够使最终产品具有消费者所期望的某些特性。所以，从经济学的角度看，人类社会将试图从其所拥有的矿产资源中获取最大的价值。为此，矿产资源保护的主要目标应该是人类社会从矿产资源的利用中，获得最大的社会经济效益，即有效地利用矿产资源，而不是矿产资源的自身可供使用性。由于矿产资源使用水平的绝对降低、永恒使用、浪费量最小等皆不能反映社会需求与经济条件的变化，故不适于作为矿产资源保护的准则。

实现矿产资源有效利用的可能方式之一是通过市场调节。在此，一个重要的假设是市场价格能够准确地反映供需的实际状况。这种条件下，长期价格趋势会导致原料替代和技术变化，以使需求适应供给成本的变化。具体地说，当矿产长期价格上升时，表明需求大于供给，该矿产的消费者将寻求廉价替代品以抑制生产成本的升高。替代方式主要有：

（1）以不同的原料生产现有产品。在高压传输线中以廉价的铝替代价格较贵的铜。

（2）以不同的产品替代现有产品。以通信卫星替代远程有线电话。

（3）减少现有产品中矿产的使用量。通过改变合金结构来减少永久磁铁中镍的使用量。

替代使某矿产的需求减少，从而使该矿产得以更多地用于满足难以替代、高价值的需求。所以，若价格信号准确，市场调节将导致矿产的有效利用。若价格继续上升，该矿产最终将被完全替代，没有需求，如同资源耗尽，此种状况称为经济耗竭。

在理想的市场调节的情况下，矿产资源保护得以自动实现，人们不必担心资源耗竭。若社会用尽某种矿产，则是因为社会已经从该矿产的使用中获得了最大效益，而有新的可用选择出现了。但是，市场价格并非总能准确地反映矿产供需状况。所以，在市场失灵的情况下，需要靠政府政策的调控来保证矿产资源的有效利用。

矿产市场失灵的主要原因是由价格机制造成的成本与效益信息的扭曲。譬如，管制价格无法响应市场状况，造成资源利用与可供使用情况以及成本与效益信息的扭曲。再如，操纵价格使矿产的利用趋于偏离最佳，社会效益下降。还如，有关未来市场供需、技术变化、社会经济等方面信息的不确定性也可能造成市场失灵。

此外，外部成本，例如环境及生态侵害对社会造成的成本，也难以通过市场价格得到反映。这可能导致矿产价格趋低，社会需求趋高。

最后，矿产赋存的地域不均衡性和社会经济及技术发展水平的不均衡性，会对矿产贸易产生较大影响。传统的自由贸易理论主要基于成本比较优势，而贸易实践证明，由于生产力水平不同，这种基于成本比较优势的自由贸易理论一般会导致生产力水平高的国家或地区获利更大。以出口矿产资源等原材料为主的发展中国家或地区，矿产资源开发的生态环境和安全健康等外部成本往往不能被企业或市场内部化，扭曲了矿产贸易价格；由于生产力及技术水平低，使得矿产的附加值不能在本地实现。因此，传统的贸易理论及实践只是关注了资源开发利用的经济效益，而忽视了资源开发利用的社会公平；从社会经济可持续发展角度，必须对传统贸易的这一缺陷予以修正，加强对资源开发利用的公平公正性的关注。

二、矿产需求的交叉弹性

如前所述，矿产需求的价格弹性，表示矿产自身价格的变化对该矿产需求量的影响。而矿产需求的交叉价格弹性，则表示他种矿产价格的变化对所论矿产需求量的影响，简称为需求的交叉弹性。

需求交叉弹性以交叉弹性系数来表示。若以 E_d（x，y）表示需求的交叉弹性系数，P_y表示矿产 Y 的价格，ΔP_y表示矿产 Y 的价格变化，Q_x表示矿产 X 的需求量，ΔQ_x表示矿产 X 的需求量的变化，则交叉弹性系数定义为：

$$E_d(x,y) = (\Delta Q_x/Q_x)/(\Delta P_y/P_y) = (\Delta Q_x/\Delta P_y)/(P_y/Q_x) \quad (3\text{-}4)$$

当矿产 X 对矿产 Y 的需求交叉弹性系数为正值时，表明 X 的需求量与 Y 的价格呈同方向变化或者与 Y 的需求量呈反方向变化，此两种矿产则具有替代性，互为替代品。例如，铜和铝互为替代品。当矿产 X 对矿产 Y 的需求交叉弹性系数为负值时，表明 X 的需求量与 Y 的价格呈反方向变化或者与 Y 的需求量呈同方向变化，此两种矿产则具有互补性，为互补品。例如，钢材与水泥为互补品。若交叉弹性系数为零，则所论两种矿产在消费中互不相关。

三、矿产需求的收入弹性

经济活动水平的涨落交替称为经济周期，它对矿产的需求有着重要的影响。矿产需求对经济活动变化的响应称为矿产需求的收入弹性。之所以如此定义，是因为经济活动依赖于消费水平，而消费水平又取决于收入水平。

矿产需求的收入弹性用收入弹性系数表示。若以 E_i 表示收入弹性系数，I 表示收入，ΔI 表示收入的变化，Q_d 表示需求量，ΔQ_d 表示需求量的变化，则有：

$$E_i = (\Delta Q_d / Q_d) / (\Delta I / I) = (\Delta Q_d / \Delta I) / (I / Q_d) \tag{3-5}$$

由于需求与收入多呈同方向变化，需求的收入弹性系数通常为正值。

一般地说，生活必需品的收入弹性比较小，而奢侈品的收入弹性比较大。所以，随着人们收入的增加，用于购买生活必需品的支出比重下降，而用于购买奢侈品的支出比重上升。

在矿业经济中，收入弹性大的矿产，其需求随经济周期的波动大；而收入弹性小的矿产，其需求随经济周期的波动小。

矿产需求的收入弹性还与所考察的时间范围有关。在短期内，决定矿产需求收入弹性的主要因素是使用矿产的产业类型。矿产需求与某些特定产业及产品有关，当这些产业部门的生产随消费水平的变化而变化时，便对作为其生产资料的矿产的需求产生直接影响。以矿产、特别是金属矿产作为生产资料的产业部门主要有运输业、建筑业、耐用消费品以及生产工具与设备制造业。这些产业部门的共同特点是，其需求的收入弹性大，这是由其最终产品的性质决定的。这些产品，诸如汽车、房地产、电冰箱、电视机等多为高档消费品，当经济萧条时，它们的需求趋于下降，消费者收入的大部分会用于购买生活必需品；而当经济活动高涨时，消费者不仅将收入用于购买生活必需品，还有能力将收入用于高档消费品的需求，耐用消费品的需求会增加。这种周期效应会传递到有关产品所需求的矿产上，使这些矿产的需求亦表现出较高的收入弹性。

当然，并非所有矿产对经济活动的响应皆表现如此。某些矿产、特别是工业矿物，主要用于经济活动相对平稳的产业部门，其需求的收入弹性则相对较小。典型的例子是农用化肥原料，由于农产品的需求相对稳定，相应的化肥原料矿产的需求收入弹性亦趋低。

矿产的长期需求收入弹性是一个引人注意的问题，是因为它与矿产需求预测密切相关。人们担心，由于矿产资源的不可再生性，其不断消耗会导致矿产稀缺，最终妨碍预期的经济增长。因此，需要对矿产需求进行长期预测，以研究人类社会发展所需矿产的充足程度或可用性。

预测矿产需求的主要因素之一是国民生产总值，即一国经济在一定时期内所生产的最终产品与劳务价值的总和。为恰当地利用国民生产总值这一指标进行矿产需求的长期预测，需要研究矿产长期需求与收入的定量关系。这一关系有时被称为矿产需求规律，以有别于一般商品的需求规律，即需求量与价格间的关系。

在进行自然资源可用性研究时，常假设矿产需求随收入成比例增长。D. H. Meadows（1972）等假设矿产需求随收入呈指数增长，再考虑到矿产供给的有限性，得出矿产资源最终会耗竭，进而妨碍社会经济增长的结论。所以，需要采取矿产资源保护措施，降低其开发利用速度，以防止因矿产资源稀缺而造成经济灾难。但是，此类研究大多没有充分考虑价格与市场的调节作用，也忽略了因技术进步而引起替代的可能性。

W. Malenbaum（1975）引入了矿产使用强度的概念，以解释矿产长期需求对收入变化的响应行为，认为社会的矿产需求量（例如人均年使用矿产重量）与人均收入呈“∩”

型变化。导致矿产需求与收入间这种作用规律的主要原因可能有三个：

（1）国民经济结构随人均收入的增加而发生变化。不发达经济体从农业向工业及制造业发展，因而矿产的使用强度在人均收入较低的情况下，随人均收入的提高而增大。当人均收入达到某一水平时，工业增长减缓，矿产需求相对趋稳。之后，当人均收入较高、社会富裕时，国民经济主体便从工业及制造业向服务业、信息业发展，此时的矿产需求随人均收入增加而减小。

（2）价差的相对变化。新材料对矿产的替代增加，可能导致矿产需求在人均收入高时，随人均收入增加而减小。

（3）生产工艺技术的变化。技术进步可以促进矿产需求与收入的这种关系的形成。

Malenbaum 假说的重要性在于：若其正确性得到证实，则表明基于矿产需求量与收入呈指数增长关系而对矿产需求的预测值，将随收入的提高而趋于过大。此假说还表明，随着人均收入的增加，矿产资源保护会在一定程度上得以自动实现。

当然，服务型及知识型经济对矿产的需求少于工业及制造型经济对矿产的需求这一假说未必真实。此外，需求与技术的变化还可能导致这种“∩”型关系的循环出现。

思　考　题

（1）　分析矿产需求弹性的影响因素及变化规律。

（2）　分析矿产资源开发与矿产资源可持续利用的关系。

（3）　分析矿产需求社会经济发展水平的关系。

第四章 矿产供给

第一节 供给概念

一、供给及供给规律

供给在经济学中是与需求相对应的概念，它指生产者在某一时刻、在各种可能的价格水平上，对某种商品或者劳务愿意并且能够出售的各种数量。

单个生产者对某种商品或者劳务的供给，称为个体供给；某种商品或者劳务的所有生产者的供给，称为该商品或者劳务的市场供给。

商品的供给量与价格相互影响。一般而言，供给量随价格的升降而增减。即是说，若价格上升，则供给量增加；若价格下降，则供给量减少。另一方面，价格随供给量的增减而降升。即是说，若供给量增加，则价格下降；若供给量减少，则价格上升。商品的供给量与价格间的这种相互作用规律，称为供给规律。

二、供给函数

供给量对价格的依赖关系称为供给函数。若以 Q_S 表示供给量，以 P 表示价格，以 S 表示供给函数，则有：

$$Q_S = S(P) \tag{4-1}$$

供给量对价格的依赖关系也可以用一个表列来表示，称为供给表。供给表亦有个体供给表与市场供给表之分。表 4-1 为一示意性的供给表。

供给量对价格的依赖关系也常常以曲线来表示，称为供给曲线。供给曲线根据供给表绘制，并且在供给曲线图中，一般以横坐标表示供给量，以纵坐标表示价格。图 4-1 为与表 4-1 相对应的供给曲线。

表 4-1 供给表

价 格	供给量	价 格	供给量
5	18	2	7
4	16	1	0
3	12		

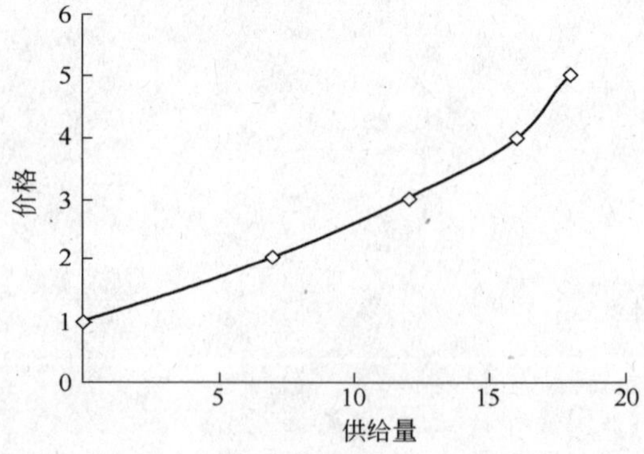

图 4-1 供给曲线

商品或者劳务的供给量不仅受市场价格这一重要因素的影响，而且与下列因素有关：

（1）生产技术状况。生产技术状况能够

影响产量变化的速度与幅度，因而影响供给量。生产技术进步能够提高生产率，使得厂商在一定价格水平上提供较多的商品。

（2）生产要素价格。生产要素，诸如劳动、资本、土地等的价格决定生产成本与供给价格（即厂商为提供一定数量的商品所愿意接受的最低价格），因而影响供给量。

（3）有关商品的价格。若某商品的互补品价格上升，则互补品与该商品的需求量减少，该商品的价格下降，供给量亦减少。

（4）生产者对商品未来价格的预期。预期价格的上升或者下降，趋于导致商品供给量的减少（囤积）或者增多（抛售）。

上述一个或者几个影响因素的变化，会使商品在自身价格不变的情况下，供给水平发生变化。在供给曲线图上，这种变化表现为供给曲线的右移或者左移，即供给水平的上升或者下降。

三、供给弹性

供给量因价格变动而变化的程度称为供给的价格弹性，简称为供给弹性。供给弹性的量度是供给弹性系数，即供给量的相对变化与引起该变化的价格的相对变化的比值。若以E_S表示供给弹性系数，以 P 表示价格，以 ΔP 表示价格的变化量，以 Q_S 表示供给量，以 ΔQ_S 表示供给量的变化量，则有：

$$E_S = (\Delta Q_S/Q_S)/(\Delta P/P) = (\Delta Q_S/\Delta P)/(P/Q_S) \tag{4-2}$$

若 E_S的绝对值大于1，则称供给富于弹性；若 E_S的绝对值等于1，则称供给单一弹性；若 E_S的绝对值小于1，则称供给缺乏弹性。供给弹性的大小，取决于生产要素增减的难易程度。若某商品的生产要素增减的成本较低，则该商品的供给弹性较大；反之，供给弹性较小。

供给弹性还受所考察期限长短的影响。一般而言，由于生产要素的投入难以在短期内发生大的变化，商品的短期供给弹性小；而在长期范围内，生产要素能够发生大的变化，亦可能发生新生产者的进入或者原生产者的退出。因此，商品的长期供给弹性比短期供给弹性大。

第二节 矿产供给理论

矿产资源的有限性，使得矿产供给理论在矿业经济学中占有重要地位，亦使其比一般商品供给理论具有更为广泛的内涵。矿产供给理论不仅考察矿产供给与价格之间的关系，而且研究矿产资源存量与可用性的评估等矿产供给的独特方面。

一、矿产供给规律

矿产供给是因矿业对矿产需求的响应引起的。可供矿业实现这种响应的时间长短，对矿产供给有较大影响。在短期内（3 年内），矿业的采选冶生产能力难以明显增长。在中期内（3～10 年内），矿业的生产能力可以通过对已知矿床建设新矿山而得到提高。在长期内（10 年以上），矿业的生产能力还可以通过开发新勘查项目所发现的矿床而得到扩大。

在短期内，矿产供给具有低价时弹性大、高价时弹性小的特点。当矿产供给达到矿业生产能力时，供给接近于完全缺乏弹性。对于能够废旧利用并且具有较大二次市场的某些金属矿产，上述规律性不复存在，因为废旧利用趋于使矿产价格下降。

在长期内，矿产供给是累计产量的函数。随着累计产量的增大，资源可能变得稀缺，由此导致矿产供给减少，矿产价格上升。另一方面，地质勘查与技术进步对长期矿产供给的影响作用却恰好相反。矿产价格的上升，趋于使地质勘查工作加强，资源存量得到补充，产量增加；技术的进步，会使矿产利用率提高，矿产替代品增多，对矿产的需求量减少。所以，矿产地质勘查工作与技术进步，趋于导致矿产价格下降。

二、矿产资源分类

矿产资源分类是矿产资源评估的基础，是矿产供给研究的重要内容之一。但是，迄今为止，尚无普遍可循的矿产资源分类标准。资源分类往往依矿产资源评估目的与范围的不同而异，还与矿产资源的地域特征有关。所以，不同地区的地质勘查、采矿工程、经济分析、管理决策等有关方面的工作者对矿产资源的分类常常有不同的概念。

（一）国外矿产资源分类方法

就矿产资源分类理论而言，D. P. Harris（1984）提出了一种可以用于矿产资源远景评估的矿产存量（Mineral Stock）分级的概念。该分级的特点是：

（1）将资源定义为当前能够提取或者具有提取可能性的矿产品量，而不是含有矿产的矿岩量。

（2）综合考虑经济与地质因素，而不是将技术经济方面的考虑置于地质信息可信度这一前提之上。

具体地说，Harris 将矿产存量分为六级，即资源基础、矿产禀赋（Endowment）、矿产资源、经济资源、潜在供给和已知经济资源。

资源基础是指所论地区范围内地壳中的某元素或者化合物的总量，其度量是以分子为基础的。资源基础对研究矿产供给一般无实际意义。矿产禀赋是资源基础的一部分，它指满足给定的最小品位、最小吨位、最大深度和产状等条件的、某矿产聚集体内所含的元素或者化合物的总量。矿产资源是指在当前或者将来更有利的技术经济条件下可以生产的那部分矿产禀赋。经济资源是指在当前技术经济条件下可以生产的那部分矿产资源，包括尚未发现的经济资源（忽略勘查费用）。潜在供给是指经过指定的勘查工作便可以发现的那部分经济资源或者矿产资源。已知经济资源是指已经发现的那部分经济资源。

就矿产资源分类实践而言，V. E. McKelvey（1972）提出了一个可以供政府评估矿产资源长期可用性以及制定矿产资源开发政策参考的矿产资源分类方案，简称为 McKelvey 图，如图 4-2 所示。

该资源分类方法是一个二维方法，一方面按照资源的地质保证度的大小，将矿产资源划分为测定资源、估定资源、推定资源、假设资源和假想资源；另一方面，按照矿产资源开发的技术经济可行度的大小，将矿产资源划分为经济资源、类边际经济资源和次边际经济资源。进而，将经济的测定资源称为测定储量；将经济的估定资源称为估定储量；将经济的推定资源称为推定储量。

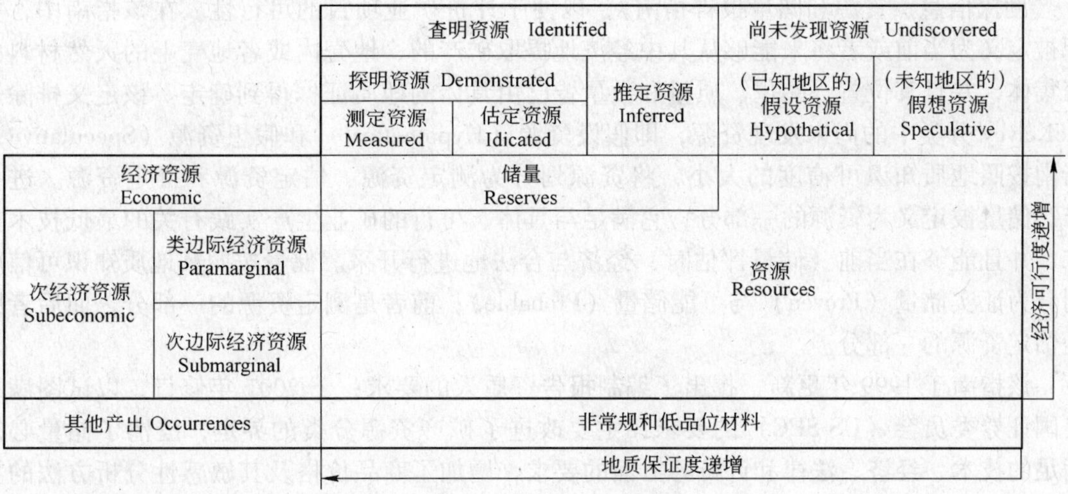

图 4-2　McKelvey 矿产资源分类

后来，美国矿山局（USBM）和地质调查局（USGS）对此分类方案进行了修改、补充，形成了 USBM/USGS（1980）分类方案，如图 4-3 所示。

图 4-3　USBM/USGS 矿产资源分类

USBM/USGS 矿产资源分类方案将 McKelvey 分类方案中的类边际经济资源改称为边际经济资源（Marginally economic），将次边际经济资源改称为次经济资源（Subeconomic）；将边际经济的测定资源与估定资源总称为（探明）边际储量，将边际经济的推定资源称为推定边际储量。

美国采矿工程师协会（SME）在 USBM/USGS 矿产资源分类基础上，于 1992 年提出了《勘探信息、资源和储量报告指南》，以便于评价矿业项目的可行性。在该指南中，资源被定义为当前或者将来能够从其中经济地提取矿产的、地壳内或者地壳上的天然材料的聚集体，并且其位置、品位、质量和数量皆已由具体的地质证据得到确定。该定义排除了McKelvey分类中的尚未发现资源，即假设资源（Hypothetical）和假想资源（Speculative）。指南按照地质知识可信度的大小，将资源划分为测定资源、估定资源和推定资源。进一步，储量被定义为资源的一部分，它满足与具体、可行的矿业生产实践有关的最低技术要求，并且能够在当前（储量评估时）经济与合法地进行开采。储量按照其地质知识可信度划分为证实储量（Proven）与可能储量（Probable）；前者是测定资源的一部分，而后者则是估定资源的一部分。

该指南于1999年更新，提出了编制报告资质人的要求；于2007年修订，以试图满足美国证券委员会（US SEC）的要求，主要改进了矿产资源分类的界定，澄清了储量必须满足的技术、经济、法律和许可等方面的要求，增加了商品价格及其敏感性分析方法的界定，明确了储量报告包括“矿产储量声明报告”等具体要求，强调了资质人的作用。

与此同时，美国、澳大利亚、加拿大、英国和南非，于1994年成立了一个矿冶协会理事会（CMMI），以协调国际矿产资源及储量报告的界定问题，并于1997年达成了关于矿产资源及储量界定的初步协议（《丹佛协定》）。当时，联合国欧洲经济委员会（UNECE）也在研究国际矿产资源及储量分类框架。所以，CMMI与UNECE于2002年组建了矿产储量国际报告（联合）委员会（CRIRSCO），取代CMMI来协调、开发有关勘探成果、矿产资源及储量界定与报告的国际标准。

此时，有关矿产资源及储量界定已经逐步国际化，一些基本概念的界定先后被美国（1992）、澳大利亚（1999）、中国（1999）、南非（2000）、加拿大（2001）、英国（2001）、智利（2007）等国家在其国家标准中予以采用。

联合国经社理事会曾推荐过两个矿产资源分类方案。早先推荐的自然资源委员会（CNR）方案如图4-4所示。

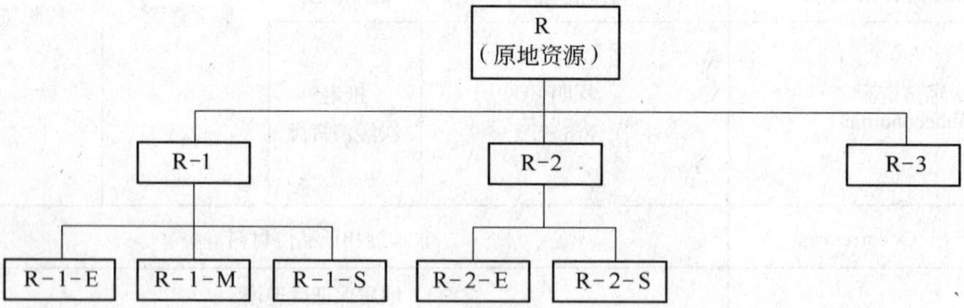

图4-4 联合国自然资源委员会（CNR）矿产资源分类

该方案首次采用符号编码方式对矿产资源及储量类别进行标记，为矿产资源及储量分类的国际化奠定了基础。该方案一方面按照资源地质信息的可信度，把具有经济意义的原地资源划分为R-1、R-2和R-3等三级，大致分别相当于McKelvey分类中的测定与估定资源、推定资源和假设与假想资源。另一方面，按照资源开发的技术经济可行性，将R-1和R-2级资源中的能够在当前（储量评估时）经济地开采的部分，称为经济资源，分别记为

R-1-E 和 R-2-E；将 R-1 级资源中的技术与经济预测表明在将来不久即可以经济地开采的部分，称为边际经济资源，记为 R-1-M；而将 R-1 和 R-2 级资源中的在较远的将来可能具有开采价值的部分，称为次经济资源，分别记为 R-1-S 和 R-2-S。

后来推荐的欧洲经济委员会（UNECE）方案经由 1997 年版和 2004 年版，形成了目前的 2009 年版，称为《联合国化石能源与矿产储量/资源分类框架》。该方案的目的是：在可能的程度上，满足有关能源与矿产的研究、资源管理、企业商务过程和财务报告标准等方面的应用需求。方案除考虑了已采销售产量和已采非销售产量外，采用了一个通用的三维编码框架体系，按照经济社会成长力、项目状况及可行性和地质认知程度等三维基本因素将原地资源量划分若干个类别和级别。该分类的主要特点是：

（1）强调商务过程及资源量，摒弃了传统的"储量（reserve）"概念；

（2）突出了矿产项目状况，与商务进程及决策相关联；

（3）考虑了矿产项目进程中可能涉及的产量因素；

（4）采用符号编码、"独立于语言"的框架体系，为其他多种分类提供关联、校准、比对及协同依据；

（5）开放式类别及级别，虽然例示了三维基本因素的 11 个类别，但是对并类、子类及具体级别的数量无明确界定，适合根据国家及地区情况而具体界定。

（二）我国矿产资源分类状况

我国原来的矿产资源分类标准采用了前苏联的分类方法，在国际上使用范围相当有限，不能适应经济全球化发展的需要，也不能满足我国"两个市场、两种资源"战略的需要。为了与国际上主流矿产资源分类标准相衔接，我国于 1999 年颁布、实施了《固体矿产资源/储量分类》推荐标准（GB/T17766—1999）。该标准主要参考了 1997 年《联合国国际储量/资源分类框架》和美国矿业局和地质调查局编制的《1980 年矿产资源和储量的分类原则》，结合我国国情而制定的。

《固体矿产资源/储量分类》（GB/T17766—1999）标准的分类依据是矿产资源经过矿产勘查所获得的不同地质可靠程度和经相应的可行性评价所获不同的经济意义。据此，固体矿产资源/储量可分为储量、基础储量、资源量三大类十六种类型。如表 4-2 所示。

《固体矿产资源/储量分类》标准适用于固体矿产资源勘查、开发各阶段编制设计、部署工作、计算储量（资源量）、编写报告；也适用于固体矿产资源/储量评估、登记、统计，制定规划、计划，制订固体矿产资源政策，编制矿产勘查规范、规定、指南；也可作为矿业权转让、矿产勘查开发筹资融资等活动中评价、计算矿产资源/储量的依据。标准中的主要类别和类型定义如下：

固体矿产资源是指在地壳内或地表由地质作用形成具有经济意义的固体自然富集物，根据产出形式、数量和质量可以预期最终开采是技术上可行、经济上合理的。其位置、数量、品位/质量、地质特征是根据特定的地质依据和地质知识计算和估算的。按照地质可靠程度，可分为查明矿产资源和潜在矿产资源。

查明矿产资源是指经勘查工作已发现的固体矿产资源的总和。依据其地质可靠程度和可行性评价所获得的不同结果可分为储量、基础储量和资源量三类。而潜在矿产资源则是指根据地质依据和物化探异常预测而未经查证的那部分固体矿产资源。

表 4-2 固体矿产资源/储量分类

类别及类型（地质可靠程度 / 经济意义）	查明矿产资源			潜在矿产资源
	探明的	控制的	推断的	预测的
经济的	可采储量（111） 基础储量（111b） 预可采储量（121） 基础储量（121b）	预可采储量（122） 基础储量（122b）		
边际经济的	基础储量（2M11） 基础储量（2M21）	基础储量（2M22）		
次边际经济的	资源量（2S11） 资源量（2S21）	资源量（2S22）		
内蕴经济的	资源量（331）	资源量（332）	资源量（333）	资源量（334）?

注：表中所用编码（111-334），第1位数表示经济意义：1—经济的，2M—边际经济的，2S—次边际经济的，3—内蕴经济的，?—经济意义未定的；第2位数表示可行性评价阶段：1—可行性研究，2—预可行性研究，3—概略研究；第3位数表示地质可靠程度：1—探明的，2—控制的，3—推断的，4—预测的，b—未扣除设计、采矿损失的可采储量。

储量是指基础储量中的经济可采部分。在预可行性研究、可行性研究或编制年度采掘计划时，经过对经济、开采、选冶、环境、法律、市场等诸因素的研究及相应修改，结果表明在当时是经济可采或已经开采的部分。用扣除了设计、采矿损失的可实际开采数量表述。依据地质可靠程度和可行性研究阶段不同，又可分为可采储量和预可采储量。其中可采储量指按勘探阶段要求在三维空间上详细圈定了矿体，肯定了矿体的连续性，详细查明了矿床地质特征、矿石质量和开采技术条件，并有相应的矿石加工选冶试验成果，已进行了可行性研究，证实其在计算的当时开采是经济的。计算的可采储量及可行性评价结果，可信度高。可采储量的编码为（111）。预可采储量分为两个类型，其中以编码（121）表示的预可采储量，在地质可靠程度的要求上与可采储量（111）相同，但是只进行了预可行性研究；以编码（122）表示的预可采储量，是指控制的经济基础储量的可采部分。在地质可靠程度上只达到了详查阶段的要求，在可行性研究方面只进行了预可行性研究。

基础储量是查明矿产资源的一部分。它能满足现行采矿和生产所需的指标要求（包括品位、质量、厚度、开采技术条件等），是经详查、勘探所获控制的、探明的并通过可行性研究、预可行性研究认为属于经济的、边际经济的部分，用未扣除设计、采矿损失的数量表述。基础储量按照经济意义、可行性评价阶段和地质可靠程度分为探明的（可研）经济基础储量（111b）等六种类型。

资源量是指查明矿产资源的一部分和潜在矿产资源。包括经可行性研究或预可行性研究证实为次边际经济的矿产资源，以及经过勘查而未进行可行性研究或预可行性研究的内蕴经济的矿产资源；以及经过预查后预测的矿产资源。分为探明的（可研）次边际经济资源量（2S11）等七个类型。

上述标准中，对每一类型都按地质可靠程度、可行性评价阶段和经济含义进行编码。

（1）地质可靠程度反映了矿产勘查阶段工作成果的不同精度，分为探明的、控制的、推断的和预测的等四种。

探明的是指在矿区的勘探范围依照勘探的精度详细查明了矿床的地质特征、矿体的形态、产状、规模、矿石质量、品位及开采技术条件，矿体的连续性已经确定，矿产资源数量估算所依据的数据详尽，可信度高。

控制的是指对矿区的一定范围依照详查的精度基本查明了矿床的主要地质特征、矿体的形态、产状、规模、矿石质量、品位及开采技术条件，矿体的连续性基本确定，矿产资源数量估算所依据的数据较多，可信度较高。

推断的是指对普查区按照普查的精度大致查明矿产的地质特征以及矿体（矿点）的展布特征、品位、质量，也包括那些由地质可靠程度较高的基础储量或资源量外推的部分。由于信息有限，不确定因素多，矿体（点）的连续性是推断的，矿产资源数量的估算所依据的数据有限，可信度较低。

预测的是指对具有矿化潜力较大地区经过预查得出的结果。在有足够的数据并能与地质特征相似的已知矿床类比时，才能估算出预测的资源量。

（2）可行性评价分为概略研究、预可行性研究、可行性研究等三个阶段。

1）概略研究是指对矿床开发经济意义的概略评价。所采用的矿石品位、矿体厚度、埋藏深度等指标通常是我国矿山几十年来的经验数据，采矿成本是根据同类矿山生产估计的。其目的是为了由此确定投资机会。由于概略研究一般缺乏准确参数和评价所必需的详细资料，所估算的资源量只具内蕴经济意义。

2）预可行性研究是指对矿床开发经济意义的初步评价。其结果可以为该矿床是否进行勘探或可行性研究提供决策依据。进行这类研究，通常应有详查或勘探后采用参考工业指标求得的矿产资源/储量数，实验室规模的加工选冶试验资料，以及通过价目表或类似矿山开采对比所获数据估算的成本。预可行性研究内容与可行性研究相同，但详细程度次之。当投资者为选择拟建项目而进行预可行性研究时，应选择适合当时市场价格的指标及各项参数，且论证项目尽可能齐全。

3）可行性研究是指对矿床开发经济意义的详细评价，其结果可以详细评价拟建项目的技术经济可靠性，可作为投资决策的依据。所采用的成本数据精确度高，通常依据勘探所获的储量数及相应的加工选冶性能试验结果，其成本和设备报价所需各项参数是当时的市场价格，并充分考虑了地质、工程、环境、法律和政府的经济政策等各种因素的影响，具有很强的时效性。

（3）经济意义分为经济的、边际经济的、次边际经济的、内蕴经济的等四种。

1）经济的是指其数量和质量是依据符合市场价格确定的生产指标计算的。在可行性研究或预可行性研究当时的市场条件下开采，技术上可行，经济上合理，环境等其他条件允许，即每年开采矿产品的平均价值能满足投资回报的要求。或在政府补贴或其他扶持措施下，开发是可能的。

2）边际经济的是指在可行性研究或预可行性研究当时，其开采是不经济的，但接近于盈亏边界，只有在将来由于技术、经济、环境等条件的改善或政府给予其他扶持条件下，可变成经济的。

3）次边际经济的是指在可行性研究或预可行性研究当时，开采是不经济的或技术上不可行，需大幅度提高矿产品价格或技术进步，使成本降低后方能变为经济的。

4）内蕴经济的是指仅通过概略研究做了相应的投资机会评价，未做可行性研究或预可行性研究。由于不确定因素多，无法区分其是经济的、边际经济的，还是次边际经济的。

《固体矿产资源/储量分类》（GB/T17766—1999）颁布、实施已有十余年，实践过程中发现一些内容不很适应我国的具体情况，需要调整、补充和完善；作为 GB/T17766—1999 标准主要参考依据的《联合国化石能源与矿产储量/资源分类框架》1997 年版，经 2004 年版又发布了 2009 年版，较先前版本发生了较大幅度地变化。在这种形势下，GB/T17766—1999 国家标准需进行相应的修订，以便进一步完善及更好地与国际标准相衔接。

国土资源部于 2007 年 10 月，正式下达的“矿产资源储量管理技术标准体系研究”项目，包含的主要任务有：

（1）《固体矿产资源/储量分类》（GB/T17766—1999）调查研究；

（2）《固体矿产资源/储量分类》修订稿送审稿；

（3）《固体矿产资源/储量分类》修订稿实施技术要求。

三、矿产资源评估

矿产资源评估包括矿产资源的定量及定性描述。但是，其具体内涵却因评估的目的、所考虑的因素和采用的方法不同而异。

首先，随着世界政治经济形势的发展与变化，各国政府不时需要对本国的矿产资源进行全面评估和预测，目的在于考察未来的资源充足程度，进而制定长期的矿产资源开发利用政策。此类评估可以称为矿产资源的宏观评估或者远景评估，亦即所谓的矿产资源形势分析。美国总统材料政策委员会于 1952 年完成的全美矿产资源评估、美国地质调查局于 1975 年完成的石油与天然气资源评估和美国能源部于 1980 年完成的铀资源评估等皆为宏观评估的典型实例。矿产资源的宏观评估是一种十分复杂的系统性工作，它既要明确矿产资源的信息结构，也要分析未来的经济形势，还要考察国家安全等政治问题以及科学技术的变化对矿产需求的影响等因素。

其次，矿产资源的开发与其他非矿产自然资源的利用或者基础工业设施的建设密切相关。为使矿产资源开发或者建设项目取得最佳的社会效益，国家或者地方政府部门也需要对有关区域的矿产资源进行评估，可以称其为中观评估。加拿大能源、矿山与资源部为规划铁路建设而于 1970 年完成的西北地区矿产资源评估和美国地质调查局为规划各种自然资源的综合利用而于 1978 年完成的阿拉斯加州的矿产资源评估，皆可以视为中观评估的实例。

最后，矿产资源所有者、矿山企业经营者、资产管理机构、金融机构及券商等利益相关方经常需要对矿业投资项目或者生产矿山进行评估，借以进行投资决策、融资、课税、转让、兼并重组、生产规划等经济及管理决策活动。此类矿产资源评估可以称为微观评估或者项目评价。随着我国社会经济的发展，矿业权的流转问题日益突出，迫切需要研究新的评估理论与方法，以解决矿业开发的外部性问题，提升矿产资源开发利用的经济效益与社会公平水平，也属于微观评估范畴。

虽然宏观评估、中观评估和微观评估所采用的方法和所考虑的因素及其重要性不尽相同，但是它们皆包括矿产资源的技术、经济与社会评价等基本方面。技术评价是对矿产资源质量与数量的描述，经济评价是对矿产资源价值的描述，而社会评价则是对矿产资源开发利用的社会制约因素诸如国防、法律法规、生态环境、社区发展等因素的描述。宏观评估强调矿产资源的对长期社会经济发展的作用及可持续利用，其主要方法是各种评估模型；微观评估则突出矿产资源开发利用项目的经济价值，其主要方法是以社会经济因素为约束条件、以矿产资源技术评价为基础的资源开发现金流分析与资源资产评估规范；而中观评估则着重关注矿产资源开发利用对区域社会经济发展的效果。

第三节　矿产资源远景评估模型

矿产资源远景评估的主要目的在于考察未来的矿产资源充足程度及可用性，为制定长期的矿产资源开发利用政策提供依据。

一、油气资源评估

20 世纪 70 年代的石油危机，导致了一系列油气资源评估或者预测模型的产生。这些评估模型因其预测的目的、涉及的时间与空间范围以及有关信息的可用性不同而异，主要包括生命周期模型、勘探量模型、地质——积量模型、发现过程模型、经济计量模型、主观概率模型等。

（一）生命周期模型

生命周期模型的基本假设是，对于给定的区域，油气产量在初期会由零逐渐增加，而在末期则会逐渐减少直至为零。原因是在生产早期，存在着一系列的开发与利用问题；而在生产后期，资源匮乏，勘查与开发条件变差。随着所考察空间范围的扩大，油气产量随时间的波动性变小，表现为具有某一最大值的单一生命周期。

生命周期模型不直接考察勘查发现的物理与工程因素、地质因素或者经济因素，而是依据基本假设和历史数据，找出单位时间内所发现油气量或者油气产量与时间的函数关系，并由此预测油气产量。

Hubbert 模型是最重要的油气预测生命周期模型。该模型采用生长曲线描述油气累计发现量与时间的关系，即

$$D_t = D_\infty\{1 + \alpha\exp[-\beta(t - t_0)]\}^{-1} \tag{4-3}$$

式中 D_t——年份 t 时的油气累计发现量；

D_∞——油气累计发现量的极限值；

t_0——初始年份；

exp——以 e 为底的指数函数；

α,β——大于零的参数，由历史数据的统计分析获得。

累计产量与累计发现量之间存在一定的函数关系，即累计产量等于累计发现量与证实储量（待采发现量）之差。可以认为，证实储量由最初的零开始逐渐增加，达到某一最大值之后，便开始减小，最终趋归于零；而累计发现量亦由零开始增加，直至达到极限值 D_∞。所以，累计产量的初始值亦为零，而其极限值则等于累计发现量的极限值。由此，可以通过将累计发现量的生长函数曲线向右平移一个时间增量而得到累计产量的生长曲

线。

（二）勘探量模型

勘探量模型假设：累计发现量是勘探工作量的函数。勘探工作量可以用探井数量表示，也可以用探井进尺表示。

Hubbert 的探井累计进尺模型是典型的勘探量模型。该模型将油气的累计发现量看做是探井累计进尺的函数，即

$$Q_h = \alpha \exp(-\beta h) \tag{4-4}$$

式中 Q_h——油气的累计发现量；

h——探井的累计进尺；

exp——以 e 为底的指数函数；

α，β——大于零的参数，由历史数据的统计分析获得。

Bromberg 和 Hartigan 也提出了一个勘探量模型。该模型假设：因单位勘探量引起的油气储量的增加量呈指数递减规律，即

$$\mathrm{d}R_t/\mathrm{d}E_t = \beta \exp(-\alpha E_t) \tag{4-5}$$

式中 R_t——t 时刻的累计储量；

E_t——t 时刻的累计勘探工作量；

exp——以 e 为底的指数函数；

α，β——参数，由历史数据的统计分析获得。

Bromberg 和 Hartigan 的进一步分析表明，储量的累计增加量和累计勘探进尺或者累计勘探井数的历史数据不能很好地与上述模型拟合。因此，他们以时间代替勘探工作量（探井进尺或者探井数量），并利用蒙特卡罗方法，对油气储量的增加量进行了预测。

（三）地质——积量模型

地质积量模型是评估潜在油气资源的传统方法，它被广泛地应用于大范围内油气资源量的评估。

油气资源地质积量模型的概念相当简单。首先对待评估地区的地质、地球化学和地球物理数据进行分析，并对控制油气产出及体积的地质因素进行评估。然后，通过对待评估地区与已勘探地区的地质相似性的经验判断，推算待估地区油气沉积的面积或者体积与单位面积或者体积的产率。最后，将推算的面积或者体积与相应的产率相乘，便可以得到油气储量的估值。

但是，地质积量模型的具体实现却较为复杂。而且，实现方法亦不尽相同。这是因为，反映油气沉积地质相似性的因素众多，各因素的控油作用程度亦因地而异。所以，含油沉积的面积或者体积以及相应的产率的推算方法，既需考虑成油规律与控油因素的综合影响作用，也要反映地质均变性与唯一性这两个对立方面的统一。

（四）发现过程模型

发现过程模型是一类依据有关的油田沉积的物理特征和油田发现的方式所做的假设而建立的油气资源评估模型。此类模型多用于具有地质相似性的地理范围内的油气资源的评

估。具有代表性的发现过程模型有：

（1）Arps-Roberts 模型及其扩展。Arps-Roberts 模型主要用于地层型油气资源的评估，它将油气勘探看做是一个在含有若干油田的油气聚集区内随机布置探井的过程。若探井布置于某油田的范围内，则该油田被发现；否则，该探井为一干井。该模型进一步假设：在油气聚集区内每增加一定数目探井所发现的油田的个数与尚待发现的油田的总面积成正比例，即

$$\Delta N(A,W)/\Delta W \propto A[N(A) - N(A,W)] \tag{4-6}$$

式中 ΔN（A，W）——所发现的油田个数的增量；

ΔW——探井数的增量；

A——单个油田的面积；

N（A）——所论油气聚集区内的油田总数；

N（A，W）——已经发现的油田个数；

W——累计探井数。

由上式可以得到

$$N(A,W) = N(A)[1 - \exp(-cAW)] \tag{4-7}$$

式中 exp——以 e 为底的指数函数；

c——比例常数。

若将 ΔN（A，W）看做是一个随机变量，则可以得到相应的随机发现过程模型。

Drew 等扩展了该模型，允许油气聚集区内的油田大小为不同的值，即 A_i，$i=1$，2，…，m。此外，每一种大小的油田的个数亦可以取不同的值，即 N_i，$i=1$，2，…，m。

（2）Ryan 模型。Ryan 给出了一个可以用于评估油气聚集区内的原油蕴藏量或者可采储量的发现过程模型。该模型假设：原油发现率与累计地质知识及尚未发现原油量成正比例，即

$$\Delta R(t)/\Delta W(t) = \beta K(t)[U_\infty - R(t)] \tag{4-8}$$

式中 R（t）——直至 t 年的累计原油发现量；

W（t）——直至 t 年的累计探井个数；

K（t）——依赖于 W（t）的地质知识水平的函数；

U_∞——最终可发现原油量。

若令：

$$K(t) = \{1 + M\exp[-\alpha W(t)]\}^{-1} \tag{4-9}$$

则有：

$$R(t) = U_\infty\{1 - \exp[-\beta W(t)][M/K(t)]^{\beta/\alpha}\} \tag{4-10}$$

式中 exp——以 e 为底的指数函数；

M——取值 10000；

α,β,U_∞——由非线性最小二乘法估算。

此外，还有 Karfman 等的发现过程模型。

（五）经济计量模型

经济计量模型是一种统计模型，其形式主要由经济理论来决定。该类模型可以用于考

察供需结构，或者预测供需随时间的变化情况。

经济计量分析方法一般包括建立模型、估算参数、验证理论和预测未来等四个基本步骤。

油气供给研究中的代表性经济计量模型有：

（1）Khazzoom 天然气供给模型。在 Khazzoom 模型中，天然气发现过程被看做是一个黑箱，即未知系统，其输入为天然气价格，输出为伴生天然气发现量、原油发现量和非伴生天然气发现量。天然气价格决定勘探工作量水平，它又依次决定天然气发现量。给定时期的每一次发现都有确定的蕴藏量，该期各次发现的蕴藏量之和便是该期内的总发现量。

若以随机变量 ND_t 表示第 t 期（年）内新发现的可采天然气量，则可以认为其期望值依赖于前二期的天然气限制价格 C_{t-1} 与 C_{t-2}、石油价格 PO_{t-1} 与 PO_{t-2} 和天然气价格 PL_{t-1} 与 PL_{t-2}，即

$$ND_t = f_1(C_{t-1}, C_{t-2}, PO_{t-1}, PO_{t-2}, PL_{t-1}, PL_{t-2}) + \omega_t \tag{4-11}$$

式中　f_1——函数；

ω_t——均值等于零的随机误差。

第 t 期内的移距与修正量为：

$$XR_t = f_2(C_t, PO_t, ND_{t-1}, XR_{t-1}) + \delta_t \tag{4-12}$$

式中　f_2——函数；

δ_t——均值等于零的随机误差。

（2）Erickson-Spann 模型。该模型不是直接将某时期的天然气发现量看做是前期价格的函数，而是将时期 t 内、石油管区 i 的油气发现量看做是探井数目 W_{it}、探井成功率 F_{it} 和所发现油藏或者气藏的平均规模 S_{it} 或者 N_{it} 之积，其中：

$$W_{it} = f_1(P_{it},\ G_{it},\ F_{i,t-1},\ R_{it},\ D_{i,t-1},\ \delta X_{it},\ Z_1,\ Z_2,\ Z_4)\ \varepsilon_{it} \tag{4-13}$$

$$F_{it} = f_2(P_{it},\ G_{it},\ \delta X_{it},\ Z_1,\ Z_2,\ Z_4)\ \xi_{it}$$

$$S_{it} = f_3(P_{it},\ G_{it},\ F_{i,t-1},\ \delta X_{it},\ Z_1,\ Z_2,\ Z_4)\ \theta_{it}$$

$$N_{it} = f_4(P_{it},\ G_{it},\ F_{i,t-1},\ \delta X_{it},\ Z_1,\ Z_2,\ Z_4)\ \eta_{it}$$

式中　P_{it}——每桶石油的井口价格；

G_{it}——每百万立方英尺天然气的井口价格；

X_{it}——德克萨斯地区的停工天数；

δ——指示变量，对德克萨斯地区取 1，否则取零；

R_{it}——主要公司的探井比例；

D_{it}——探井的平均深度，单位为英尺（ft），1ft = 0.3048m；

Z_1，Z_2，Z_4——虚拟变量；

f_1，f_2，f_3，f_4——函数；

ε_{it}，ξ_{it}，θ_{it}，η_{it}——期望值等于 1 的剩余误差。

（3）其他经济计量模型。MacAvoy 和 Pindyck 给出了一个更为全面的油气供给经济计量模型，以分析井口市场与批发市场的油气供需情况和各种油气政策效应。Attanasi 给出了单个油田的经济计量模型，用以分析特定地质条件下，价格与成本对油气勘查与开发活动的影响。

（六）主观概率模型

主观概率模型是一类基于专家经验、且常与其他模型联合运用的资源评估模型。该类模型的基本思想是：将若干有经验的专家的意见与主观概率结合起来，求出待评估资源量的期望值，其特点是能够将定性分析与定量分析相结合。但是，评估结果受人的主观意志的左右。主观概率模型不仅已经用于油气资源的评估，而且广泛地用于其他矿产资源的评估。

二、其他资源评估

除油气资源评估以外，其他资源评估的典型实例有：

（1）美国于1952年完成的全国矿产资源评估；

（2）美国于1976年完成的新墨西哥州的铀资源评估；

（3）美国于1976年完成的煤炭资源评估；

（4）美国于1978年完成的阿拉斯加州矿产资源的综合评估；

（5）美国于1980年完成的全国铀资源评估；

（6）加拿大为规划铁路建设于1970年完成的西北地区矿产资源评估；

（7）Harris等于1973年对墨西哥某地区的交通运输网络对贱金属与贵金属资源供给影响的评估；

（8）美国能源部于2010年完成的能源关键材料供应保障程度及战略评估。

思考题

(1)　分析矿产供给规律及影响因素。

(2)　分析国内外矿产资源分类方法的主要特征。

(3)　分析矿产资源评估的目的、方法和要素。

第五章　矿产市场及价格

第一节　矿产市场概念

矿产市场是一个某种矿产的买卖双方聚会以确定该矿产价格的抽象场所，它是生产资料市场。由于矿产资源地域分布的不均匀性和矿产质量规格相对简单，矿产市场具有较强的国际性。

严格地说，某种矿产的市场可以存在于该矿产生产过程中的各个阶段。譬如，铜市场可以分为区域性的铜矿市场、全国性的铜精矿市场、作为冶炼产品的粗铜市场和作为精炼产品的电解铜市场，而后者又可以分为盘条铜、阴极铜等市场。再如，石油市场可以分为轻油市场（34°~40°API）、重油市场（27°~31°API）、低硫油市场、高硫油市场等。尽管如此，矿产市场一般是指那些具有标准贸易规格，并且在世界贸易中拥有重要地位的矿产市场。例如，含铜量不低于99.9%的电解铜市场和阿拉伯轻油（34°API）市场。

应该指出，矿产品的重要性及矿产品市场的结构模式是不断变化的。譬如，随着石油出口国经济的发展和加工能力的提高，在国际贸易中，原油正在为石油产品所替代。再如20世纪50年代，锡精矿在国际贸易中占有重要地位，而今天，锡贸易基本局限于精锡。铁、铝矿贸易以原矿为主，而锑、钨贸易则以精矿为主。

第二节　矿产市场结构

市场结构即是构成市场的买主之间、卖主之间以及买主与卖主之间诸关系的因素及其特征，它是由产品的供需特点决定的。决定市场结构的主要因素有：

（1）市场集中程度，包括买主与卖主的集中。市场集中是厂商追求规模经济和产品市场规模有限所共同作用的结果。矿业具有较大的利用规模经济的可能性，在工业发达国家，矿业属于资本密集型产业，又是基础产业，拥有较大的市场，所以，矿业的市场集中程度相对较高。

（2）产品差别化。它是指厂商在形成其产品实体的要素上，或者在提供产品过程的诸条件上，造成与其他同类产品相比足以引诱买主的特殊性，降低同类产品对该厂商产品的替代性，并以此在争夺市场的竞争中占据有利地位。造成产品差别化的主要手段有改善产品质量和外观、降低产品成本、宣传广告等。矿产品大都已经标准化，因此，矿产品的差别化不是矿产市场结构的主要因素。但是，对于铁矿石等以原矿贸易为主的市场，矿产品的品位、选冶加工特性等质量属性差异较大，对于市场结构有较大影响。

（3）进入壁垒。进入是指某产业中新卖主的出现，进入壁垒则指新卖主与原有卖主竞争中的阻碍新卖主进入的因素。规模经济是造成进入壁垒的重要因素，矿业厂商的最小有效规模同市场规模相比常占有很大的比重，市场集中与垄断程度较高，造成进入困难。成本、法律、制度等因素也会导致进入壁垒，环境保护法是矿业市场进入的重要壁垒。

（4）市场需求弹性，即需求量随产品价格而变动的幅度。生活必需品的价格弹性较小，而奢侈品的价格弹性较大；替代品少的产品价格弹性较小，而替代品多的产品价格弹性较大；用途多的产品比用途少的产品需求弹性大。矿产品的短期需求弹性一般较小，这是因为，矿产品作为中间产品，占与其有关的最终产品生产成本的比例较小，以及由于工艺技术等方面的原因而使矿产品具有较小的可替代性。

市场理论一般按照市场的集中程度而将市场结构划分为若干形式，以综合反映影响竞争与价格的诸因素，这样划分的市场结构形式主要有：

（1）完全竞争市场。它是经济学中的一种理想化市场形式，主要特征是：买卖双方皆由众多的买主和卖主构成，每一买主或者卖主都没有力量影响市场上的产品价格；各厂商的产品没有差别化，买主或者卖主心目中皆无特定的卖主或者买主；各类资源的投入都不是固定的，而且是按照市场的变化情况自由地流动；决策条件是确定的，厂商知道自己的销售收入和成本函数，也知道其他厂商的销售收入和成本函数。完全竞争型市场是一种经济上最有效、但却极不稳定的市场结构。与此种形式类似、但是较接近实际的市场形式是纯粹竞争市场，在该种市场条件下，每一厂商对价格的影响都很小，可以忽略。

（2）完全垄断市场。它的主要特征是：一定的市场范围内，只存在该市场产品的单一供给者。因此，产品价格常受该垄断者的重大影响。形成完全垄断市场的主要条件是：存在明显的规模经济效益，存在市场的有限性和某种特殊的优越条件，如政府政策等。完全垄断市场，对邮电、铁路等固定成本较大的公用事业及基础设施，能够取得较好的规模经济效益。

（3）寡头垄断市场。它的主要特征是：市场上只有少数几家厂商供给该行业的大部分产品，其产量在市场中占有较大的份额；市场价格并非由市场供需关系决定，而主要由少数寡头通过协议或者默契来制定，形成操纵价格或者管制价格。矿产市场一般具有较明显的寡头垄断特征。

市场结构分析的关键问题是研究影响市场及价格的市场份额，它取决于竞争条件与替代可能性。就短期而言，矿产供给多缺乏价格弹性。这意味着价格的变化仅能引起小于线性比例的产量变化，也意味着相对小的市场份额就足以支配市场。因此，产量占总供给量30%～40%的较大生产者即可能导致垄断市场的形成。

当前，世界矿产市场结构的趋势特征是国际化。西方一些较大的石油公司或者矿产资源公司已经将其生产经营活动扩展到国际范围内，并且在矿产市场上积聚了雄厚的竞争实力，导致了国际矿产市场竞争程度的降低和寡头或者垄断市场的形成。譬如，锡和铅的供给市场为寡头市场，主要的大卖主各不足10家。黄金市场亦是垄断市场，但是，由于黄金作为硬货币这一特殊性，其供给与价格并不完全由生产垄断者支配，因为国际货币基金组织、各国政府的政策及中央金融机构的黄金储备、美元的强弱以及金融市场对黄金的操纵等因素对黄金的价格有较大影响。

再如，由于澳大利亚力拓、必和必拓和巴西淡水河谷这三家铁矿石生产商拥有的铁矿石资源丰富、品质好，生产技术先进、规模大，所以，生产成本较低，使得世界铁矿石市场亦已逐渐形成了寡头垄断市场。三大铁矿石生产企业生产了世界铁矿石贸易量的70%以上，其中每个企业的产量都接近贸易总量的20%。近年来，三家铁矿石企业占世界铁矿石产量比重持续维持高位，寡头垄断趋势日益突出，造成铁矿石价格猛涨，为世界经济发展带来了负面影响。

还如，由于我国稀土矿禀赋较为丰富，特别是南方风化壳离子吸附型稀土多赋存于地壳浅表，稀土矿生产工艺技术简单，导致稀土矿市场集中度低；加之对稀土矿生产在生态环境及职业安全健康等方面的外部性及其成本关注不够，扭曲了稀土的市场价格，导致稀土初级产品市场价格严重偏低；违法开采及走私问题严重。近年来，政府对稀土市场加强了调控力度，逐步提高稀土市场的集中度及生产技术水平，对市场结构将会产生较大影响。

第三节 矿产市场组织

市场组织是指为对矿产市场施加影响而在一定范围内达成的各种协定。在第二次世界大战以前，这样的协定多由厂商达成，而其后则主要由各国家政府签订有关协议。

市场组织按照其行为目标可以分为以下几种主要类型：

（1）生产者卡特尔，旨在调控竞争和对产品价格施加影响；

（2）一般生产者组织，旨在互通信息、发展公共关系以及在联合国贸发大会中维护成员利益；

（3）国际研究机构，旨在探讨生产者与消费者之间的有效合作；

（4）国际矿产协定，旨在调解生产者与消费者之间的贸易市场。

生产者卡特尔是一种极具代表性的市场组织。该类组织的主要目的是控制矿产价格，以维护生产者的利益。矿产卡特尔的形成受矿产市场结构、矿产地理因素、矿产应用领域等因素的影响。其形成的主要条件有：

（1）矿产出口国的经济必须在很大程度上独立于该矿产的进口国；

（2）矿产的供给必须集中在较少的生产国，以避免非卡特尔生产者的干扰；

（3）出口国必须有较强的经济实力，以抵抗矿产进口国的经济制裁；

（4）不会因价格提高而导致非卡特尔生产者大规模地开发有关矿产资源；

（5）所论矿产的再利用技术有限；

（6）所论矿产的替代品有限。

随着世界经济全球化发展迅速，世界贸易组织（WTO）及反垄断法律法规的影响日益深远，已经渗透到成员国社会经济的各个领域，加之信息及通信技术的突飞猛进，市场组织的作用日趋减弱。

目前，似乎只有石油输出国组织（OPEC，简称欧佩克）等少数市场组织仍然存在。欧佩克于1960年在巴格达成立，由伊拉克、伊朗、沙特阿拉伯、科威特、委内瑞拉等5国发起。自1965年起，总部设在维也纳。其他成员国包括卡塔尔、印度尼西亚、利比亚、阿拉伯联合酋长国、阿尔及利亚、尼日利亚、厄瓜多尔、加蓬和安哥拉（其中，加蓬于1995年退出，印度尼西亚于2009年起暂停成员国资格）。这些国家拥有世界已证实石油蕴藏量的75%。欧佩克的宗旨是，统一和协调成员国的石油政策，保护石油资源和发展民族经济。它通过生产定额、最低限价、税收政策等措施，有效地控制了石油价格，增加了成员国收入。另一方面，该组织的行动使石油进口国的国际收支平衡以及经济发展受到了不利影响。随着经济全球化进程及新能源技术的发展，欧佩克的作用及垄断地位趋于削弱。

第四节 矿 产 价 格

一、均衡价格

经济学认为，商品的价格主要由其需求量与供给量来决定。

如前所述，商品的需求与供给对价格的影响作用是相反的。在完全竞争市场条件下，若供给量超过需求量或称供给过剩，则供给者之间的竞争会将价格压低；而价格下降，则促使供给量减少，需求量增加。若需求量超过供给量或称需求过剩，则需求者之间的竞争会将价格抬高；而价格上升，则导致需求量减少，供给量增加。这样，商品的需求、供给与价格相互影响，此消彼长，直至最终需求与供给二者对价格的作用均等，需求量与供给量达成一致，商品的价格水平趋于稳定。此时的市场称为处于均衡状态，相应的商品价格称为均衡价格，相应的商品供需量称为均衡量。

在供需曲线图上，均衡状态对应于需求曲线与供给曲线的交点，其纵坐标与横坐标的对应值即分别是均衡价格与均衡量。譬如，若表3-1 和表 4-1 分别为同一商品的需求表和供给表，则将其中的价格与供需量数据（如表 5-1所示）绘制于价格—供需量坐标系中，便可以得到该商品市场的均衡价格为 3 和均衡量为12，如图 5-1 所示。

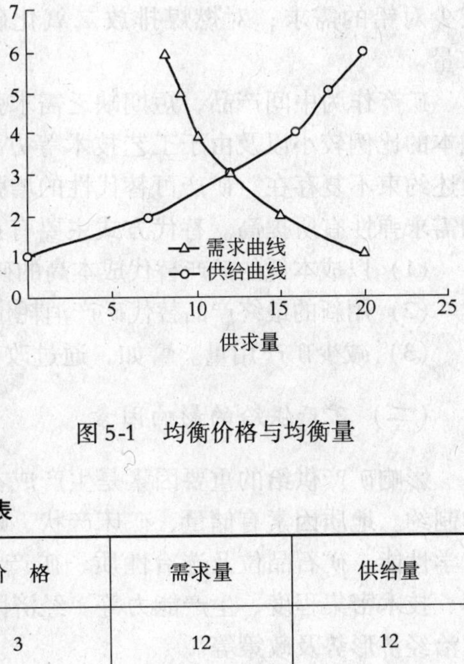

图 5-1 均衡价格与均衡量

表 5-1 供需表

价 格	需求量	供给量	价 格	需求量	供给量
6	8	20	3	12	12
5	9	18	2	15	7
4	10	16	1	20	0

二、矿产供需的影响因素

矿产价格是当矿产在市场上交换时确定的。矿产定价的基本形式有：

（1）市场竞争定价，即根据市场供需状况，达成买卖双方皆满意的价格，或者由生产者与消费者双方通过谈判制定价格。

(2) 生产者定价，即由矿产生产的垄断者或者寡头按照自己的效益目标制定价格。

无论哪种形式的定价，都受矿产市场供需关系的制约，只是影响程度的不同而已。因此，为分析矿产价格，首先需要分析矿产需求与供给的变动规律。

(一) 矿产需求的影响因素

矿产品作为生产资料，其需求与工业生产密切相关。因此，人们常以国民生产总值或者工业生产总值预测矿产需求。此外，矿产需求的变动还有如下规律性：

(1) 矿产新应用领域的研究成果，譬如，新合金的研制，趋于增加对有关矿产的需求。

(2) 制造工艺技术的改进，趋于降低有关矿产的比消耗。譬如，电镀较热镀减少锡的比消耗。因此，技术进步减少对有关矿产的需求。

(3) 替代品影响矿产的消费。

(4) 消费习惯对某些矿产的需求有影响。譬如，随着化妆品消费量的增加，对铋的需求量亦相应地增长。

(5) 法律、政策等影响矿产需求。譬如，环境保护政策要求使用无铅汽油，因而减少对铅的需求；对燃煤排放二氧化硫、粉尘的限制，影响对煤、石油及天然气的需求量。

矿产作为中间产品，短期缺乏需求弹性。这是因为，矿产占与其有关的最终产品生产成本的比例较小以及由于工艺技术等方面的原因而使矿产缺乏可替代性。但就长期而言，上述约束不复存在。矿产可替代性的增强和技术的进步，趋于使矿产的长期需求弹性较短期需求弹性有所提高。替代方式主要有：

(1) 以成本低的矿产替代成本高的矿产。譬如，在高压输电工程中，以铝线替代铜线。

(2) 用新的最终产品替代矿产消耗量大的最终产品。譬如，以卫星通信替代有线通信。

(3) 减少矿产用量。譬如，通过改变永久磁铁的构成，可以降低钴的使用量。

(二) 矿产供给的影响因素

影响矿产供给的重要因素是生产成本，而矿产成本又受地质、技术和经济等方面因素的制约。地质因素有储量、矿床产状、赋存深度、规模、地质构造、水文地质、矿岩工程力学性能、矿石品位及选冶性质、矿产共伴生情况等。技术因素包括采选技术水平、效率、技术密集程度、生产能力等。经济因素包括资金来源、矿区基础设施、法律法规以及政治经济形势及政策等。

影响矿产供给的另一个重要因素是矿产储备，包括商业储备和战略储备。商业储备可以处于矿业生产与交换的各个阶段。譬如，在采选企业，常有精矿储备；在冶炼厂，可能储备精矿亦可能储备金属，或者兼而有之；在加工制造工厂，一般有一定量的金属储备。商业储备的原因，可以是生产对原料的需求，也可以是运力不足，还可以是为了等待有利的市场行情。

另一种重要的商业储备场所是矿产交易市场，这样的储备对矿产市场起着重要的调节与稳定作用。矿产储备量受货币利率的影响，高利率趋于减少矿产储备。当然，对于特定的矿产生产与销售环节，常有一个技术要求的最小储备量。只有超过这个最小量的储备，才对矿产市场及价格产生影响。

战略储备是国家政府出于政治、国防、长远发展等因素的考虑而实施的储备。美国是实施战略储备政策最早、储备矿产品种最多、数量最大的国家。主要的战略储备矿产有铬、锰、镁、锡、钨、锑、钴、石油等。

近年来，随着全球生态环境及气候的变化，新能源及信息技术的发展及应用正在成为世界各国的关注热点之一。相应地，能源关键矿产，包括稀土矿产、铂族元素、光伏材料以及氦、锂、镍、银、铼等元素矿产，在各国社会经济发展中的作用及地位日益凸显，正在成为有关国家竞相储备的战略矿产。美国自2008年起，国防储备中心不再商业出售铱、铌、铂、钽、锡、锌等6种材料，也减少了其他9种储备材料的商业销售。我国于1991年，将钨、锡、锑、离子型稀土等矿产列为国家实行保护性开采的特定矿种；2010年起，除原有的稀土、钨和铟外，锑、钼、锡、锗、镓、钽和锆等7种元素纳入国家储备计划；2010年起，对高铝黏土矿、萤石矿开采实施总量控制指标。

战略储备对矿产市场及价格亦有一定程度的影响。

矿产废旧利用及循环水平亦是影响矿产市场及价格的因素。废旧利用及循环有以下效应：

（1）增加矿产供给；

（2）消减世界贸易量，因为废旧利用主要在矿产消费国进行；

（3）保护矿产资源；

（4）减轻环境污染；

（5）节约能源消耗。

废旧利用源包括矿浆、炉渣、粉尘、加工碎料、废旧包装、废旧车辆、设备与器械等。废旧利用水平依赖于所论矿产的应用领域和消费增量。例如，铅可以方便地从蓄电池中得到回收，而镀锡则较难以回收。再如，铝的需求量日益增长，所以其回收量占总消费量的比例相对较小。

三、矿产竞争价格

矿产尤其是金属矿产的规格通常是标准化的，以便于在市场上进行交易。矿产交易所是重要的矿产市场之一，它的矿产价格属于竞争价格。世界矿产市场上的重要交易所包括：

（1）伦敦金属交易所（LME）。该交易所成立于1876年，交易的主要矿产有精铜条和电解铜，含量99.90% Cu + Ag；标准锡板和锡锭，含量99.75% Sn；高级锡板和锡锭，含量99.85% Sn；铅锭，含量99.9% Pb；标准锌条，含量98.00% Zn；纯银条，含量99.90% Ag；纯铝锭，含量99.50% Al；纯镍（电解镍），含量99.80% Ni；此外，还有黄金。

伦敦金属交易所的矿产交易是通过标准合同实现的。交易的形式有两种，即现货交易和期货交易。前者当时付款，即时交货；而后者则是签订合同3个月或者6个月之后付款交货。

（2）纽约金属交易所（COMEX）。该交易所成立于1933年7月，主要服务于美国的矿产生产者与消费者。交易的矿产有铜、金、锌和银，以期货交易为主，合同期可以长达14个月。

此外，还有吉隆坡金属交易所（KLCE）、温尼伯金属交易所（WCE）、悉尼期货交易所（SFE）、新加坡黄金交易所（GES）、香港金属交易所（HCE）等矿产交易市场。

随着社会主义市场经济体制的建立，我国近年也先后成立了若干矿产交易市场，包括深圳有色金属交易所、上海金属交易所、上海煤炭交易所、秦皇岛煤炭交易所、大庆石油交易所等。

矿产交易市场不但能够提供一种竞争价格，而且可以起到稳定矿产价格的作用。一般认为，期货价格稍低于现货价格是市场稳定的标志。

四、垄断价格

垄断价格主要是指生产者价格，它是由垄断生产者或者寡头生产者出于谋取高利而确定的价格，一般高于竞争价格。虽然如此，消费者也可能由于生产者价格相对稳定以及购货合同期限较长而获益。但是，过高的生产者价格则趋于导致消费者寻求替代品，减少对有关矿产的需求。

生产者价格受矿产质量的影响较大。例如，利比亚的低硫石油的生产者价格会高于委内瑞拉的高硫石油的生产者价格。再如，南非的铬精矿价格可能不同于前苏联的同类矿产价格，因为二者的纯度通常存在差异。

第五节　矿产市场预测

市场预测是运用科学的方法，对影响市场供需变化的诸因素进行调查研究，分析和预见其发展趋势，掌握市场供需变化的规律，为投资、生产及经营决策提供依据。

矿产市场预测是矿业经济决策过程中的一个重要步骤。预测的目的在于分析矿产市场经济变量间的相互关系及影响因素、评估因素的变化对市场的潜在作用以及预测矿产市场的未来状态。譬如，矿产厂商或者金融机构在进行投资决策时，需要预测有关矿产的未来需求、成本和价格；政府部门在制定矿产储备、矿产开发利用以及资源与环境保护等方面的政策时，需要分析这样的政策对矿业经济系统运行的影响与作用。

市场预测方法大致可以分为定性预测和定量预测两大类。定性预测是指不依托数学模型的预测方法，在预测对象的影响因素难以用数学方法或其他定量方法予以模拟时，预测者可以凭借相关业务知识、经验和综合分析的能力，运用已掌握的历史资料和直观材料，对事物发展的趋势、方向和重大转折点等作出估计与推测。此类方法的特点是可以较好地考虑法律法规、政策、技术变化等因素对市场行为的影响，但是缺乏定量方法的严密性。

定量预测法是根据比较完备的历史和现状统计资料，运用数学方法对资料进行科学的分析、处理，找出预测目标与其他因素的规律性联系，从而推算出未来的发展变化情况。定量预测的优点是，预测结果较精确，克服了定性分析的不足；缺点是对数据的质量要求高，要求外界环境和各种主要因素相对稳定，当外界环境或某些主要因素发生突变时，定量预测结果会出现较大的误差。定量预测法又主要分为两大类：一类是时间序列分析法；另一类是因果关系分析法。

一、定性预测方法

常用的定性预测方法有经验判定法、专家意见法、德尔菲法、调研判定法及主观概率法等。

（一）经验判断法

经验判断分析法是集合企业内部经营管理人员、业务人员等的意见，根据他们的经验和判断共同讨论市场趋势而进行市场预测的方法。由于经营管理人员、业务人员等比较熟悉市场需求及其变化方向，他们的判断往往能反映市场的真实趋向。

（二）专家意见法

专家意见预测法是以专家有创造性的逻辑思维来获得未来信息的一种方法。专家预测属于直观预测范畴，简单易行，是较为常用的一种方法，至今为止在各类预测方法中仍占有重要地位。最大优点是，在缺乏足够统计和原始资料的情况下，可以作出定量的估价。专家意见预测法包括专家个人判断预测法和专家会议预测法。

（三）德尔菲法

德尔菲（Delphi）预测法是在专家个人判断和集体判断方法的基础上发展起来的一种定性预测方法。德尔菲法是一种专家调查法，但它与其他专家判断方法有所不同，它是以预先选定的专家作为征询意见的对象，预测小组以匿名的方式函询征求专家的意见，然后将收集到的专家意见汇总整理，再作为参考资料发给每个专家，供他们分析、判断、提出新的论证。如此多次反复，专家的意见逐步趋于一致，结论的可靠性也随之增大。

（四）调研判定法

调研判定预测法是以市场实地调查获得的资料为基础，经分析判断，推算市场未来需求（销售）量的预测方法。常用的推算方法有市场测试法、市场因子推演法、联测法、购买者意向调查法等。

（五）主观概率法

主观概率法是指利用主观概率对各种预测意见进行集中整理，得出综合性预测结果的方法。常用的主观概率法有，主观概率加权平均法和累计概率中位数法。主观概率加权平均法是以主观概率为权数，对各种预测意见进行加权平均，求出综合性预测结果的方法。累计概率中位数法是根据累计概率，确定不同预测意见的中位数，对预测值进行点估计的区间估计方法。

二、时间序列分析法

时间序列分析法是通过对时间序列的研究，运用科学方法建立预测模型，使市场现象的数量向未来延伸，预测市场现象未来的发展变化趋势，确定市场预测值。在时间序列市场预测中，必须研究分析市场现象变化的新特点。这样才能对市场现象作出既延续其历史变化规律，又符合其现实表现的可靠的预测结果。正是由于时间序列分析法的这一特点，一般来说，它比较适用于短期和近期市场预测。应用时间序列法作为长期市场预测，则需要考虑得更周到，只有当肯定市场现象在中长期内发展变化的规律与其过去和现在基本一致，或对预测期现象的新特点能够确定的条件下，才可以应用。

时间序列预测分析法主要有移动平均法、指数平滑法、博克斯-詹金斯（Box-Jenkins）预测法，还包括趋势延伸预测法、季节变动预测法、自适应过滤预测法等。

（一）移动平均法

移动平均预测法是对时间序列观察值由远及近按一定跨越期计算平均值的一种预测方法。移动平均法的准确程度主要取决于平均期数或移动步长的选择。一般通过试验加以比较后选定。移动平均法适合于既有趋势变动又有波动的时间序列。移动平均的具体方法有一次移动平均法、二次移动平均法、加权移动平均法。

一次移动平均法是指由连续移动形成的各组数据，用算术平均法计算各组数据的移动平均值，并将其作为下一期预测值。用公式表示为：

$$\hat{X}_{t+1} = M_t^{(1)} = \frac{X_t + X_{t-1} + \cdots + X_{t-n+1}}{n} \tag{5-1}$$

式中 $\hat{X}_{t+1}$——下期预测值；

$M_t^{(1)}$——第 t 期的一次移动平均值；

X_t——第 t 期的观察值；

n——数据的个数，也即移动平均期数。

二次移动平均法是对时间序列的一次移动平均值再进行第二次移动平均，利用一次移动平均值和二次移动平均值构成时间序列的最后一个数据为依据建立线性预测模型进行预测。二次移动平均值的公式为：

$$M_t^{(1)} = \frac{X_t + X_{t-1} + \cdots + X_{t-n+1}}{n} \tag{5-2}$$

$$M_t^{(2)} = \frac{M_t^{(1)} + M_{t-1}^{(1)} + \cdots + M_{t-n+1}^{(1)}}{n} \tag{5-3}$$

式中 $M_t^{(1)}$——第 t 期的一次移动平均值；

$M_t^{(2)}$——第 t 期的二次移动平均值；

n——计算移动平均值的跨越期。

二次移动平均预测法的预测模型为：

$$F_{t+T} = a_t + b_t T \tag{5-4}$$

$$a_t = 2M_t^{(1)} - M_t^{(2)}$$

$$b_t = \frac{2}{n-1}(M_t^{(1)} - M_t^{(2)})$$

式中 T——向未来预测的期数；

a_t——截距，即第 t 期现象的基础水平；

b_t——斜率，即第 t 期现象单位时间变化量。

加权移动平均法是对市场现象观察值，按照距离预测期的远近，给予不同的权数，并将其按加权计算的移动平均值，以移动平均值为基础进行预测的方法。加权移动平均法的公式为：

$$F_{t+1} = \frac{W_t X_t + W_t X_{t-1} + \cdots + W_t X_{t-n+1}}{\sum W_t} \tag{5-5}$$

式中 F_{t+1} ——加权移动平均预测值；

X_t ——时间序列中第 t 期观察值；

W_t ——移动平均的权数；

n——计算移动平均值的跨越期。

（二）指数平滑法

指数平滑法是用过去时间序列的加权平均数作为预测值，它是加权移动平均法的一种特殊形式，这种方法克服了移动平均法的缺点。

一次指数平滑法也称为简单指数平滑法，它适用于无趋势、无季节性变动的平稳时间序列的短期预测。一次指数平滑法中平滑值的计算公式为：

$$S_{t+1}^{(1)} = S_t^{(1)} + \alpha(X_t - S_t^{(1)}) \tag{5-6}$$

式中 α ——平滑常数（$0 \leqslant \alpha \leqslant 1$）；

$S_t^{(1)}$ ——第 t 期的一次指数平滑值；

X_t ——第 t 期的实际观察值。

一次指数平滑法的预测公式为：

$$\hat{X}_{t+1} = S_{t+1}^{(1)} = \alpha X_t + (1 - \alpha) S_t^{(1)} \tag{5-7}$$

二次指数平滑法是指对市场现象实际观察值计算两次平滑值，并在此基础上建立预测模型，对市场现象进行预测的方法。二次指数平滑可以采用两个预测模型：一个是布朗单一参数线性指数平滑模型；另一个是霍尔特双参数线性指数平滑模型。它们都适用于存在线性长期趋势但无明显季节性变动的时间序列的短期预测。

（三）博克斯-詹金斯法

博克斯-詹金斯法（Box-Jenkins）是由博克斯（G. Box）和詹金斯（G. Jenkins）提出的一套比较完善的时间序列建模理论和分析方法。它通过经典的数学方法建立随机模型，如自回归模型、自回归移动平均模型、求和自回归移动平均模型和季节调整模型等，进行时间序列的预测。由于大量的时间序列是非平稳的，其特征参数和数据分布随着时间的推移而发生变化，因此，仅仅通过对某段历史数据的训练，建立单一的神经网络预测模型，还无法完成准确的预测任务。为此，人们提出了基于统计学和基于精确性的再训练方法，当发现原有的预测模型不再适用于当前数据时，对模型重新训练，获得新的权重参数，并在此基础上建立新的模型。当数据量很大时，也可以根据问题规模的不同采用并行算法进行处理。此外，如果数据之间显示有较强的自相关关系时，往往会采用自回归模型进行模拟及预测。除了回归关系之外，还可以用移动平均法及自回归移动平均模型等来进行预测。不管怎样，无论自回归还是移动平均，都可以依据博克斯-詹金斯法的基本逻辑进行模型的拟合与预测。

市场对象的发展变化是受很多因素影响的，运用时间序列分析法进行预测，实际上是将所有的影响因素归结到时间这一因素上，只承认所有影响因素的综合作用，并认为在未来对预测对象仍然起作用，而未去分析探讨预测对象和影响因素之间的因果关系。因此，为了求得能反映市场未来发展变化的精确预测值，在运用时间序列分析法进行预测时，必须将定量的分析方法和定性的分析方法结合起来，用定性的方法充分研究各种因素与市场的关系，在此基础上确定预测值。

三、因果关系分析法

因果关系分析法是根据经济变量之间存在的因果关系，利用相应的数学模型进行预测的方法。这类方法可以识别市场发展变化的因果关系，因而能够较好地预测未来情况，尤其是预测可能的突变点。典型的因果关系分析法有回归分析法和经济计量法。

（一）回归分析法

回归分析法是在掌握大量观察数据的基础上，利用数理统计方法建立因变量与自变量之间的回归关系函数表达式，来描述它们在数量上的平均变化关系的方法。根据自变量个数的多少，回归分析可分为一元回归分析和多元回归分析。根据原始数据分布趋势，回归分析又可分为线性回归分析和非线性回归分析。

多元线性回归方程式为：

$$\hat{Y} = b_0 + b_1x_1 + b_2x_2 + \cdots + b_mx_m \tag{5-8}$$

式中 b_0——常数项；

b_i——斜率回归系数，$1 \leqslant i \leqslant$ m。

与一元线性回归分析相同，常数项 b_0 和回归系数 b_i 也可以根据最小二乘法原理进行估计。

一般对自变量与因变量之间具有非线性关系的预测问题，大多可以化为线性回归问题来建立方程，使问题得到解决。其具体步骤为：

（1）分析自变量和因变量的历史数据及其图形的规律性，选择合适的曲线方程。

（2）引入新的变量，经变量代换将所选的曲线方程线性化。

（3）按线性回归分析方法确定方程中各系数，并建立直线回归方程，然后将其反推回非线性方程的原形式。

（4）进行模拟并预测。

（二）经济计量法

市场预测领域中社会经济因素往往是相互关联的，单个模型预测往往达不到理想的预测效果，解决的办法是拟合联立方程组模型来较单个方程模型更全面地描述市场现象，以求更理想的预测效果。经济计量法，是在以经济理论和事实为依据的定性分析基础上，利用数理统计方法建立一组联立方程式，来描述预测目标与相关变量之间经济结构及行为的动态变化关系的方法。这组联立方程式称为经济计量模型。

应该指出，经济自身是一个受政治、法律、社会、技术等众多因素影响的复杂系统。

因此，对其行为的精确预测是相当困难的，即使是综合采用各种预测方法，也未必十分奏效。尽管如此，无论是厂商抑或是政府机构的决策者，在进行决策时，都必须利用某种方法进行预测，别无选择。

思 考 题

（1）　分析矿产市场的一般特征及价格形成机制。

（2）　分析矿产卡特尔形成的主要条件及影响。

（3）　分析某特定矿产的市场及价格规律与特征。

第六章　矿产资源资产评估

第一节　资产与矿业权

一、资产与矿产资源资产

资产是会计学中的概念，在经济学中资产被定义为资本、财富，在法学中资产被表达为财产权。资产指可以用货币计量，能够在社会经济运营中为其所有者、控制者带来收益的经济资源。按资产存在的形态，可分为有形资产和无形资产。有形资产包括资源资产（土地、矿藏、森林、湖海等）、固定资产（厂房、机器、设施等）、流动资产（原材料、在产品、产成品、现金、银行存款等）、专项资产和在建资产等。无形资产包括专利权、著作权、商标权、租赁权、土地使用权和特许权等。

矿产资源资产是一种资源性资产，属有形资产。矿产资源资产与矿产资源有所区别。矿产资源是指一切非生物、非再生的自然资源，包括矿物燃料、金属和非金属矿物，反映的主要是矿产资源的自然及客观属性；而矿产资源资产则是经过地质勘查并达到工业开发利用要求、且具有所有权属性的矿产资源，这部分矿产资源可以作为生产要素投入到矿业生产经营或交换活动中，实现增值，为其所有者和投资者带来收益。

二、矿产资源资产特点

（一）自然属性的不可改变性

矿产资源是在数十亿年漫长的历史时期中经过各种地质作用而形成的，它的形成不依附于人类的出现和人类的活动。对于作为资产的矿产资源，虽然对其投入了地质勘查劳动与试验研究，并取得了系统的资料以圈定出具有开发利用价值的那一部分，但并未改变矿产资源本身的自然属性（矿物成分，物理、化学性质，空间形态、原始数量等）。与性质相近的同样是自然资源的土地相比，矿产资源的这种自然属性的不可改变性比较明显。对于土地，人们可以通过施肥轮作等措施改变土壤的成分和土地的肥力，通过灌溉改变其物理性质等。而对矿产资源，人类只能认识它，开发利用它，不能改变其自然属性。并且在开采加工过程中往往造成质量的下降（岩石混入产生贫化）和数量的丢失（采矿损失，选矿、冶炼中有用成分的流失）。

（二）不可再生性和耗竭性

矿产资源是一种自然资源，但它不像森林、鱼类等自然资源那样，采伐、捕捞之后可以自然再生，可以人工种植、养殖，矿产资源开采后不能再生。矿产资源也不像土地资源那样，使用之后可以恢复，能够循环再用；矿产资源采完之后即不复存在。矿产资源的这种不可再生性和耗竭性，使得矿产资源成为有限的、稀缺的资源，从而对其价值评估产生影响。

（三）不确定性和风险性

矿产资源资产虽然是经过地质勘查达到了工业开发利用要求的资源，但对其数量、质量、产状和相关因素的认识，仍然具有相当程度的不确定性，这种不确定性使得矿产资源资产投入生产经营具有较大风险性。不确定性和风险性给矿产资源资产评估工作增加了困难，并影响评估结果的可靠性。

（四）价值的差异性和相关因素的复杂性

矿产资源资产因矿种不同，价值相差很大；即使同一矿种，因其质量属性（品位）不同，价值也有很大差别。矿产资源资产的价值，不仅取决于本身的自然属性，而且还取决于围岩的工程性质、地质构造、水文地质、地表地形、供水供电、交通运输和矿区经济条件等众多因素。这些因素都影响矿产开发投入的多少和生产成本的高低，从而影响收益的大小，因而使得矿产资源资产评估工作甚为复杂。

（五）国家所有性

我国和一些国家在宪法或相关法律中都规定，矿产资源属全民或国家所有。这一性质决定了矿产资源资产本身不能以实物形式进行交易，即任何单位或个人都不能出售、购买矿产资源。为了实现矿产资源的勘查、开采，国家依法、有偿出让或者授予某些单位（或个人）以矿产资源使用权，即授予矿业权人以探矿权、采矿权，并允许矿业权依法流转。

三、矿业权的资产属性

矿业权是指依法赋予矿业权人在规定范围内对矿产资源进行矿产勘查和采矿的权利。在我国，矿业权分为探矿权和采矿权。探矿权是指在依法取得的勘查许可证规定范围内，进行矿产资源勘查的权利。获得此权利的单位或个人称为探矿权人。采矿权是指在依法取得的采矿许可证规定范围内，开采矿产资源和获得所开采的矿产品的权利。获得此权利的单位或个人称为采矿权人。矿业权是矿产资源所有权派生出的他物权。一般认为，矿业权应属无形资产的范畴，并以矿业权所属范围内的矿产资源为依托。在我国，矿产资源归国家所有，矿业权赋予矿业权人的是矿产资源的使用权而非所有权，矿业权的转让也只是矿产资源使用权的转让。

矿业权资产的特点是必须依托于相应的矿产资源，矿业权的价值主要取决于使用该矿产资源可能获得的收益。矿业权的评估，特别是采矿权和高精度勘查阶段探矿权的评估，与矿产资源资产评估在原理和方法上基本上是一致的，而低精度勘查阶段探矿权的评估，由于已取得的地质信息量较少，其所依托的矿产资源实体介于“有、无”之间、“大、小”不定的状态，主观推断多、勘查风险大，因而评估基础薄弱，难度大，评估方法有若干特别之处。

第二节　矿产资源资产评估概念

一、资产评估

资产评估就是估算资产某一时点价值的经济决策及活动过程。在我国，资产评估必须由有资格的评估机构，按照规定的程序，根据有关的法律和规定进行。资产评估机构的评估具有公正性和鉴证性，在评估中必须遵循独立性、客观性、科学性的工作原则。资产评估作为市场经济的中介环节和资产业务的服务项目，具有多种目的，主要有：资产保全、产权变动、资产买卖、贷款抵押、股票上市、公平税负、破产清算、财产诉讼、资产管理和咨询服务等。要根据不同的评估目的和不同的资产，采用不同的评估标准和相应的评估方法。在资产评估中要合理选定一个评估基准日，被评估资产的价格就是以该基准日为时点的资产价格。资产评估工作对资产价值的量化具有估算性和预测性，由于评估对象的复杂性和相关因素的不确定性，评估结果不可能精确到无误差的程度。

二、矿产资源资产评估内涵

我国在计划经济时期，对矿产资源的勘查和开采，是依照国家计划，由地质矿产部门和有关工业部门组织实施。地质勘查单位按照国家计划进行矿产勘查，经费由国家拨付，获得的储量上交国家。矿山企业依照行政划拨无偿取得采矿权。在这种矿业运行机制下，没有必要进行矿产资源和矿业权价值评估。改革开放以来，相继提出矿产资源有偿使用、矿产资源资产化管理和矿业权流转问题。1996 年修订的《矿产资源法》规定：“国家实行探矿权、采矿权有偿取得制度”，并规定探矿权、采矿权可以依法流转。这种新的矿业运行机制和我国社会主义市场经济体制必然要求对矿产资源和矿业权进行价值评估。

矿产资源资产评估，就是由依法取得矿产资源资产评估资格的机构对经过矿产勘查并达到工业开发利用要求的矿产资源的价值进行科学评定和估算。矿产资源资产评估是矿产开发、规划、核算和管理中一项重要的基础工作。具体说来，矿产资源资产评估的主要目的在于：为了维护国家对矿产资源所有权的权益；为了推行和完善矿产资源有偿使用制度，给资源补偿费与矿产资源税的征收和公平税负提供依据；为了将矿产资源的拥有量和消耗量纳入国民经济统计核算体系，将矿产资源的实物量转换为货币形态的价值量，这样才能从国民经济统计核算体系中反映经济增长与矿产资源消耗的数量关系，并反映国家拥有的矿产资源数量和经济潜力；为了对矿产资源实行资产化管理，以及满足对矿产资源的开发利用进行管理的需要等。

矿业权评估是指由依法取得矿业权评估资格的评估机构，依照国家有关法律和规定，对矿业权的价值进行评价估算。对国家出资形成的矿业权的评估结果，必须由国务院地质矿产主管部门对其进行审查和确认。矿业权评估的主要目的在于：为国家有偿出让矿业权提供价值依据；为矿业权转让方和受让方提供矿业权价格依据；当矿业企业（矿山、矿业公司、地勘公司等）发生重组、兼并、分设、收购、合作经营、合资经营等市场行为时，必须对有关各方涉及的矿业权进行评估，为各方与矿业权有关的权益得到公平合理的体现与保护提供价值依据；当矿业公司以矿业权为依托在证券交易所上市时，必须对涉及的矿业权进行评估，这是公司法、证券交易上市条例等有关规定所要求的，否则，矿业公司无法上市。在上市以后，若矿产地有重要发现或矿业权有重要变更，需要对矿业权重新评估；当矿业企业以矿业权为抵押向银行或其他金融机构申请贷款时，必须对作为抵押物的矿业权进行评估；矿业权评估可以为矿业企业的发展规划、投资决策和经营管理提供依据，为政府对矿业权市场的调控和矿业政策的制定提供参考。

第三节　矿产资源资产评估理论与方法

矿产资源资产和矿业权评估理论，主要包括对矿产资源和矿业权价值的认识，对矿产资源与矿业权价值影响因素的分析和对矿产资源和矿业权价值的估算方法。

一、国外评估理论与方法

发达的市场经济国家普遍认为矿产资源是一种资产。美国的纽南称矿产资源是“耗减而非折旧的资产”；英国的汉弗莱斯按普通经济学理论把矿产资源划为“固定资产”，并认为应以“纯流动收入的形式来估价”；加拿大的哈米尔顿认为自然资源是一种有形资产，对可耗竭资源如矿产资源，其价值是矿产开发预期净收益的现值。

关于矿产资源价值的问题及估算方法，早在1848年，穆勒在《政治经济原理》一书中就做过相关讨论。他认为：“各种采自地球内部的原料（金属、煤、宝石等）都是从贫富程度颇不相同的矿山得到的，……不仅最好的矿山产品的价值与生产成本成正比，在最坏的矿山也是这样。所有矿山，只要在产品上优于实际开采的最坏矿山，就会产生等于超额产品（excess）的租金。而且，需求状况也会使得矿产品的价值大大高于现在开采的最坏矿山的生产成本。”1890年，马歇尔在《经济学原理》中提出：“矿产供应的边际价格除了包括开采矿山的边际费用以外，还包括矿区使用费。”1918年，G. 卡塞尔（G. Cassel）在他所著的《社会经济理论》一书中就谈到：“矿山现有矿石储量不能一下子全部采出，采矿工作必须在很长的时期内逐步进行。因此，矿石总量的价值并不完全等于总量与单价的乘积。必须按照现行利率把未来要得到的矿石价值折算成现值；换句话说，总资产的价值是在矿山开采期间逐渐得到的全部矿量的现值。”1877年，H. D. 霍斯科尔德（H. D. Hoskold）在《工程师评估助手》一文中，提出以贴现现金流为基础的双利率（投资收益率、无风险利率）评估方法，评估探明储量的矿产资源。其依据是计算年金（矿山年利润）的时间价值，并根据矿山储量消耗及其他因素进行调整。20世纪50年代前，这种方法曾广为应用。

B. W. 麦肯齐认为：净现值代表矿床内在的经济价值，即代表那种与矿产转化过程有关的价值，净现值的评估可有效地用于买卖矿床，或用于签订开发协议。他把地质储量、地质品位和金属价格的乘积叫做矿床的“原地毛值”，但这个“原地毛值”往往给人以虚假的矿床经济价值印象。他认为：从原地毛值中扣除采矿和选矿损失，以及熔炼和精炼费用之后，可以得到在冶炼厂评价的矿床的精矿可能实现的潜在收益的估算值，再扣除由选厂至炼厂的精矿运输成本，得到“矿山现场收益”的估算值。“矿山现场收益”是开发矿床现金流量计算的上限，从中逐年扣除有关的投资和经营费的估算值，便得到税前净现金流的分布。扣除税负，得税后净现金流分布。最后，扣除与投入该工程的开发基金有关费用的摊销，并将税后净现金流贴现到矿山开发之初，即得到矿床的净现值。

联合国专家小组确认了对自然资源资产进行估价的两个原则：

（1）自然资源在市场流通中产生价值；

（2）采用对即将计价资产未来收益流转的贴现价。对矿产资源的估价提出“用开矿或采掘业的投资者期望”的收益计算。他们认为，矿产资源资产的再估价一定是基于下列原因：

（1）大量的新资源发现；

（2）技术进步使可开发储量有所增加；

（3）市场形势发生变化。

矿业经济活动的实践，推动着矿业权评估理论与方法的发展，特别是以矿业权为依托的矿业公司、地勘公司的股票上市，要求采用更加科学合理和更有说服力的矿业权评估方法。对于探矿权的评估，1990 年基尔伯恩提出了“地质工程法”，在温哥华和多伦多股票交易所招股说明书中被广为采用，不久被修改为“地学指数法”，在澳大利亚证券交易所的招股说明书中采用。广泛用于采矿权评估的 DCF 法，随着计算机的应用，建立了其财务评价模型，并对该方法应用中重要参数的确定和预测进行了大量研究。证券业中收益与风险理论的进展和资本资产定价模型的建立，也为矿业权评估中合理确定折现率等参数提供了依据。

美国内政部矿产资源管理专家徐淮在“美国矿政管理”讲座中谈到：矿产价格评估方法主要有三种：

（1）综合费用法，为勘查、探矿费用与应有利润之总值；

（2）比较市场法，以比较市场上买卖同类矿产价格比较决定；

（3）现值法，实际是净现值法。

1995 年，澳新矿冶协会（AusIMM）提出了一个矿产资源及石油资产与证券的技术评估与评价规范（VALMIN Code），目的是为优良职业实践提供一套基本原理和支撑建议，有助于独立专家准备报告，公开评估或评价矿产资源及石油资产和证券，做到评价结果可靠、全面、易懂，并且包含投资者及其顾问进行投资决策所需要的实质性信息。VALMIN Code 的宗旨包括实质性、胜任性、独立性和透明性，内容涉及技术与评价报告目的及类型、评价专家资质、评价方法、委托者责任、报告条款及内容等。评价专家不受委托人影响，独立决定所采用的评价方法。经过 1998 年版，目前的 2005 年版 VALMIN Code 得到了澳大利亚地质学家协会（AIG）、澳大利亚证券交易所（ASX）、澳大利亚证券与投资委员会（ASIC）、矿业咨询师协会（MICA）、澳大利亚矿产理事会（MCA）、澳大利亚证券学会（SIA）等机构的支持。

2003 年，加拿大矿冶协会（CIM）提出了一个矿产资源资产评估标准及指南（CIMVAL Standards and Guidelines），建议在矿业界及加拿大证券规制和股票交易业采用。CIMVAL 认同，选取具体评估方法的责任在于评估者，根据评估原因及目的而定。CIMVAL 参考了 VALMIN Code，在矿产资源资产评价方面拓展了加拿大证券管理委员会（CSA，省际证券委员会协会）的矿业项目信息披露标准 NI43-101。CIMVAL 将矿产资源资产分为勘探资产、资源资产、可行资产、生产资产等，评价方法包括收益法（现金流法、期权定价法、蒙特卡罗法、概率法等）、市场法（可比交易法、期权协议法等）和成本法（估值法、勘探支出法、地学要素法）等三类。

2007 年，南非矿冶协会、南非地质学会联合提出了一个矿产资源资产评价报告规范（The SAMVAL Code），为固体矿产（不含石油、天然气、水）的资产评价的公开报告提供了最低标准，允许一定的灵活性，以考虑有效的专业判断和特定的区域条件。SAMVAL Code 考虑了实质性、胜任性和透明性等三项原则，将矿产资源资产分为勘探资产、可行资产、生产资产、休眠资产和枯竭资产等，认同了基于使用价值的现金流法、基于买卖意愿的销售比较法和基于历史支出的成本法等三类方法。

二、国内评估理论与方法

我国有关矿产资源资产和矿业权评估的理论研究，起步较晚，但进展甚快。谈到矿产资源资产和矿业权评估理论，首先涉及矿产资源价值的问题。在这一问题上，国内存在着诸多看似不同的观点。李金昌等认为："资源（包括未经人类劳动参与、未进入市场交易的天然的资源）都是有价值的，""自然资源的价值包括两个部分：一是自然资源本身的价值，即未经人类劳动参与的天然产生的那部分价值；二是基于人类劳动投入所产生的价值。"另一些学者认为：天然存在的自然资源，不是劳动产品，本身没有价值。

对此，陶树人归纳出五种观点：

（1）矿产资源既无价值，也无价格；

（2）矿产资源本身无价值，只有处于开采状态并使之变为商品时才有价值；

（3）矿产资源没有价值，但有价格；

（4）矿产资源既有价值又有价格；

（5）矿产资源的价值是由矿产资源本身的价值和人类劳动投入产生的价值两部分组成。

李祥仪认为，矿产资源是在远远先于人类历史的漫长的地质年代中由地球的地质作用形成的，它的形成与存在完全不依附于人类的存在与否，没有任何人类的活动参与其中。因而，处于原始状态的矿产资源不具有劳动价值学说中所谓的由人类劳动所创造的价值。但是，当人类社会发展到一定阶段时，当人类掌握了某些矿产开发利用的技术和知识时，这些矿产就具有了潜在的使用价值。之所以要在使用价值之前加上潜在的限定词，是因为矿产不具有拿来就用的性质，必须经过勘查、开采、加工等生产过程才能为人类所用。例如，金属矿产资源，经过勘查、开采和冶炼之后，才能成为可用的金属材料。这样，经过人类的劳动，把矿产的潜在的使用价值，变成了现实的使用价值。矿产资源的这种潜在的使用价值是怎样产生的？在地球的地质运动中，由于能量的转换和某些成分的富集，形成了矿产。如煤、石油的生成，归根结底是太阳能的能量转换和地球地质作用的结果。但地质运动只形成了矿产物质本身，只赋予了矿产以物质属性（矿物成分、品位、物理性质、化学性质等），而没有赋予它价值或使用价值这些经济属性，使它具有使用价值这种经济属性的，是发展到一定经济水平的人类社会，是建立在一定的经济、科学技术水平之上的矿产开发利用知识和技术，以及社会对矿产的需求。

对于经过勘查的矿产资源，或对于经过勘查并达到工业开发利用要求的作为"资产"的矿产资源，一般都认为具有价值，但对于这种价值的涵义、内容、影响因素和估算方法等，存在着不同的观点。吴鉴从马克思的劳动价值学说出发，认为："每一个矿床——矿产资源在其从‘自在之物’转变成‘为我之物’——被找到时，它的价值就等于劳动的投入量。新中国成立以来，我们找到的所有矿床的资产价值就是历年来国家在地勘工作中的全部投入之和”。

李万亨等认为，矿产资源“有矿产资源物质和矿产资源资本之分，矿产资源物质是自然的产物，……矿产资源资本是固定在矿产资源上的地勘劳动”。他把矿产资源资产评估分为“矿产资源物质评估”和“矿产资源资本评估”，前者是以矿产资源地租的测定来进行评估，并提出了岩金矿产资源地租的计算公式：$y_n=1.4288\ (1+0.028)^n$，式中 n 为资源等级。矿产资源资本评估与一般资产评估类似。

王四光等提出，矿产资源资产含有三个层次上的价值。一是矿产资源自身的价值；二是资源资产的权益价值；三是由地质勘查劳动投入产生的价值。

何贤杰等提出“马克思的地租理论和现代会计计价理论是矿产资源资产评估的理论基础”，并认为“用于矿租的计算方法，即矿产资源资产价值评估方法，可归纳成两大类：第一类是以成本为基础的正算法，如成本法、综合成本法等。第二类是以收益为基础的逆算法，如收益现值法、净价格法等”。

李静认为：“矿产资源资产的评估，由于其资产的构成包括以实物形态反映的矿产资源本身和以无形资产反映的追加劳动的成果报告两个部分，其评估标准宜采用以资产足额补偿为目的的重置成本标准、收益现值标准以及现行市价标准的结合运用”。

陶树人在《矿业价格体系的研究》一文中提出：“矿产资源价值由两部分构成，其表达式为：$V_{R0}=V_{R01}+V_{R02}$，式中 V_{R0} 为某种矿产资源自身的价值，亦称资源转让费；V_{R01} 为同种矿产资源在市场供需均衡条件下，还能获得最低可接受利润的劣等资源的价值或劣等资源转让费；V_{R02} 为该矿产资源与劣等资源相比较单位资源的级差收益”。

王广成在其博士论文中提出：“矿产资源价值由地质勘查劳动价值、潜在收益价值和环境价值构成。”并给出了矿产资源价值的一般模型。

李祥仪指出，矿产资源对于人类之所以有价值，是由于矿产资源的有用性、稀缺性及对其占有的排他性。某一矿产资源的价值量，是由该矿产资源的数量、质量、自然丰度和社会技术经济条件等因素所决定的，应该是一个可以由相关参数构成的模型进行估算的大体相对确定的量。而依托于该矿产资源的矿业权在某一时刻的市场价格，则是以该价值量为基础并受供需关系等市场因素和开发利用外部效应等社会因素的影响而变动的量。在评估中，应该加以区别。

近年来，特别是1996年修订的《矿产资源法》提出矿业权可以依法流转以来，有关矿产资源资产和矿业权评估的理论研究与实际工作，有了进一步的发展。1998年2月，国务院发布了《探矿权采矿权转让管理办法》；1999年5月，国土资源部颁布了《探矿权采矿权评估管理暂行办法》；2000年的8月和10月，相继颁布了《矿业权评估师执业资格制度暂行规定》和《探矿权采矿权评估管理暂行办法》。另一方面，1998年，王四光等编著出版了《矿产资源资产与矿业权评估——原理、规则、案例》；1999年，国土资源经济研究院编写出版了《探矿权采矿权评估方法指南》；同年，中国地质矿产信息研究院编写出版了《市场经济国家矿业权价值评估研究》；2000年，李万亨编著出版了《矿业权评估概论》；2003年，刘国仁编著出版了《资源性资产评估》。这些法律法规的颁布和相关著作的出版，标志着我国矿产资源资产和矿业权的评估，已经由理论探讨进入了实际操作的阶段。但是，在十余年的评估实践中，不时出现价格扭曲、资产贱卖等情况；特别是在未来十年中，我国经济将处于由数量向质量、由传统工业化途径向新兴工业化及可持续发展途径、由单纯追求经济效益向效益与公平并重转型的攻坚期。新的社会经济发展形势，迫切需要对原有矿产资源评估理论、法律法规、规范、方法、手段及实践，予以不断地完善和提升。

三、矿业权评估方法

国土资源部在《探矿权采矿权评估管理暂行办法》中，提出探矿权评估可视地质勘查程度选用约当投资——贴现现金流量法、地勘加和法、重置成本法、地质要素评序法、联合风险勘查协议法和粗估法；采矿权评估可选用贴现现金流量法和可比销售法。此外，目前在实际工作中试行应用的和在研究探讨的评估方法有很多。这些评估方法并不是完全孤立的，都需要特定的数据资料作为评估依据，同时也需要特定的实施程序和规则规范。

（一）收益现值法

资产评估的收益现值法，又叫贴现现金流量（Discounted Cash Flow，DCF）法，是以被评估资产未来各期的净收益，采用适当的折现率折算至评估基准日的现值之和，作为该资产的评估值。其原理是：应用收益现值法评估的资产，价值大小不是由该资产形成过程中的成本所决定，而是由该资产未来的收益所决定，资产评估值是该资产未来获利能力的货币表现。这种资产必须具有获得预期收益的能力，而且收益可以用货币表示，可以被预测。收益现值法的原则公式为：

$$P = \sum_{t=1}^{n} R_t (1+i)^{-t} \tag{6-1}$$

式中　P——资产评估值；

R_t——第 t 年的资产预期净收益；

i——折现率；

n——资产的经营年限。

收益现值法常用于自然资源资产、整体资产、无形资产和房地产的资产评估。应用收益现值法的主要问题是如何科学预测被评估资产未来各年的净收益额 R_t，以及如何合理确定折现率 i 和资产经营年限 n。

矿产资源资产评估、采矿权评估和高精度勘查阶段探矿权评估可以选用收益现值法。

由矿产资源资产的特点可知，在估算其价值大小时，不能像加工业、制造业那样主要以投入其中的劳动量多少为基础进行测度。在矿业生产中，由于矿产资源的矿产种类、矿石品位、赋存条件和外部环境等相关因素的差异，等量劳动投入一般得不到等量产出，这是一个普遍存在的事实，这种情况不仅出现在矿产勘查中，而且也出现在矿产开采中，甚至也发生在选矿中。因而，应用以矿业生产中投入的物化劳动和活劳动为基础的各种成本法进行矿产资源资产评估是不合适的。事实上，往往是相同质量的单位矿产品劳动消耗越高的矿产资源，其单位资源的价值越低。

当我们对矿产资源资产进行评估时，这些“资产”仍然是埋藏在地下的矿产资源，只有当这些矿产资源未来被采出（多数还要进一步加工）并被作为商品售出后，其价值才能最终实现和准确算出。这个最终实现的价值，应该是我们评估时追求的、逼近的目标，尽管我们一般难以准确无误地估算它。为此，首先需要对作为评估对象的矿产资源资产进行实物评估（地质评估、技术评估），并在此基础上，模拟被评估对象未来开发利用的生产过程，预测全期间的投入产出和相关的主要经济参数，估算开发与生产期间各年的支出和收入，并以选定的折现率将其分别折现到规定的基准日，求得净现值，以该净现值作为被评估的矿产资源资产和采矿权的评估值，这就是收益现值法。

应用收益现值法进行矿产资源资产评估，与评价投资项目经济效果的净现值法类似。但在实际应用中，需要关注以下几个特殊问题。

（1）矿产储量。矿产储量是评估对象（矿产资源资产和采矿权）的重要参数，是确定生产规模、服务年限及总收益的依据。在进行评估时，储量中可以作为资产运营的应是符合工业开发利用要求的可采储量。另外，对于那些储量随工业指标而变化的矿床（如浸染状矿床），在评估时根据需要可以对原来的工业指标进行修改，在指标优化的基础上重新圈定矿体和计算储量，并进行多方案的“工业指标——储量——资产价值”评估，按照资源最优利用原则确定评估值。

（2）生产规模。生产规模涉及建设投资的大小、生产成本的高低和服务年限的长短，从而影响总收益的水平。矿业生产规模不是可以任意确定的，应在市场预测的基础上，根据矿产储量大小和有关的技术经济参数确定。从经济角度确定的合理生产规模，还要根据矿床空间分布状态和有关参数，考虑采矿工艺技术包括工作面和运输系统的合理布置，开采运输设备的能力等技术可行性。此外，还应注意到，当矿床工业指标改变时，储量也将随之变化，若储量变化较大，相应的生产规模也需要改变。若有必要，可以作多种生产规模方案的资产评估，提出最优生产规模的评估值。

（3）收益分配。矿产资源开发的收益，是由于投入的资金、劳动、技术、管理等要素与矿产资源相结合而取得的，不能把全部收益都当做是矿产资源本身的贡献，因而，在应用收益现值法进行评估时，需要把非矿产资源因素对收益所做的贡献扣除。但在实际操作中如何进行这种扣除，目前存在着不同的观点和方法。

从一般意义上说，矿山企业出售矿产品所得的收入，减去生产经营成本和有关税费之后，即得利润。对这些利润做出贡献的有：作为劳动对象的矿产资源，作为劳动手段而投入的资金和作为劳动者的工人与管理人员。因而，参与利润分配的应该是相应的三方：一是作为矿产资源所有者的国家，获得产权收益；二是作为投资者的银行、股票持有者等，获得投资收益；三是作为生产经营者的矿山企业，获得企业利润（工人和管理者的工资及福利已在生产经营成本中反映）。其中国家作为矿产资源所有者获得的产权收益，即为该矿产资源资产或采矿权的评估值。该评估值一般是用反算法求得，即从资源开发总收益中扣除非矿权收益之后所得的值，作为该资产的评估值。中国国土资源经济研究院编写的《探矿权采矿权评估方法指南》推荐如下计算公式：

$$W_{\mathrm{p}} = \sum_{i=1}^{n} \left[(W_{\mathrm{a}i} - W_{\mathrm{b}i}) \cdot (1 + r)^{-i} \right] \tag{6-2}$$

式中 W_{p}——采矿权或矿产资源资产评估值；

$W_{\mathrm{a}i}$——年利润额（$W_{\mathrm{a}i} = E_{\mathrm{p}i} - S_{\mathrm{j}i} - Y_{\mathrm{b}i} - Y_{\mathrm{s}i} - Y_{\mathrm{q}i}$，其中，$E_{\mathrm{p}i}$为年销售收入；$S_{\mathrm{j}i}$为年经营成本；$Y_{\mathrm{b}i}$为年资源补偿费；$Y_{\mathrm{s}i}$为资源税；$Y_{\mathrm{q}i}$为其他税）；

W_{bi}——社会平均收益额（$W_{bi}=E_{pi}\cdot\delta$，δ为社会销售收入平均利润率）；

r——货币贴现率；

i——评估年限（$i=1，2，3，\cdots，n$）。

该方法是以矿山企业的年利润额扣除按社会平均销售利润率计算的收益额，以适当的折现率进行折现，并累积求和，作为资产的评估值。其中，扣除额 W_{bi} 也可以考虑按行业平均利润率或部门平均利润率进行计算。总之，在应用收益现值法进行矿产资源资产和采矿权评估时，如何合理地进行收益分配以扣除非矿产资源因素对收益的贡献，在理论上和实际操作上都有待继续深入研究。对式（6-2）也有若干值得商榷之处。

（4）折现率。应用收益现值法进行资产评估时，合理确定折现率是一项十分重要而又非常复杂的工作。确定折现率的实质是对拟投入评估项目资金成本水平、项目风险水平和收益水平的合理预测，因而折现率的值与项目的资金结构、利率水平、项目风险、通货膨胀等众多因素有关。当选用的折现率过高时，将会降低项目的评估值，反之亦然。由于在矿业权评估中，必须从项目总收益中扣除非矿权因素的收益，因而在确定折现率时，要有不同的考虑。如果评估计算中，在折现之前从利润额中进行了某种扣除，如式（6-2），则这时的折现率一般取安全利率加风险报酬率之和。如果评估计算中，在对每年的利润额进行折现时不进行扣除，如式（6-3），则这时的折现率除包括安全利率和风险报酬率之外，还要加上投资收益率或社会平均收益率。

$$W_{\mathrm{p}}=\sum_{i=1}^{n}\left[W_{ai}\cdot(1+r)^{-i}\right]\tag{6-3}$$

式中各符号意义同前。

在市场经济发达国家，20 世纪 60 年代以后，广泛应用资本资产定价模型（CAPM）预测资产的收益率，此时，

$$E(R_{\mathrm{j}})=R_{\mathrm{f}}+\beta_{\mathrm{j}}\left[E(R_{m})-R_{\mathrm{f}}\right]\tag{6-4}$$

式中　$E(R_{\mathrm{j}})$——资产 j 的期望收益率；

R_{f}——无风险收益率，一般取国债利率；

β_{j}——资产 j 的风险系数，由相关的统计资料取得；

$E(R_{\mathrm{m}})$——市场预期收益率，由证券市场的统计资料取得。

用该式求得的 $E(R_{\mathrm{j}})$，可以作为确定折现率的依据。但这种方法的应用，要求有规范的证券市场和充分的、可靠的资料。

总的来说，在应用收益现值法进行矿产资源资产或采矿权评估时，对于评估计算中所采用的折现率的实质及其确定方法，目前还存在着较多的不同观点，有待从理论上进一步研究，在方法上也有待通过评估实践加以改进和完善。

应用收益现值法进行矿产资源资产和采矿权评估，其实质是对作为评估对象的矿产资源的未来开发利用过程进行模拟，并在对相关的诸多技术、经济参数进行预测的基础上，计算全部评估期内各年矿产资源净收益的现值，这是一项专业性很强的极其复杂的工作。为了完成这项工作，要求评估人员除具有评估专业知识之外，还需要具有相当程度的地质、采矿、矿物加工等方面的专业知识，往往是个人难以胜任的。评估工作的质量和评估结果的合理性、可靠性，一方面取决于对所评估的矿产资源未来开发利用方案（采选工艺、生产规模等）拟定的合理性，另一方面取决于对相关经济参数（产品价格、建设投

资、生产成本、折现率等）预测的正确性。由于矿业生产过程复杂，相关参数众多，一些因素具有不确定性，评估项目的时间跨度期限长等原因，在评估工作的实际操作中，任何一个重要生产环节的拟定不当，或任何一个重要参数的预测失误，都会影响评估结果的合理性和可靠性。因而，寻求更为科学合理、简便实用的矿产资源资产和采矿权评估方法及手段，仍是有待继续研究的课题。

（5）采矿权评估算例。某铅锌矿在2008年评估基准日的基本参数如下：

评估利用的矿石储量：47.20万吨。

平均品位：铅2.28%；锌4.20%。

原矿生产规模：4.50万吨/a。

矿山服务年限：13年。

评估确定的固定资产投资：净值3100.07万元。

流动资金：465.02万元。

销售价格：原矿257.03元/t。

正常生产年销售收入：1156.64万元/a。

总成本费用：原矿128.50元/t。

经营成本：原矿88.15元/t。

贴现率：8%。

资源补偿费率：2%。

计算结果如表6-1所示，采矿权评估价值为480.80万元。

（二）地质要素评序法

此方法是由加拿大证券委员会及多伦多股票交易所顾问L. C. 基尔伯思于1990年提出的地质工程法经改进而成的。适用于探矿权的评估。其基本原理是，以矿产地购置成本乘以地质要素价值影响系数来评估探矿权 P。

$$P = CR \cdot a \tag{6-5}$$

式中 CR——基础购置成本；

a——各项价值影响系数的乘积。

基础购置成本 CR 包括探矿权使用费和探矿权人承诺履行的地质基本支出。根据《矿产资源勘查区块登记管理办法》的规定，探矿权使用费，第一勘查年度至第三勘查年度，每平方公里每年缴纳100元，从第四勘查年度起，每平方公里每年增加100元，但是最高不得超过每平方公里500元。探矿权人承诺履行的基本支出，包括按规定完成的最低勘查投入，按上述管理办法，探矿权人自领取勘查许可证之日起，第一个勘查年度应完成的最低勘查投入为每平方公里2000元，第二、三个勘查年度分别为每平方公里5000元、每平方公里10000元。影响探矿权价值的地质要素主要有：成矿显示、异常显示、品位显示、成因显示、蕴藏规模显示和前景显示。每一种显示又分为若干级别，由地质专家分别赋予其一定的价值系数，即可求得这些系数的乘积。向永生博士根据金矿资源的找矿标志和金矿找矿方法手段，在已有的地质要素评序分类及对应价值系数的基础上，提出了我国金矿资源地质要素评序法分类及对应价值系数表，在实际应用中得到较为满意的结果。

这种评估方法有比较规范的评估程序和参数选取，便于操作。但是对于地质要素价值系数的确定具有相当的主观性，各种要素的选取有时不能很好反映矿产地的特征，目前的评估计算中，没有反映矿产品价格等有关经济参数。

表 6-1　某铅锌铜矿采矿权评估价值估算　　（单位：万元）

序号	项目名称	合计	2008	2009	2010	2011	2012	2013～2019	2020
1	产品销售收入（+）	12131.86			578.32	1156.64	1156.64	8096.48	1143.78
2	经营成本（-）	4161.63			198.37	396.68	396.68	2776.76	393.14
3	固定资产投资（-）	3100.07	2187.38	912.69					
4	流动资金（-）	465.02			232.51	232.51			
5	税前收入小计	4405.14	-2187.38	-912.69	147.44	527.45	759.96	5319.72	750.64
6	销售税金及附加（-）	102.72			4.9	9.79	9.79	68.53	9.71
7	资源税（-）	944.20			45	90	90	630	89.2
8	所得税（-）	1243.72			48.27	119.65	119.65	837.55	118.60
9	税后收入小计	2114.50	-2187.38	-912.69	49.27	308.01	540.52	3783.64	533.13
10	资源补偿费（-）	242.64			11.57	23.13	23.13	161.93	22.88
11	净利润小计	1871.86	-2187.38	-912.69	37.70	284.88	517.39	3621.71	510.25
12	回收固定资产余值（+）	542.65							542.65
13	回收流动资产余值（+）	465.01							465.01
14	社会平均收益（-）	727.91			34.70	69.40	69.40	485.79	68.63
15	剩余净收益	2151.61	-2187.38	-912.69	3.00	215.48	447.99	3135.92	1449.29
16	折现系数（$r=8\%$）		0.9259	0.8573	0.7938	0.7350	0.6806		0.3677
17	剩余利润净现值	480.80	-2025.35	-782.48	2.38	158.38	304.89	2290.08	532.90

注：1. 销售税金及附加是城市维护建设税和教育费附加的总和；
2. 资源税按原矿 20 元/吨计算；
3. 所得税按销售收入扣除生产成本、销售税金及附加、资源税后利润的 25% 计算；
4. 资源补偿费按销售收入的 2% 计算；
5. 社会平均收益按销售收入的 6% 计算。

（三）重置成本法

以被评估资产的现时重置成本减去该资产的各项损耗价值和贬值得到的差额作为其评估值。重置成本法的原理是：一项资产的评估值取决于该资产的成本，但是不应高于重新建造的、具有相同功能的全新资产的成本，否则，投资者将选择重新建造的资产。重新建造的全新资产与已用多年的现有资产不能认为在价值上是相等的，必须扣除各种损耗和贬值。重置成本法的原则公式为：

$$P = C_{ch} - P_b \tag{6-6}$$

式中　P——资产评估值；

C_{ch}——被评估资产的重置成本；

P_b——被评估资产的各种贬值。

重置成本 C_{ch} 是指在现行条件下，按被评估资产原有功能重置并使其处于在用状态所需的成本。它要求资产成本按评估日期的物价水平计算。P_b是被评估资产的各种损耗和贬值，如使用磨损造成的有形损耗，技术进步造成原有资产的功能性贬值等。

重置成本法可用于单项资产和整体资产评估，当资产的价值不易直接评估时，大多采用该方法。这种方法适用于清产核资、资产转让、资产保全、财产保险等资产业务。

运用重置成本法评估探矿权，就是在模拟现行技术条件下，按原勘探规范要求实施各种勘探手段。依据新的工业指标，将所投入的有效实物工作量，按新的价格和费用标准，重置与被评估矿产地的探矿权具有相同勘探效果的全新探矿权的全价，扣除技术性贬值，以得到探矿权的评估值。其一般的计算式为：

$$P = P_b(1+F)\cdot(1-\xi)$$
$$= \sum_{i=1}^{n}[U_{bi}P_{ui}]\cdot(1+\varepsilon)\cdot(1+F)\cdot(1-\xi) \quad (6\text{-}7)$$

式中 P——探矿权评估值；

P_b——探矿权资产重置全价；

U_{bi}——各类地质勘查实物工作量；

P_{ui}——相对应的各类地质勘查实物工作量现行价格；

ε——其他地质工作、综合研究及编写报告、岩矿试验、工地建筑等四项费用分摊系数；

F——勘探风险系数；

ξ——技术性贬值系数；

n——地质勘查实物工作量。

由上式知，探矿权评估值是由相应的地勘实物工作量重置全价扣除技术性贬值后，再考虑地勘风险收益而求得的。因而，评估值的可靠性取决于上述这些参数确定的合理性。一般说来，这些参数的确定相当复杂。重置成本法可用于探矿权的评估，尤其是适用于保本转让的探矿权评估。但是，从理论上说，以矿权地中蕴含的资源为依托的探矿权价值与该矿权地上投入的勘查费用两者之间并无严格的、内在的、必然的联系，因而，以勘查费用为基础计算得出的评估值，有时不能正确反映探矿权的真实价值。

（四）可比销售法

可比销售法就是资产评估的现行市价法在矿业中的应用。现行市价法以被评估资产在市场上的现行销售价格，或以市场上与评估对象可比的参照物的现行销售价格为基础，针对各项价值影响因素作出比较，进行资产评估。这种评估方法的原理是资产的可替代性原则。应用现行市价法的条件是需要有充分发育的资产交易市场，买卖双方都没有垄断和强制，被评估对象及其市场参照物的各种资料是可以获取的，价值影响因素明确，并且可以量化。这种方法主要用于单项生产要素资产的评估，如进行以设备、原材料等单项生产要素参股、合作经营的资产评估。中外合资、合作经营的有关生产要素资产评估，均以市场价格为基准，并参照国际市场价格作必要调整。影响现行市价的主要因素有：资产的生产价格、供需关系和资产的质量等。

具体而言，运用可比销售法评估就是选择最近发生的具有类似地质特征和环境特征的矿业权交易对象作为参照依据，将所评估的矿业权所具备的经济的、地质的、采选矿的经济技术信息差异要素，与参照的矿业权已知的相关信息差异要素进行对比，经比较和修正相关参数，得出差异要素调整系数，以确定评估的矿业权转让价格。

这种方法的理论根据是，在当时或近期市场交易中发生的类似环境和类似地质特征的矿业权应该具有类似的价格。类比可以是整个项目的类比，或是矿量单价的类比，或者是其他有关经济参数的类比。在类比和参数调整的基础上，求得评估值。

可比销售法的一般计算式为：

$$P = P_0 \cdot t \cdot q \cdot r \cdot k \cdot m \cdot n \cdot e \tag{6-8}$$

式中　P——矿业权评估值；

P_0——类比对象的矿业权市场成交价格；

t——产品价格调整系数；

q，r——储量、品位调整系数；

k，m，n——开采条件、选冶条件、区位条件调整系数；

e——其他参量调整系数。

可比销售法不考虑参照对象所采用的评估方法及其分析过程，只是考察其矿业权交易中由市场性因素所综合决定的最终结果——成交价格。因此，可比销售法具有明显的市场特性，能够客观地反映市场状态，具有一定合理性，是最接近市场价值的评估矿业权转让价值的一种方法。与其他评估方法相比，这种评估方法不需要模拟矿业权的价值具体形成和计算过程，只是采用了可能为买主接受或市场认可的结果，因而相对简单快捷、有效。

但是，这种方法的有效应用，要求有比较发育的矿业权交易市场和充分的交易信息。一般来说，矿业权市场的交易数目较少，作为评估对象的矿产资源资产相互之间存在较大差异，反映矿业权特征的一些参数之间的可比性较差，不易找到理想的市场参照物，需要进行多方面的大幅度调整，因而影响评估结果的合理性与可靠性。此外，矿业权交易中的隐蔽性、信息的模糊性、不对称性等，都限制了可比销售法的实际应用。

思 考 题

（1）国内外矿产资源资产的价值观。

（2）国内外矿产资源资产的产权制度特征。

（3）国内外矿产资源资产评价规范及其特征。

第七章　矿业投资决策

矿业投资决策包括矿业项目技术经济评价和投资项目融资等主要内容。矿业项目的技术经济评价是指根据矿床或者矿山的已知信息，从技术、经济和社会包括法律法规、政策、生态环境等方面，评定该矿床的勘探与开发利用或者矿山的生产经营的经济价值。矿业投资项目融资则是指项目投资的资金构成、来源以及偿还方式的分析与确定。

第一节　矿业投资及费用

矿业投资是指以一定的资金或者实物直接或者间接地从事矿产资源开发并预期未来获得利益的行为。

按照投资主体的性质，可以分为政府投资与厂商投资两大类。政府的矿业投资是国家或者地方政府基于对未来特定时期内，世界、国家或者地区范围内的矿产资源赋存、开发以及利用状况的分析与预测，为实施政府的矿业政策目标与国民经济或者地方经济发展计划，进而获得社会经济效益而进行的矿业投资。厂商的矿业投资则指厂商特别是矿业生产者，基于政府矿业政策和自身的长远发展规划，为维持其市场份额或者扩大再生产，进而获得微观经济效益而进行的矿业投资。

国家发展改革委员会、建设部于2006年发布的《关于建设项目经济评价工作的若干规定》（以下简称《规定》）以及有关《建设项目经济评价方法》和《建设项目经济评价参数》是建设项目经济评价的重要依据。《规定》要求：对于实行审批制的政府投资项目，应根据政府投资主管部门的要求，按照《建设项目经济评价方法》与《建设项目经济评价参数》执行；对于实行核准制和备案制的企业投资项目，可根据核准机关或备案机关以及投资者的要求，选用建设项目经济评价的方法和相应的参数。

一、投资额

投资额是指为项目建设和投入运行而发生的费用支出。投资额的大部分通常发生在项目的初期和达产期，一般能够服务项目多年。在项目经济评价中，项目总投资包括建设投资、建设期贷款利息和流动资金三部分。

建设投资与建设期贷款利息称为建设投资总额。按概算法分类，建设投资由工程费用、工程建设其他费用和预备费三部分构成。其中工程费用又由建筑工程费、设备购置费（含工器具及生产家具购置费）和安装工程费构成；工程建设其他费用内容较多，主要包括建设单位管理费、可行性研究费、研究试验费、勘查设计费、环境影响评价费、场地准备及临时设施费、引进技术和引进设备其他费、工程保险费、联合试运转费、特殊设备安全监督检验费和市政公用设施建设及绿化费等；预备费包括基本预备费和涨价预备费。

流动资金是企业生产经营活动中，处于生产领域和流通领域供周转使用的资金。根据流动资金在生产过程中所起的作用，以及在周转中所处的阶段不同，可以划分为生产领域的流动资金和流通领域的流动资金，具体如图 7-1 所示。

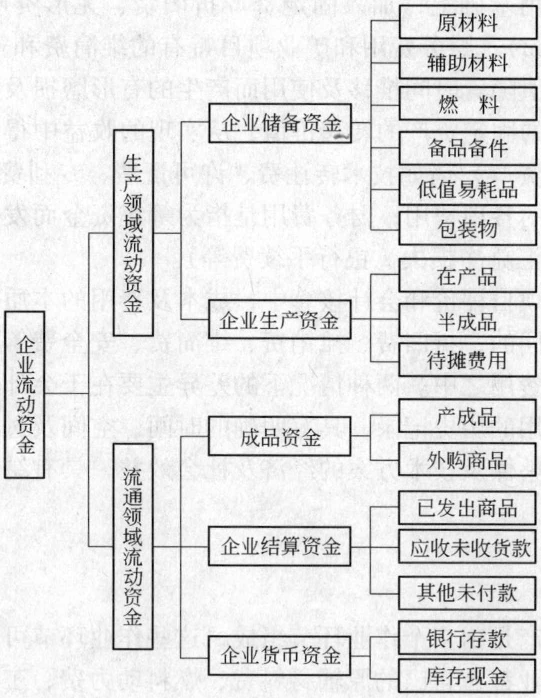

图 7-1　流动资金构成

投资形成的资产可以分为固定资产、无形资产和其他资产（递延资产）。固定资产是为生产商品、提供劳务、出租及经营管理而持有的、使用寿命超过一个会计年度且不断折耗磨损的有形资产。无形资产是企业拥有或者控制的没有实物形态的可辨认、非货币性资产，构成无形资产原值的费用主要包括技术转让费或技术使用费（含专利权和非专利技术）、商标权和商誉等。其他资产（递延资产）是指除流动资产、长期投资、固定资产、无形资产以外的其他资产，构成其他资产原值的费用主要包括生产准备费、开办费、出国人员费、来华人员费、图纸资料翻译复制费和样品样机购置费等。三类资产都可以按不同的年限进行折旧和摊销，折旧和摊销年限是项目评价的重要参数。

二、费用

在项目经济评价中，一般需要区分经营费用（成本）和总费用（成本）。

经营费用是指在项目生产期内为生产产品所发生的现金流出或者费用，包括生产成本（直接支出和制造费用）、销售费和管理费。直接支出包括直接材料（原材料、辅助材料、备品备件、燃料及动力等）、直接工资（生产人员的工资、补贴）、其他直接支出（如福利费）；制造费用是指企业内的分厂、车间为组织和管理生产所发生的各项费用，包括分厂、车间管理人员工资、维修费、修理费及其他制造费用（办公费、差旅费、劳保费等）；销售费用是指为销售产品而发生的各项费用，包括销售部门人员工资、职工福利费、运输费及其他销售费用（广告费、办公费、差旅费）；管理费用是指企业行政管理部门为管理和组织经营而发生的各项费用，包括管理人员工资和福利费、土地使用税费及其他管理费用（办公费、差旅费、劳保费等）。

总费用是在经营费用基础上，加入固定资产折旧费、无形资产和其他资产（递延资产）摊销费（amortization）、财务费用和矿业项目特有的维简费和安全费。折旧（depreciation）是指固定资产价值随着时间推移及使用而产生的有形磨损及无形贬值，折旧费是定期地计入到成本费用中的固定资产的转移价值，从实现的收益中得到补偿；摊销费指无形资产和其他资产（递延资产）诸如技术转让费、许可证费、专利费、设计费、咨询费等需要逐步分摊到产品成本的各项费用；财务费用是指为筹集资金而发生的各项费用，包括利息支出及其财务费用（汇兑净损失、银行手续费等）。

应该指出，尽管在项目评价和会计核算中，成本及费用的本质是一致的，但是实际归类及计算方法有时是不同的，折旧费、摊销费、维简费、安全费等，在会计核算时，可能被归入生产成本、管理费用之中。两种情况下的差异主要在于会计核算成本反映的是实际发生的生产经营活动费用的历史记录，具有明确的时间、空间及过程特征，而项目评价费用反映的是估算的项目整体及技术方案的经济及社会效益，具有结果取向性和时间、空间及过程的综合性。

三、矿山作业成本

在矿山项目中，生产是由多个作业环节组成，这些作业环节可形成相对独立的成本中心和核算单元，每个作业都有自己的原辅材料费、燃料动力费、工资及福利费、维修费等费用，因此可以引入作业成本（ABC）的概念，以便系统深入地识别成本与利润、成本与效率的关系。

地下矿开采的主要作业成本包括生产探矿作业成本、掘进作业成本、回采作业成本、坑内破碎作业成本、坑内充填作业成本、坑内运输作业成本、提升作业成本、运矿作业成本、通风作业成本、排水作业成本等。

地下矿作业项目及费用范围如表7-1所示。

表7-1 地下矿开采主要作业成本项目及费用范围

作业项目	费用范围
生产探矿作业	为采矿提供地质资料而进行生产勘探的巷道或钻孔的费用
掘进作业	在矿块或区段中掘进平巷、天井、人行道、漏斗等回采巷道的费用
采场凿岩和爆破作业	采场内的钻机作业和装药、爆破作业的费用
采场出矿（出渣）作业	将采下的矿岩从落矿工作面运到阶段运输水平的费用，如电耙扒矿
采场支护作业	锚杆支护以及空区充填费用
坑内运输作业	坑内铲运机、地下矿用汽车、电机车等运输矿石的费用
坑内碎矿作业	坑内设置的粗碎作业费用
提升作业	将矿石由井底车场提升至井口的作业所发生的费用
运矿作业	井口至选厂运输矿石的费用.
通风作业	井下一切输送风量、调节风流及其他通风防尘工作的费用
排水作业	将井下涌水导入井底水仓再排出井外的作业所产生的费用

露天矿开采的主要作业成本包括生产探矿作业成本、穿孔作业成本、爆破作业成本、采装作业成本、运输作业成本、排土作业成本、破碎作业成本等。

露天矿作业项目及费用范围如表7-2所示。

表7-2 露天矿开采主要作业成本项目及费用范围

作业项目	费用范围
生产探矿作业	为采矿提供地质资料而进行生产勘探钻孔的费用
穿孔作业	用冲击式钻机、潜孔钻机或牙轮钻机等在露天采场矿岩内钻凿一定直径和深度的定向爆破孔所产生的费用
爆破作业	用铵油炸药、乳化炸药等爆破矿岩所产生的费用
采装作业	用挖掘机、轮斗铲或前端式装载机等将矿岩装入运输设备，或直接卸到指定地点所产生的费用
运输作业	采用铁路、公路、输送机或提升机等运输方式将露天采场的矿、岩分别运送到卸载点（或选矿厂）和排土场，同时把生产人员、设备和材料运送到采矿场所产生的费用
排土作业	包括排土场、排土路线的维护、延伸、平整、电铲倒运等费用
破碎作业	矿石和岩石破碎产生的费用

矿山项目的作业成本与采矿方法、采矿技术和装备水平密切相关。空场采矿法和崩落采矿法的作业成本比较低，而充填采矿法的作业成本比较高，需要消耗大量水泥的下向胶结充填法的作业成本更高。

选矿的主要作业成本包括破碎作业成本、磨矿作业成本、选别作业成本、脱水作业成本、尾矿处理作业成本和污水作业成本等。选矿作业成本受矿石性质和磨矿细度的影响，其中动力费用一般会占到整个选矿成本的三分之一。

根据于润沧院士主编、冶金工业出版社出版的《采矿工程师手册》（2009），我国采矿成本和选矿成本的一般水平如表7-3和表7-4所示。

表7-3 采矿成本水平

序号	项目	单位	成本范围
1	露天采矿	元/t（矿岩）	8~14
2	空场法、崩落法	元/t（矿）	35~55
3	充填采矿法	元/t（矿）	55~90

表7-4 选矿成本水平

序号	项目	生产条件	成本范围/元·t^{-1}
1	铜矿石	简单、易选	25~40
		难选	35~55
2	铅锌矿	简单、易选	30~45
		难选	40~65
3	镍矿		40~65
4	脉金矿石	浮选	25~50
		全泥氰化	70~95

第二节　矿业项目经济评价方法

矿业项目的经济评价是指矿床或者矿山的货币价值的评估，以便进行矿床或者矿山的买卖、经营课税、资金筹措等经济活动。

矿业项目经济评价是一个反复的迭代过程。在此过程中，需要确定矿床储量、边际品位、生产成本和生产规模等关键技术经济参数。这些参数相互作用，共同影响投资决策。譬如，储量是影响生产规模的重要因素，而生产规模因其规模经济效应对生产成本又有影响，生产成本又制约边际品位，进而边际品位决定矿床储量。因此，在矿床或者矿山经济评价过程中，须反复分析这些参数对项目投资效果的影响，才能做出正确的投资决策。

矿业项目经济评价的主要方法包括成本法、市场法和收益法等三种。其中，收益法是矿业项目经济评价的普遍适用方法，它通过逐年计算所考察矿床或者矿山的净收益并将其折现而求得矿床或者矿山的价值。

一、收益法基础

收益法的基础是投资及成本估算、市场及价格预测、现金流分析、成本——效益分析和风险分析。

（一）投资及成本估算

矿业开发项目的投资与经营成本的估算需以地质、采矿、矿物加工等方面诸因素的技术评价为基础。估算方法及精度因估算的目的不同而异。譬如，概略估算方法一般适用于项目的可行性研究，其误差可以高达20%～40%；而详细估算方法则一般适用于项目的工程承包等方面，其误差可以小至3%～5%。项目投资与经营成本估算的主要方法包括如下三大类。

（1）参数法。参数法是一种概略估算方法，它通过确立投资或者成本与其主要影响因素间的函数关系来估算投资或者成本。

T. A. O’Hara将矿业项目投资及经营成本与矿床开采方式、矿山生产能力、开拓运输方式等主要变量联系起来；美国内务部矿山局曾采用参数法估算非燃料矿山采选系统的项目投资及经营成本，以评估某些矿产资源开发利用的经济可行性，特别是分析能够使这些矿产资源得以开发利用的最低市场价格；美国能源部能源信息局也曾采用参数法估算煤矿开发项目的投资及经营成本，以建立全国煤炭长期供给模型，考虑的主要参数有煤层厚度、赋存深度和矿山生产能力等。

在我国，通常所说的单位指标法，亦称扩大指标法（包括单位生产能力法和单位产品成本法）和投资估算的生产规模指数法，也属于参数法的范畴，它们皆将项目投资看做是项目生产能力或者经营成本看做是单位产品成本的函数。

具体地说，单位生产能力法认为项目投资额与生产能力在一定范围内呈线性关系，即

$$I = I_u Q + I_f \tag{7-1}$$

式中　I——拟建设项目的投资额；

I_u——项目的单位生产能力投资额，根据矿床地质条件、矿山生产规模范围、基础设施条件、采选生产工艺以及技术装备水平等方面相类似的项目确定，还可以通过实际投资资料的统计分析来确定；

I_f——不随生产能力而变化的固定投资额，其确定方法与 I_u 的确定方法相同；

Q——拟建设项目的设计生产能力。

与此相似，单位产品成本法则认为项目经营成本与单位产品成本在一定范围内呈线性关系。

生产规模指数法亦称为0.6指数法，它将项目投资看做是生产能力的幂函数，即

$$I = I_o \ (Q/Q_o)^n \tag{7-2}$$

式中　I——拟建设项目的投资额；

I_o——已知同类项目的投资额；

Q——拟投资项目的设计生产能力；

Q_o——已知同类项目的设计生产能力；

n——投资项目能力指数。当项目的设备功效对生产能力的影响较大时，n 取值为0.6～0.7；而当项目的设备数量对生产能力的影响较大时，n 取值则为0.8～1.0。

对于矿业项目而言，工业基础设施的建设投资占总投资的比重较大，而这部分投资量与生产能力关系甚小。因此，生产规模指数法在矿业项目投资估算中应用范围很有限。

(2) 系数法。系数法也可以看作是一种概略估算方法，但其估算精度一般比参数法的估算精度高。

系数法将投资或者成本分为若干组成部分。首先，根据设备或者材料的数量与价格，计算相应的投资或者费用；再以此为基础，通过分析同类项目投资或者同类产品成本而确定有关系数；最后，利用这些系数估算有关部分的投资或者费用。通常所说的分项类比法即属于系数法范畴。

具体地说，对于项目投资估算，常分为设备投资、建筑投资和其他投资（包括土地购置、居民迁移、工程设计、施工管理、人员培训等方面的投资）。首先，根据拟采用设备的种类、数量、价格以及运输安装等因素，计算设备投资；然后，利用从已知同类项目获得的系数，计算建筑投资和其他投资；最后，求三者之和。即

$$I = (I_m + I_b + I_r)\ (1 + K) \tag{7-3}$$

式中　I——项目的固定资产投资额；

I_m——设备投资额，由 $\sum_{i=1}^{n}[Q_i P_i(K_i + 1)]$ 计算，其中 Q_i 为第 i 种设备的数量，P_i 为第 i 种设备的价格，K_i 为已知同类项目第 i 种设备的运输安装费用系数，n 为设备的种数；

I_b——建筑物投资额，由 $K_b I_m$ 计算，其中 K_b 为已知同类项目的建筑物投资占设备投资的比例系数；

I_r——其他投资，由 $K_r I_m$ 计算，其中 K_r 为已知同类项目的其他投资占设备投资的比例系数；

K——应急费用系数，可以在0.10～0.15之间取值。

对于经营成本估算，常分为材料费和加工费等两个部分。前者包括原材料、燃料动力费，后者包括工人工资及附加费、车间经费和企业管理费等。估算成本时，首先根据材料种类、数量和单价，计算材料费用；然后，利用从已知同类产品获得的系数计算加工费用；最后，求两者之和。即

$$C = C_m (1 + K_f) \tag{7-4}$$

式中　C——经营成本的估算值；

C_m——材料费用的估算值，由 $\sum_{i=1}^{n} Q_i P_i$ 计算，其中 Q_i 为第 i 种材料的数量，P_i 为第 i 种材料的单价；K_f 为从已知同类产品获得的加工费占材料费的比例系数。

此外，流动资金投资亦常用系数法估算，即以已知同类项目的经营成本、固定资产投资、年销售收入或者百万元产值乘以相应的流动资金率。

（3）累加法。分项工程投资累加法，是一种项目投资的详细估算方法。它首先计算各个单项工程的投资；然后，累加计算总投资。该法所需基础数据多、计算量大，但误差小、精度高，可以用于工程承包合同的投资估算。

（二）市场分析及价格预测

矿产市场分析及价格预测，对矿业投资决策具有重要的意义。一个矿业项目的投资效果如何，在很大程度上取决于矿产价格的预测是否恰当。

市场分析的主要问题包括：市场规模及增长率、矿产市场的地理分布、成本与价格分析等。市场分析的重要目的是预测矿产的价格，为投资决策分析中的收益估算提供基础。

价格预测的主要方法包括：

（1）分析价格的历史数据，以研究价格与供给、需求和存量间的关系。再结合对未来经济形势的分析，便可以对未来的矿产价格形成判断。

（2）分析生产者成本并考虑最低投资收益及供需形势，从而预测引发矿业投资所要求的合理价格水平。

（3）利用经济计量模型，定量研究供给、需求、存量、技术因素以及预期价格间的相互关系，得出对矿产价格的预测。

（4）其他定性、定量预测方法，诸如德尔菲法和时间序列分析、因果关系分析等类方法。

（三）现金流分析

（1）净现值法。矿业投资项目经济评价的收益法的实质是现金流分析，即通过计算与比较项目开发过程中的资金支出与资金收入，确定投资项目的经济可行性。资金支出包括勘探费、基建费、工资、材料费、动力费、土地租用费、税金、利息等；而资金收入则主要包括矿产销售收入和设备残值等。

资金支出和收入发生在矿业项目开发过程中的不同时间点上，统称为现金流。在比较不同时刻的资金收支时，必须考虑时间对其价值的影响。也就是说，不同时刻的资金收支必须折算到某一时间基准点，才能进行比较。将项目的未来资金收支折合为项目投资起始时刻的价值即现值的分析方法，称为净现值法（Net Present Value，NPV），它是矿业投资

项目经济评价的最基本方法。

可以从两种意义上考察资金折现的意义。一是将资金折现率看做是外部资金的使用成本，亦即生产者在矿业项目经营过程中必须获得的利润率，以此对投资者予以补偿；二是将折现率看做是内部资金的机会成本，亦即投资者因投资于某一项目而牺牲其他投资机会所导致的损失利润率。

现金流的净现值由下式计算：

$$NPV = \sum_{i=0}^{n} [(R_i - C_i)/(1 + r)^i] \tag{7-5}$$

式中 R_i——第 i 年的现金流入；

C_i——第 i 年的现金流出；

r——折现率；

n——计算年数。

对于单个投资项目而言，若净现值不小于零则表明该项目在经济上是可行的；若净现值小于零，则表明该项目在经济上不可行；对于两个互斥投资项目的比较而言，应选择净现值较大且不小于零的项目。当然，两个项目的比较，必须使项目的时间期限具有可比性。

在现金流折现过程中，不考虑已发生的资金支出，即所谓的沉入成本，而只考虑未来的资金收支。

通货膨胀对矿业投资项目的经济可行性有较重大的影响。在投资分析中，考虑通货膨胀因素的方法有两种。一是以恒定膨胀率调整后的现金流和折现率计算净现值，称为不变价格分析法。二是以当前价格和折现率计算净现值，称为名义价格分析法。前者假定通货膨胀对不同时期的资金收支具有相同的影响，计算简单迅速；而后者则可以反映通货膨胀对不同时期和不同收支项目的不同影响，但计算比较复杂。

（2）收益率法。作为净现值法的一种变异形式，内部收益率法亦是一种常用的矿业项目投资分析方法。内部收益率（Internal Rate of Return，IRR）是使现金流净现值为零的折现率或者称为收益率。由此定义可知，内部收益率可以通过解算下述方程而求得：

$$\sum_{i=0}^{n} [(R_i - C_i)/(1 + IRR)^i] = 0 \tag{7-6}$$

式中 IRR—内部收益率；

R_i——第 i 年的现金流入；

C_i——第 i 年的现金流出；

n——计算年数。

若得到的内部收益率大于或等于最低可取收益率或者基准收益率，则所论项目在经济上是可行的。

利用内部收益率法和净现值法分析投资项目的可行性，通常可以得到相同的结论。但是，由于上述方程并非总是有唯一解，内部收益率法较净现值法难于应用。此外，当现金流的资金成本不同时，例如，在贷款利率有变化的情况下，内部收益率法则无能为力，而净现值法却可以通过使用不同的折现率来解决这个问题。

（3）其他方法。投资项目分析的一种简便方法是投资回收期法。投资回收期是通过项目的收益而使初期投资得以回收的最小年数。回收期越短，表明项目投资见效越快，经济上越合理。

投资回收期法的特点是计算简单，便于投资者评估风险。但是，投资回收期的确定，并无客观的准则，具有很强的主观性。因此，回收期的计算方法也不尽相同，可以有静态回收期，也可以有动态回收期；回收期可以从投资时刻算起，也可以从投产时刻算起；回收的投资可以是全部投资，也可以是固定资产投资；投资收入可以是纯收入，也可以是纯收入加折旧。此外，投资回收期不能反映投资回收以后的项目收益状况。

用于评价投资项目经济可行性的常见准则还有：

投资收益率，即投资回收期的倒数，它表示单位投资的年收益额。

净现值指数，它表示单位投资获得的净现值，由下式计算：

$$NPVI = NPV / \sum_{i=0}^{n} [I_i / (1 + r)^i] \tag{7-7}$$

式中 $NPVI$——净现值指数；

I_i——第 i 年的投资；

r——折现率；

n——计算年数。

当净现值指数不小于零时，投资项目在经济上可行。并且，其值越大，投资效果越好。净现值指数可以用来评价投资额不同的方案的优劣。

（四）成本—效益分析

成本—效益分析是一种适合于政府机构、国有企业和国际组织投资决策的分析方法。它与净现值法相类似，亦包括成本与效益折现这一基本的投资决策分析过程。但是，与净现值法相比，成本—效益分析有两个主要不同点：

（1）在成本—效益分析中，成本与效益的涵义更为广泛。它们不仅包括与矿业项目投资直接相关的财务成本与效益，而且包括投资项目对社会的影响因素，诸如促进区域经济发展、矿产出口创汇、提供就业、引进技术、环境污染等因素。由于这些因素不具有市场价格，因而不易于定量描述，使得成本—效益分析较净现值分析更为困难。

（2）在成本—效益分析中，所采用的折现率要比私有投资所采用的折现率低。这是因为，政府部门或者国有企业比私有企业更应该重视长期的经济效果。因此，采用较低的折现率，可以提高未来成本与效益在决策分析中的重要性。此外，政府机构或者国有企业较私有企业更容易筹措资金，资金成本更低，因为向政府机构或者国有企业投资的风险要比向私有企业投资的风险小。

（五）投资风险分析

在现金流分析或者成本—效益分析中，一般假设预期的未来资金收支是确定性的。对于矿业投资项目而言，这一假设常具有较大的偏差，因为，矿业投资项目的建设期限长、投资见效慢以及矿业生产对象信息具有较大的不确定性、矿产市场具有较强的波动性，意味着矿业投资风险大。

所谓投资风险，是指投资项目的预期收支的变化及其可能性的量度。例如，投资购买政府债券，收益是以固定的利率决定的，这在投资时就完全确定了。除非发生重大的政治动荡，此项投资几乎没有什么风险而言。但是，若将等量资金投入到矿产资源开发的项目中，情况便全然不同了。由于很难在投资时准确预测有关的技术、经济以及政策等方面的未来状况，该项投资的收入很可能在较大的范围内变化。即是说，该项投资具有较高的风险。

矿业投资的风险因素可以分为三大类，即技术性风险、经济性风险和政策性风险。各类风险因素及其影响方面如表 7-5 所示。

表 7-5 矿业项目投资主要风险因素及其影响方面

类 别	风险类型及因素	影响方面
技术性	矿床技术条件 工程技术条件 生产技术条件	产量和成本 产量和成本 产量和成本
经济性	矿产价格 矿产需求 外汇汇率 通货膨胀	销售收入与利润 产量与利润 销售收入与成本 投资效果
政策性	货币政策 环保政策 税收政策 进出口政策	销售收入与成本 成 本 成 本 销售收入与成本

技术性风险包括 3 个主要方面。矿床技术条件诸如品位与储量、矿石可选性的变化可能导致产量和采选成本的变化，工程条件诸如矿床水文地质、围岩工程力学性能的变化可能导致施工费用的增加、工程进度的延迟以及工程设计的修改，生产条件诸如采选工艺设备与流程的适应性和管理水平的变化，可能直接影响生产能力与成本。技术性风险可以通过有效的控制措施而使其降至最小。

经济性或者市场性或者商业性风险是矿业项目投资风险的一个重要方面。矿产实际销售价格对预期价格的变化，可能影响项目投资的收入与利润。实际需求量对预期需求量的变化，可能影响矿山的产量和收入。外汇汇率的变化，可能影响国际矿业公司的销售收入和进口设备以及劳务成本。通货膨胀可能影响投资效果。矿产生产者可以利用期货市场而对市场性风险因素诸如价格、销量和货币汇率等实现一定程度的控制。但是，并非各种矿产皆有期货市场。此外，通过期货市场，一般仅能控制一年以内的短期市场风险的影响。

政策性风险主要包括货币及外汇政策、环境保护政策、税收政策和进出口政策等方面的变化。矿业投资政策性风险仅能通过矿业厂商及机构对政府决策施加有限的影响而得到一定程度的控制。

在矿业投资决策分析中，考虑风险因素的常规方法有：

（1）提高折现率。提高折现率是考虑通货膨胀影响的最为简便的方法。提高的幅度取决于项目的风险程度和投资者的风险意识及抗风险能力。

（2）调整现金流。调整现金流是将未来具有风险的收入降低或者支出提高到无风险的等价收入或者支出，再以无风险折现率计算调整后的现金流的净现值。

（3）敏感性分析。敏感性分析（Sensitivity Analysis）是一种常用的风险分析方法，它通过分析决策因素的变化对决策目标的影响程度来确定影响决策目标的关键因素。可以通过分析矿床储量、品位、经营成本、销售价格等因素在一定范围内发生的变化，把握表征项目经济效果的指标诸如 NPV、IRR 等的变化程度。敏感性分析的一种最简单形式是，分别以各有关变量的最可能值、最乐观值和最悲观值等三种情况来分析投资项目的经济可行性。若依据三者所得出的结论相同，则决策是比较明显的。否则，需要做进一步分析，并由决策者主观确定项目的经济可行性。

决策树分析和随机模拟分析是矿业项目投资风险分析的两种较新方法，已经广泛地应用于石油等矿产资源开发领域。

决策树分析法是一种利用概率分析原理，把方案的一系列因素按照它们的相互关系用树状结构表示出来，再按一定程序进行选择和决策的方法。决策树分析法具有以下优点：

（1）便于有次序、有步骤、直观而又周密地考虑问题；

（2）便于集体讨论和决策；

（3）便于复杂问题的决策。

决策树分析法的应用难点在于，尚没有成熟的方法来确定某一可能结果的概率及其可靠性。

随机模拟分析法，又称为蒙特卡罗（Monte Carlo）方法，也是一种决策风险分析的概率方法。该法以项目投资的可能收益率或净现值的概率分布表达投资的风险程度。随机模拟分析过程包括 3 个主要步骤：

（1）将项目投资的收益率或净现值表达为与项目收支有关的各个因素的函数，诸如品位、储量、价格、资金成本、工资、税率等因素的函数。

（2）确定影响项目收益率或净现值的各个因素的概率分布，即每一个因素的可能值及其概率。

（3）利用各个影响因素的可能值的各种组合，计算收益率或净现值的可能值及其概率分布。

若项目收益率分布的期望值不小于最低可取收益率（基准收益率）或者净现值分布的期望值不小于零，则可以认为投资项目在经济上是可行的。

随机模拟分析法的特点在于，所有影响投资效果的因素在其可能取值范围内的任何值及其任何组合对项目投资效果的影响皆能得到分析。但是，描述各影响因素的概率分布一般需要主观确定。

二、项目经济评价程序

在我国，矿业投资或建设项目的经济评价，需要按照国家发展改革委员会、建设部于 2006 年发布的《关于建设项目经济评价工作的若干规定》的精神，依据或参考有关《建设项目经济评价方法》和《建设项目经济评价参数》进行。

这些规定、方法和参数是在我国投资或建设项目经济评价的实践经验和相关理论的基础上，借鉴了国外、特别是联合国工业发展组织和世界银行的有关方法，结合我国实际而制订并不断发展的，是规划设计单位、工程咨询公司等进行项目经济评价的规范性方法，也是有关管理部门审批、核准或备案项目建议书及可行性报告以及金融机构审批项目贷款的重要依据。

项目经济评价的内容，一般包括财务评价（也称财务分析）和国民经济评价（也称经济分析）等两个方面。应根据项目性质、项目目标、项目投资者、项目财务主体以及项目对经济与社会的影响程度等具体情况确定。对于费用效益计算比较简单，建设期和运营期比较短，不涉及进出口平衡等一般项目，如果财务评价的结论能够满足投资决策需要，可不进行国民经济评价；对于关系公共利益、国家安全和市场不能有效配置资源的经济和社会发展的项目，除应进行财务评价外，还应进行国民经济评价；对于特别重大的建设项目尚应辅以区域经济与宏观经济影响分析方法进行国民经济评价。

项目经济评价的深度，应根据项目决策工作不同阶段的要求确定。项目可行性研究阶段的经济评价，应系统分析、计算项目的效益和费用，通过多方案经济比选推荐最佳方案，对项目建设的必要性、财务可行性、经济合理性、投资风险等进行全面的评价。项目规划、机会研究、项目建议书阶段的经济评价可适当简化。

财务评价结论和国民经济评价结论都可行的项目，可予以通过；反之应予否定。国民经济评价结论不可行的项目，一般应予否定。对于关系公共利益、国家安全和市场不足以有效地配置资源的经济和社会发展的项目，如果国民经济评价结论可行，但财务评价结论不可行，应重新考虑方案，必要时可提出经济优惠措施的建议，使项目具有财务生存能力。

（一）财务评价

财务评价是在国家现行财税制度和价格体系的前提下，从项目的角度出发，计算项目范围内的财务效益和费用，分析项目的盈利能力和清偿能力，评价项目在财务上的可行性。

盈利能力的评价指标包括财务内部收益率（IRR）、投资回收期、财务净现值（NPV）、项目资本金净利润率（ROE）、总投资收益率（ROI）等。财务内部收益率是考察项目盈利能力的主要动态评价指标，当其值大于或等于行业基准收益率或最低可取收益率时，表明项目的盈利能力可以达到行业基准要求或决策者可接受的收益率要求，因此，在财务上认为项目是可行的。投资回收期用以反映收回项目投资所需要的时间，当项目的投资回收期小于或等于行业的基准投资回收期或决策者可接受的投资回收期时，表明项目投资能够在规定的时间内收回，投资回收期短，表明项目投资回收快，抗风险能力强。财务净现值是项目评价中常用的动态评价指标，它是按照行业基准收益率或最低可取收益率将项目各年净现金流量折算到建设期初的现值之和，当其值大于或等于零时，项目被认为是可行的。为了反映净现值与投资现值的关系，有时还要计算净现值指数（NPVI）。资本金净利润率、总投资收益率为静态评价指标，用以将计算所得到的指标与行业平均水平或决策者可接受的标准相比较，以确定项目的可行性。

清偿能力评价指标包括资产负债率、固定资产投资、国内借债偿还期、流动比率、速动比率等。

涉及外汇收支的项目，应进行外汇平衡分析，考察各年外汇余缺程度。

财务评价是对项目盈利水平和生存能力的分析，对于任何投资项目都是必不可少的，在矿业项目的经济评价中广为应用。

（二）国民经济评价

国民经济评价是在合理配置社会资源的前提下，从国家经济整体利益的角度出发，计算项目对国民经济的贡献，分析项目的经济效益、效果和对社会的影响，评价项目在宏观经济上的合理性。

国民经济评价是根据国家资源合理配置的原则，从社会的角度考察项目的效益和费用，用影子价格、影子工资、影子汇率和社会折现率等参数计算项目对国民经济的净贡献，评价项目的合理性。

国民经济评价与财务评价的主要区别在于：

（1）评价角度不同。财务评价是从项目的效益出发，系统的边界仅包括项目本身，而国民经济评价则是从国民经济整体利益出发，系统的边界包括整个国家。

（2）效益与费用的含义及范围不同。财务评价是根据项目的实际收支确定效益和费用，只计算项目本身的效益和费用；而国民经济评价则视项目对国家的贡献为效益，国家为项目付出的代价为费用，不仅计算项目效益和费用，而且要分析计算社会效益和费用。

（3）采用的价格不同。财务评价采用以现行市场价格为基础的财务价格及收益率，而国民经济评价则采用由国家发展和改革委员会与建设部组织测定、发布并定期调整的影子价格、影子汇率换算系数、社会折现率及基准收益率。

国民经济评价包括国民经济盈利能力分析和外汇效果分析，评价指标有经济内部收益率和经济净现值。产品出口及替代进口的，还要计算经济外汇净现值、经济换汇成本或经济节汇成本。对于难以量化的外部效益，应进行定性分析。若计算得到的经济内部收益率大于或等于社会折现率，则表明该项目对国民经济的净贡献水平达到了要求。经济净现值是以社会折现率将项目各年的净效益流量折算到项目建设期初的现值之和，当其值大于或等于零时，认为项目是可以接受的。经济外汇净现值是用社会折现率计算的项目对国家外汇的净贡献，若其值大于或等于零，则项目符合要求。经济换汇成本（系数）是用影子价格、影子工资和社会折现率计算的为生产出口产品投入的国内资源现值（以人民币表示）与生产出口产品的经济外汇净现值（常用美元表示）之比，即换取1美元外汇所需要的人民币金额，是分析项目的产品应否出口的重要指标。同样，可以计算替代进口项目的经济节汇成本。当经济换汇成本或经济节汇成本（元/美元）小于或等于影子汇率时，表明该项目的产品出口或替代进口是有利的。影子汇率即外汇的影子价格，体现着从国家的角度对外汇价值的估量，用国家外汇牌价乘以影子汇率换算系数求得。

第三节 矿床技术经济评价

矿床技术经济评价是矿业项目经济评价的基础，它为矿床勘查、矿山设计及建设、矿业权流转等投资决策提供依据。

一、矿床技术评价

矿床技术评价是经济评价的基础，它指矿床物理、化学以及工程特性和采选工艺、设备以及辅助设施等生产条件的分析与确定。矿床的主要特征包括矿产种类、矿床品位及分布、储量、矿体产状、赋存深度、围岩工程地质条件、地层水文地质条件以及矿石选冶加工性质等。

矿床特性的物理分析方法包括：

(1) 磁性法可以测定岩石类型。

(2) 电磁法、电阻率法和诱导极化法可以测定金属矿床中的硫化物和含油砂岩中的泥岩。

(3) γ 射线法可以测定铀、钍、钾的存在。

(4) 中子活化法可以测定铜、铅、锌、金、银等的富集体。

矿床特征的化学分析方法包括：

(1) 比色法可以定性和半定量分析铜、铅、锌、钼等元素。

(2) 发射光谱法可以半定量地同时分析 30 余种元素，快捷、经济。

(3) 原子吸收光谱法（AAS）可以迅速、可靠且经济地同时定量或者半定量分析数种元素。

(4) X 射线荧光法（XRF）可以用于主元素分析，但在微量元素的分析中应用不广泛。

(5) ICP 法可以迅速、准确且方便地同时测定多种元素的含量，但设备投资较大。

(6) 火法可以测定贵金属。

(7) 辐射法可以分析铀。

矿床特性的数理分析法主要用于计算矿床的品位和储量。该类方法包括：

(1) 几何法，诸如三角形法、多边形法、剖面法等；

(2) 数理统计法；

(3) 距离反比加权法；

(4) 地质统计学法，诸如常规克里格法、对数克里格法、指示克里格法等；

(5) 人工神经网络法、支持向量机法等新兴方法。

矿岩特性的工程分析法可以用来对围岩的工程力学性能进行评估，主要包括：

(1) RQD 岩体分类法；

(2) CSIR 岩体地质力学分类法；

(3) Laubscher 岩体地质力学分类法。

此外，经验类比分析法可以用来确定采选工艺、设备以及辅助设施的设计与规划。

二、矿床经济评价

矿床勘查是一个动态的信息收集与完备过程，在此过程中，勘查者不断获取有关矿床的地质与工程技术信息。矿床经济评价可以看做是对此过程中各个阶段工作成果的总结，它决定此过程的发展方向。因此，矿床经济评价的方法与地质勘查阶段密切相关，其形式与内容亦因可供使用的地质与工程技术信息的不同而异。

（一）矿产普查与经济潜力评估

矿产普查是在区域地质和（或）物化探异常研究结果、初步野外观测、极少量工程验证结果、与地质特征相似的已知矿床类比、预测等工作基础上，对可供普查的矿化潜力较大地区、物化探异常区，采用露头检查、地质填图、数量有限的取样工程及物化探方法，大致查明普查区内地质、构造概况；大致掌握矿体（层）的形态、产状、质量特征：大致了解矿床开采技术条件；类比研究矿产的加工选冶性能。

在普查阶段，与勘查项目有关的潜在收支很难确定，现金流或者成本——效益分析方法难以用来确定项目的经济潜力。在此阶段，一般利用反映地质环境与矿床类型之间经验关系或者成矿关系的地质模型来确定详查区域。也就是说，若普查的某一区域表现出与某已知矿区相似的地质特征，并且经济、政策等方面的条件较为有利，则该区域即可以选定为详查区域或圈定出详查区范围。

在矿产普查阶段，项目的经济潜力一般是通过经验类比方法来评估的，不要求正式的风险分析。

（二）区域详查与预可行性研究

区域详查是对普查圈出的详查区通过大比例尺地质填图及勘查方法和手段，比普查阶段密的系统取样，基本查明地质、构造、主要矿体形态、产状、大小和矿石质量，基本确定矿体的连续性，基本查明矿床开采技术条件，对矿石的加工选冶性能进行类比或实验室流程试验研究，做出是否具有工业价值的评价。必要时，圈出勘探范围，供预可行性研究、矿山总体规划和作矿山项目建议书使用。对直接提供开发利用的矿区，其加工选冶性能试验程度，应达到可供矿山建设设计的要求。

预可行性研究包括对矿床地质与选冶特性、储量、采选工艺与设备、基础设施和项目收支的初步评价，特别要对下列几个基本问题进行定量分析。

（1）矿床储量。为使矿床能够经济有效地开采，矿山必须具备一定的生产规模和服务年限。因此，要求矿床储量或者矿产含量大于某一最小值。这个最低开采储量与矿产的种类、矿床的技术条件、矿床开发的经济环境等因素有关。譬如，铁矿床的最低开采储量远比锡矿床的最低开采储量大；平均品位较低的矿床比平均品位较高的矿床的最低开采储量大；原生矿床比冲积矿床的最低开采储量大；工业基础差的地区的矿床比工业基础设施好的地区的矿床的最低开采储量大。

在将矿床实际储量与最低开采储量进行比较时，还应该考虑储量级别这一因素的影响，并可以通过一定的折算系数来实现。对于级别较高的储量，其折算系数可以取较大值；而对于级别较低的储量，其折算系数可以取较小值。

（2）边界品位。边界品位是包含在储量计算中的矿石的最低品位，它是一个既反映技术因素也反映经济因素的决策变量。边界品位随矿产市场价格与生产成本的变化而变化。当矿产市场价格高时，边界品位低；而当生产成本高时，边界品位也高。因此，确定矿床的边界品位需要考虑矿床的地质条件、采选工艺技术、工业基础设施、生产成本、矿产价格等方面的因素。

此外，为使矿床开发现金流的净现值最大，边界品位应随矿床开采时间的延续而降低。

(3) 生产规模。矿山生产规模一般以单位时间（譬如年）产量来度量，它对矿产成本有较大的影响。矿山生产规模过小，则无法利用大型高效设备，分摊到单位产品的固定成本亦较高。因此，随着生产规模的增大，单位产品成本趋于下降。但是，这种下降是有限度的。当矿山生产规模过大时，单位产品的资金成本变大，能源、水资源费用剧增。所以，单位产品的成本趋于升高。因之，对于特定的矿床，一般存在一个使单位产品成本最小的矿山生产规模，称之为最佳生产规模。

在工业发达国家或地区，矿山服务年限一般为8～30年。在矿床储量和品位一定的条件下，对于不同的服务年限，可以算得一个矿山生产规模及相应的总成本。使得单位产品成本最小的矿山生产规模即可认为是最佳生产规模。

矿山生产规模及服务年限还可以参照有关规范确定或者按照经验方法估算。矿山最佳生产规模也可以由矿床开发的最大利润来定义，并采用现金流分析法来求算。

(4) 现金流分析。现金流分析是预可行性研究的一个重要内容，其结果定量地反映着项目的经济可行性，是投资决策的重要依据。

预可行性研究中的现金流分析包括下列几个基本步骤：

1) 将项目的地质特征和工程因素转化为资金支出。

2) 将矿床储量转化为资金收入。

3) 估计这些资金收支的发生时刻。

4) 将这些发生在不同时刻的资金收支即现金流按照某一时间基准进行折算，以反映资金的时间价值。必要时，还应定量分析风险因素对投资效果的影响。

(5) 预可行性研究报告。预可行性研究报告是区域详查阶段的最终成果，是对矿床技术信息的总结和对矿床开发项目的初步规划，是有关矿床勘探与详细可行性研究进行与否的决策依据。

预可行性研究以矿床的地质信息、采选工艺的初步规划和项目收支的概算为基础，包括下列基本内容：

项目概况，包括矿床的地理位置、交通运输、地形地貌、气候条件、开发状况、资源许用条款、采选工程计划。

矿床地质，包括区域地质、矿床地质、储量估算、勘探计划。

采矿计划，包括矿体产状、采矿设计及备选方案、设备选型。

选矿设计，包括矿石与精矿的技术特征、选矿设施规划。

原料供应，包括能源、水源、油料、炸药、配件等供应。

交通运输，包括公路、机场、桥梁、码头、铁路等必要的交通设施建设规划。

服务设施，包括职工住宅、教育、医疗、办公场所等的规划。

劳动力需求，包括劳动力的素质、数量和可用性。

环境保护，包括环保规划、环保法规的描述。

法律因素，包括矿业法、税法、外资法、政治风险分析。

经济分析，包括厂房、设备、基础设施、材料、劳务等的成本估算；产量、消费、价格等市场因素的分析；利润的预测；现金流及净现值分析；风险或者敏感性分析。

表7-6和表7-7以德国金属（MG）对加拿大某铅锌矿的预可行性研究为例，说明预可

行性研究的主要技术与经济内容。

表 7-6 某铅锌矿预可行性研究的技术内容

简况	矿床位置：位于加拿大巴芬岛北海岸 Strathcona 海湾附近，北极圈以北 760km 评价时间：1973 年至 1976 年
矿床类型	矿体产状：水平 S 形透镜状硫化矿，垂向有根状伸展；长 3000m，宽 80m，平均厚度 6m 矿物分布：矿物在矿体中的分布较均匀 共生矿物：闪锌矿和方铅矿以及黄铁矿和白铁矿 矿物粒度：闪锌矿 >5mm，方铅矿平均为 3.5mm，黄铁矿更细
矿石，品质	主要产品：闪锌矿和方铅矿 副 产 品：方铅矿中的银 边际品位：7% 锌当量 平均品位：锌 14%，铅 1.4%，银 1.77oz/t 矿石储量：地质储量 697 万吨，可采储量 585 万吨
采选工艺	采矿方法：房柱法 矿石运输：铲运机（LHD） 选矿工艺：破碎、磨矿、铅浮选、锌浮选 选厂能力：1500～1600t/d 回 收 率：锌 96%，铅 80% 精矿质量：锌精矿含锌 58%～59%，铅精矿含铅 60% 并含银 8～10oz/t
基础设施	建 筑 物：选厂设施、辅助厂房、附加建筑、办公室 能　　源：6000kW 柴油发电机 运　　输：50000 吨级船舶码头，2000m 跑道机场 居 民 区：容纳 850 人的家庭住宅、学校、医院、消防队、警察局、饭店、影剧院、体育场

表 7-7 某铅锌矿预可行性研究的经济内容

矿山规模：			
设计能力	525000t/a	废 石 量	400000t/a
服务年限	>13 年	精矿产量	125000t/a
生产天数	350d/a	雇员数量	150～180 人
投资金额：			
勘探	430 万美元	其中：政府补贴	850 万美元
设备	3690 万美元	公司自筹	1000 万美元
利息	310 万美元	政府贷款	500 万美元
流动	500 万美元	银行贷款	2150 万美元
经营成本：14.36 美元/t（不含折旧和利息）			
现金流分析（选录；货币单位：1000 美元）：			

续表 7-7

年 份	1977	1979	1981	1983	1985	1987
原矿产量/t	490000	490000	490000	490000	490000	490000
锌含量/%	15.8	16.5	15.3	15.3	11.0	11.0
锌精矿/t	121354	127192	117822	117822	84719	84719
铅精矿/t	3560	12010	9970	9970	12370	12370
锌精矿收入	29989	31431	29175	29175	20465	20465
铅精矿收入	319	1077	894	894	1110	1110
总收入	30308	32508	30070	30070	21576	21576
总成本	16631	17346	17266	16876	16420	16280
毛利润	13677	15163	12803	13193	5155	5295
贷款利息	6721	5064	3355	1919	1919	1919
纳税	0	0	0	1828	151	50
关税	0	0	688	711	237	244
现金流	6955	10098	8760	8734	2846	3081
偿付贷款	7885	11223	8760	3109	0	0
盈亏	-930	-1125	0	+5625	+2846	+3081

内部收益率的敏感性分析：

变化因素	锌价格（美分/镑）		
	22.8	24.4	27.8
上述基准条件	15%	19%	26%
无政府补贴	11%	14%	20%
补贴增加500万美元	20%	24%	31%
经营成本增加10%	13%	17%	24%
投资增加10%	12%	16%	22%
精矿销往欧洲	17%	21%	27%

该矿床用房柱法开采，选厂能力为每日1500～1600t原矿。锌和铅的回收率分别为96%和80%。基础设施的建设工程量较大，包括办公楼、厂房、海港、机场、居民区等。

经济分析包括四个主要方面：

（1）矿山规模，含采选能力、雇员数量、服务年限等；

（2）成本估算，含投资、经营成本、资金结构及来源等；

（3）现金流分析；

（4）敏感性分析，含项目的内部收益率受锌价格、政府补贴、经营成本、投资额和销售市场等因素的影响情况。

（三）矿床勘探与可行性研究

矿床勘探是矿产勘查的最后阶段。此阶段是对已知具有工业价值的矿床或经详查圈出的勘探区，通过加密各种采样工程，其间距足以肯定矿体（层）的连续性，详细查明矿床地质特征，确定矿体的形态、产状、大小、空间位置和矿石质量特征，详细查明矿体开采技术条件，对矿产的加工选冶性能进行实验室流程试验或实验室扩大连续试验，必要时应进行半工业试验，为可行性研究或矿山建设设计提供依据。此阶段的最终成果是（详细）可行性研究报告，它是预可行性研究报告的补充、深入与完善，可以为项目的资金筹措和矿山建设等方面的决策提供依据。

编写的（详细）可行性研究报告一般需要包括以下主要内容：

（1）总论，包括项目及其承办关系、研究工作依据、项目概况等。

（2）项目背景和发展概况，包括项目提出的背景、投资环境、建设的必要性、项目发展概况等。

（3）建设条件与规模，包括矿产资源条件、矿区地理条件、社会条件和合理规模等。矿产资源条件涉及可能起源、地质构造、矿岩类型、矿床尺度、产状及形态、连续性、埋藏深度、储量级别和分布等；矿区地理条件涉及地理位置、地表条件、交通状况、气候条件、行政区域归属等；社会条件涉及土地所属关系、法律法规（采矿法律法规、劳动法、许可证、合作伙伴协议、复垦及环保要求、社区发展等）。

（4）市场分析，包括最终销售产品的市场结构、供给、需求、价格、主要买主、替代品分析、产量、销量、收入及其发生时刻、税收等因素的评估。

（5）采选技术方案，包括项目组成、详细的采选技术方案、采选试验报告、采选流程确定、详细的设备选型、总平面布置、电控设备设计、公用与辅助工程、生活福利设施等。

（6）环境保护与劳动安全，包括环境保护的可行性研究、主要污染源与污染物、综合利用与治理方案、环境影响评价、劳动保护与安全等。

（7）矿山企业组织与劳动定员，包括企业组织结构、人员配备与培训方案等。

（8）建设实施进度计划，包括建设项目实施时期的各项工作、工程量、实施进度表等。

（9）投资估算与资金筹措，包括勘探费用、基建工程、采选矿成本、流动资金、管理成本、通货膨胀、资金筹措渠道、利润分配方案、债务偿还方式等。

（10）经济效益与社会效益评价，包括生产成本与销售收入、财务评价（财务分析）、国民经济评价（经济分析）、不确定性分析、投资效果评价指标（净现值、收益率或者其他决策指标）对有关影响因素（诸如产品价格、市场、通货膨胀率、资本结构等）变化的敏感性分析、评价结论等。

（11）结论与建议，包括矿山建设方案的综合分析评价与方案选择，运用各种数据，从技术、经济、社会、财务等方面论述项目的可行性，推荐最佳方案，提出决策参考，指出项目存在的问题、结论性意见和改进建议。

对于改造扩建项目的可行性研究，还应包括对原有固定资产的利用和企业现有概况的说明；对于技术与经济条件比较简单的项目，预可行性研究与（详细）可行性研究可以合并进行。

第四节 矿业项目融资

矿业项目的融资是矿业投资决策的一个重要方面。

资金的来源可以分为内部资金、贷款、证券和其他资金等四类。企业预留资金是内部资金的主要部分，它是企业扣除成本、税收和股东分红之后的剩余利润。资产折旧和资源消耗即设备与资源残值的减少，也可以看做是内部资金来源，因为它们可以显著地减少纳税。

贷款是一种重要的外部资金来源，它包括银行贷款、债券、出口信贷、世界银行贷款等。发行股票是另一种外部资金筹集方式，在市场经济条件下，它对投资项目的筹资起着重要作用。在某些情况下，政府和国际援助也是矿产开发项目的重要资金来源。

各种资金来源在矿业投资项目中的作用，往往因投资项目的性质、矿种或者矿床的类型、国内外政治经济形势的不同而异。地质勘查项目的资金一般主要来源于投资者内部。勘查项目的高度风险性和勘查信息的机密性，使得贷款筹资方式在勘查项目融资中的作用受到很大限制。但在加拿大等国家，一些专门从事矿产勘查的公司，常采用发行股票的方式筹集勘查资金。另一方面，矿山建设项目的资金来源要比勘查项目的资金来源更广泛，包括银行贷款、内部资金、出口信贷、股票、政府贷款及援助等各种来源。

在20世纪60年代以前，矿业投资项目的资金来源以内部资金为主。而后，随着矿山生产规模及投资额的增大和贷款形式的灵活多样化，贷款逐渐成为矿产开发项目的重要融资方式。

随着世界经济全球化的发展和世界贸易的加强，发展中国家的矿业投资项目，常常通过多边援助组织筹措资金。联合国自然资源勘查循环基金和联合国开发计划署，不仅支持矿产资源勘查项目，而且为矿山建设项目提供资金援助。此外，这些组织对地质勘查方面的科学研究与教育设施亦予以支持。

最后，多边投资正在成为一种日益广泛采用的矿产开发融资与合作方式。它的主要特点是：

（1）分担风险，包括项目建设、矿床地质、生产销售、政治等方面的风险。

（2）促进融资。多方投资不仅广开财源，而且可以提升筹资信誉，因而易于得到金融机构的支持。

典型的多边投资项目是巴布亚新几内亚的OK Tedi铜金矿床开发项目。此项目的勘查投资主要由澳大利亚、美国和德国的三家公司的资本构成，分别拥有37.5%、37.5%和25%的股份。矿床经营由澳大利亚的BHP公司、美国的Amoco公司、德国的发展中国家投资金融公司（DEG）与德国金属公司（MG）联合体和巴布亚新几内亚政府等四方合作，分别占有30%、30%、20%和20%的股份，出资额占基建投资总额8.55亿美元的30%。其余的70%则为贷款。提供贷款的金融机构包括德国复兴信贷银行（KfW）、澳大利亚出口金融保险公司（EFIC）、加拿大出口开发公司（EDC）、奥地利控制银行（OKB）、美国花旗银行（Citibank）、英国莱斯（Lloyds）国际银行、英国出口信用担保局（ECGD）、美国海外私人投资公司（OPIC）等。

思 考 题

(1) 分析主要矿业项目经济评价方法的适用条件。
(2) 分析矿业投资的风险因素及其影响。
(3) 分析矿床经济评价与矿产勘查及资源评估的关系。

第八章　矿业经济模型

第一节　系统模型

系统模型是关于系统的形式化表述，以反映系统内在的和外来的各因素及其相互作用关系。按照构造模型的目的，可以将系统模型分为二类。主要用于分析系统及其特征行为，但不涉及该行为及其后果的价值判断的模型，称为描述性（descriptive）或者预测性（predictive）模型，属于实证方法（positive）；而不仅用于分析系统内在和外来因素对系统行为的影响，而且能够表明该行为及其后果优劣的模型，称为指定性（prescriptive）或者指示性（indicative）模型，属于规范方法（normative）。实际的系统模型大多既用于预测性的目的，也用于指示性的目的。有时，可以通过对描述性或者预测性模型进行技术处理而得到指定性或者指示性模型。

确定性库存成本模型是一个典型的描述性模型，其数学表达式如下：

$$C_T = C_I Q/2 + C_O D/Q \tag{8-1}$$

式中　C_T——某期库存总成本；

C_I——单位库存量的维护成本；

C_O——每次补充库存的订购成本；

D——需求量；

Q——订购量。

该模型描述了库存总成本由维护成本和订购成本二部分构成，也定义了库存总成本与单位库存量的维护成本、每次补充库存的订购成本、需求量和订购量之间的函数关系。由此模型可以预测库存总成本。然而，若研究的目的是求算使库存总成本最小的订购量，则通过对此库存成本模型进行数学处理，即令库存总成本对订购量的导数为零，便可以得到使库存总成本最小的最佳订购量与维护成本、订购成本和需求量之间的函数关系如下：

$$Q^* = \sqrt{2DC_O/C_I} \tag{8-2}$$

这个最佳订购量模型，便是一个指示性模型，它表明了为使库存总成本最小而应采用的单次订购量。

再如，系统仿真模型本身是描述性模型，多用于系统行为后果的预测。但是，当确定了系统优化准则之后，便可以通过调整仿真模型的参数并进行反复的仿真实验，分析得出使系统准则达到最佳值的系统参数，由此实现系统的优化设计。此时，预测性模型便是用于指示性的目的。

按照构造模型的方法，也可将系统模型分为二类。主要基于系统理论而建立的模型称为行为模型，例如，经济计量模型是典型的行为模型。主要基于工程概念而建立的模型称为过程模型，例如，数学规划模型是典型的过程模型。行为模型强调经济决策的行为特征，故多用于预测性的目的；而过程模型则强调系统的技术方面，因此多用于指示性的目的。

系统模型研究是一个包括辨识问题、定义系统、确定模型构造与实现的方法、验证模型和应用模型等五个基本步骤，不断反复，渐臻完善的过程，如图 8-1 所示。

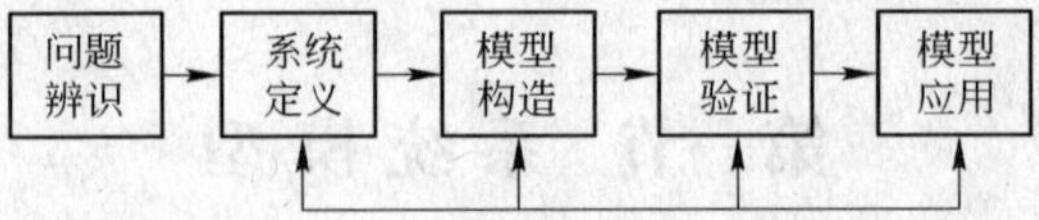

图 8-1　系统模型研究过程

辨识问题是系统模型研究的第一步。一个经济系统可能表现出利润下降、成本上升、质量低劣、产量减少、销售不畅、供给不足等问题，决策者应首先据此确定系统改进的目标，然后对影响系统的因素进行分析。影响系统行为的因素是多方面的，其中有些是决策者可以控制的，而另一些则是其不能控制的。

定义系统就是依据所确定的系统目标，通过对可控与不可控因素的分析，确定所要研究的系统边界，找出系统的特征。

系统研究的目的与系统特征支配着模型研究的下一个基本步骤，即模型构造方法的选择与实现。譬如，常用的经济系统模型有经济计量模型、工程过程模型和投入产出模型。这些模型各具特点，适用于不同的研究目的与范围，应予恰当地选择。所选定模型的构造方法，一般包括经济理论、工程概念、数学分析以及基础数据的采用，模型的实现则通常以计算机为手段。

系统模型研究的第四个基本步骤是验证模型。它一般包括两个方面的意义，第一是检验（verification）模型，指模型是否得以正确地实现。如果一个系统模型没能依其构造者所希望的方式描述系统，譬如说存在计算机编程错误，则很难相信该模型能够准确地表述所研究的系统。即使所建模型的确依其构造者所希望的方式描述系统，也还不能保证该模型会准确地描述所论系统，因为模型是按照其构造者对真实系统的理解与简化而建立的，而这种理解与简化本身可能存在较大的偏差。验证模型第二方面的意义即是指如何确保模型描述真实系统的准确性，称此为证实（validation）模型。

模型验证的理论与方法尚不完善。一般做法是，为了检验模型，主要是指确保模型譬如计算机模型的正确性，编程应遵循结构化设计方法，对程序分块调试，跟踪运行；在简单条件下，分别进行计算机仿真运行和徒手计算，以检验模型的输出结果。模型证实是更为复杂和困难的工作，为了证实模型，即确保模型表述真实系统的准确性，建模过程中需要对所研究的系统进行深入细致的分析，掌握系统特征；对建模假设进行必要的定量检验或者专家评判；对模型输出结果进行统计分析，并与有关的实际数据进行对比。

系统模型研究的最后一个步骤是应用模型，即利用所建立的模型得出对所辨识的问题的解答或者建议，包括解释系统的运动历史、分析有关因素的影响与决策的后果、预测系统的未来行为等。同时，系统模型在应用中将得以不断修正与完善。

第二节 矿业经济模型及其适用条件

经济模型是关于经济系统的形式化表述，以反映系统内在的和外来的技术、经济、政治、社会等方面各因素及其相互作用关系。经济模型可以为分析、预测和调控经济系统的行为提供辅助手段，是数量经济学的主要研究方法。经济模型虽然不能完全表达支配经济系统行为的所有影响因素及作用关系，却可以用来研究经济系统行为的可能后果和经济决策的风险及不确定性，或者分析经济政策对经济系统行为的影响作用。

经济系统模型研究过程中最困难的步骤之一，是选择适合待解决问题的模型构造方法。所谓的通用模型是不存在的，不同的模型结构决定其适于解决相应类型的矿业经济问题。譬如，涉及时间概念和空间概念的经济问题，一般分别要求采用经济计量模型和数学规划模型来研究。表 8-1 列出了三类主要的经济模型，即经济计量模型、工程过程模型和投入产出模型在用于解决经济问题时的适用条件。

表 8-1 矿业经济模型的适用条件

模型	适用条件	不适用条件
经济计量模型	分析需求与宏观经济趋势的联系； 短期或者中期预测； 分析周期性波动； 评估供给干扰（如卡特尔）的影响； 预测一般性技术变化； 分析边际与可逆替代； 分析商业性或者经济性储备的影响	分析需求与消费者的特定工程决策的联系； 进行长期预测； 分析结构性变化； 评估需求干扰（如价格管制、配给）的影响； 分析特定的工艺变革； 分析不可逆替代； 分析战略性储备和资源保护政策的影响
工程过程模型	分析特定应用的需求； 分析非边际替代； 分析技术变化的影响； 长期预测； 分析结构性变化的影响； 分析消费者的工艺革新决策	分析一般性应用中的多种产品需求； 测定需求弹性； 分析经济周期以及宏观经济因素对需求的影响
投入产出模型	综合分析消耗； 分析结构性变化的影响； 分析假定技术变化的影响； 分析主要宏观经济变化对消耗的影响； 预测消耗	确定条件改变后的特定消耗； 分析经济周期的影响； 分析未定技术变化的影响； 分析次要宏观经济变化对消耗的影响； 预测价格

表 8-1 中所列的仅仅是选择经济模型时必须考虑的关键因素，还有很多因素影响模型的选择。譬如，工艺技术和经济结构的变化是影响经济模型选择的重要因素，因为它们影响消费、生产的转移和替代性；经济系统研究所涉及时间跨度的不同，例如，短期、中期或者长期预测研究，对构造模型的方法及模型结构亦有不同的要求；所建模型与其他模型或者外来因素的兼容性，对该模型的实用性也有较大影响。

一、经济计量模型及其适用条件

经济计量模型是最常见的经济模型之一，其广泛的研究与应用推动了以经济理论的经验表述和验证为主要研究内容的经济计量学这一应用经济学科的形成。

经济计量学的基本研究方法是：根据统计资料，采用数学及数理统计学方法，为经济理论中所阐述的经济变量关系计量出实际数值。然后，用计量结果验证或者改进经济理论，并进一步解释过去、预测未来和制定经济决策。

建立经济计量模型的主要步骤包括：

（1）构造模型，即基于经济理论，以数学方程式表达经济变量之间的相互关系；

（2）估算参数，即运用数理统计方法，根据实际数据估算模型的参数值；

（3）验证模型，即通过对所估算参数进行统计检验以及将因变量预测值与观察值进行对比分析，验证或者改进模型所依据的经济理论；

（4）使用模型，即根据模型解释有关经济现象、预测有关经济变量的数值以及评估各种经济政策的可能后果。

经济计量模型的表现形式一般依所研究的经济系统及其变量的不同而异。图 8-2 表示一个矿产市场的经济计量概念模型，它描述了矿产市场的主要变量包括需求、供给、价格和存量之间的相互作用关系以及有关变量的影响因素。图中影响矿产需求的外部因素包括替代品价格、工业活动水平等；影响矿产供给的外部因素包括地质、技术、政策、市场结构等。

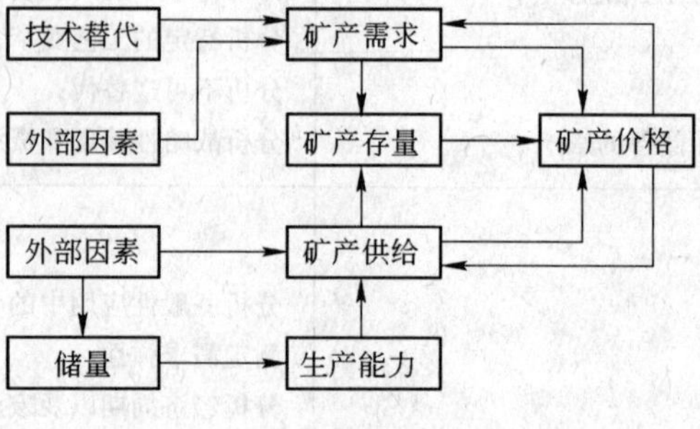

图 8-2 矿产市场的经济计量模型

矿产市场的经济计量模型还经常以数学形式表述。竞争条件下矿产市场的经济计量模型的基本形式如下：

$$D_t = d(P_{t-\eta}, PC_{t-\theta}, A_t, T_t) \tag{8-3}$$

$$S_t = s(P_{t-\eta}, G_t, Z_t, W_t) \tag{8-4}$$

$$P_t = p(I_t, D_t) \tag{8-5}$$

$$I_t = I_{t-1} + S_t - D_t \tag{8-6}$$

式中 D_t——t 期的矿产需求；

S_t——t 期的矿产供给；

P_t——t 期的矿产价格；

$P_{t-\eta}$ ——$t-\eta$ 期的矿产价格；

$PC_{t-\theta}$——$t-\theta$期的互补品与替代品价格；

I_t——t期的矿产存量；

I_{t-1}——t前期的矿产存量；

A_t——t期收入或者工业活动水平；

G_t——t期的地质因素影响；

Z_t——t期的政府政策影响；

W_t——t期的市场结构影响；

T_t——时效；

η，θ——时滞；

d，s，p——函数，依据经济理论由回归分析方法确定。

一般地说，经济计量模型适于分析总量及其间的关系，它能够较好地使矿产需求与宏观经济趋势相互联系，但却难以分析矿产需求与矿产消费者特定的工程决策间的联系。对消费者数目较小或者应用范围较窄的矿产需求的分析尤其需要具体研究，而不是一般的统计分析。

经济计量模型较为适于短期和中期经济预测，因为此种情况下的国民经济或者产业结构相对稳定或者变化趋势可以预测。而在长期范围内，比如说15至25年的期限内，国民经济或者某些矿产市场的结构可能发生较大变化，经济计量模型的预测结果则会产生较大的误差，必须考虑技术的变化而对其加以修正。

经济计量模型能够利用历史数据，较好地分析特定矿产市场随经济周期波动而变化的行为，但是不适于分析结构性变化。譬如，在矿产市场由垄断及管制价格型转变为竞争型的条件下，必须在模型中建立价格调整机制，才能使经济计量模型得出有意义的结果。

经济计量模型能够较好地评估供给干扰，诸如垄断组织等的影响，但却难以评估需求干扰，诸如价格管制、配额等的影响。这是因为供给干扰趋于改变供给总量，而需求干扰则趋于改变市场运行机制。

经济计量模型能够预测表现为一定趋势的一般性技术进步，但是难以处理特定工艺变革所带来的影响。

经济计量模型大都基于完全竞争条件存在这一假设，因此较适于分析边际替代和可逆替代，而不适于研究因价格突变而引起的根本性替代或者不可逆替代。

最后，经济计量模型可用于分析商业性或者经济性矿产储备政策，而不适于研究战略性矿产储备政策，因为后者几乎不受市场条件的支配。

二、工程过程模型及其适用条件

工程过程模型是一类基于工程概念而建立的模型。该类模型力图将矿业生产过程中的技术结构与矿业系统中的经济变量联系起来，因之又称为技术经济模型。

工程过程模型与经济计量模型的基本区别是：在经济计量模型中，反映产品生产转化过程的生产函数通常由数理统计方法得出；而在工程过程模型中，生产函数则是通过描述各种生产可能性的数学方程式体现的。在工程过程模型的构造过程中，整个生产流程被分解为各个生产阶段的不同组合。然后，依据确定的准则对每一种组合进行仿真分析以选择最佳生产可能性，或者利用数学方法进行全生产流程的优化。

工程过程模型包括系统仿真模型和系统优化模型。系统仿真模型可以用于分析技术、政策和经济等因素对矿产市场的影响，尤其适合于分析那些与生产成本或者设计决策直接相关变量的影响，因为仿真模型中包含着矿业生产与矿产利用方面的工程细节。在技术方面，仿真模型可以用于分析产品设计的更新对矿产需求的影响或者生产工艺的变革对生产成本的影响；在政策方面，仿真模型可以用于分析法律约束或者设计规范对矿产需求的影响；在经济方面，仿真模型可以用于分析产品生产能力或者产量对矿产需求的影响。

系统仿真模型不适于分析技术与政策因素对替代的影响以及与替代过程有关的时滞和不可逆性。

系统仿真模型不适于测定与矿产供需有关的参数，诸如供给弹性、需求弹性、替代弹性、交叉弹性、收入弹性以及与决定供需的自变量有关的时滞。仿真模型一般也不用于短期或者中期预测。但是，在其他模型难以使用的情况下，可以用于长期预测。在预测时，需要将预期的技术变化纳入模型中，以分析这种变化对经济系统的影响。

系统仿真模型能够将矿产需求与矿产消费者的特定工程决策或者将生产成本与特定生产工艺技术联系起来，这是由仿真模型自身的个量处理特征所决定的。同理，仿真模型难以将供需关系与宏观经济趋势相联系。譬如，一个铝业系统仿真模型，可以用于分析飞机制造商大幅度提高铝锂合金使用量这一决策对生产成本的影响，却不能分析铝需求与国民生产总值或者工业生产指数之间的关系。

系统仿真模型在结合了适当的需求函数之后，也能像经济计量模型一样，用于分析供给干扰、周期性波动、储备政策以及贸易政策等因素的影响。

另一类工程过程模型是系统优化模型。该类模型基本具有上述的系统仿真模型的特点。它与仿真模型的不同之处在于，仿真模型用经验推断方法分析生产过程的变化趋势，是一种描述性模型；而优化模型则注重以生产成本最小或者利润最大为目标的生产资源与工艺技术的经济组合的抉择，是一种指示性模型。

系统优化模型难以用于多目标决策，而现实中的厂商经营目标往往是多重的，不仅要使成本最小或者利润最大，还要占据市场、保护信誉、扩大生产和维持生存。优化模型一般也不包含时间因素，难以反映经济系统的动态性。最后，不完全竞争条件下的系统优化模型缺乏鲁棒性，适应性差，而矿产市场往往处于不完全竞争状态，表现出较为明显的寡头垄断或者市场集中。

所以，系统优化模型在矿业经济系统研究中的实际应用较为有限。

三、投入产出模型及其适用条件

投入产出模型是一种研究经济系统中各部门（作为生产单位或者消费单位的产业部门、行业、产品等）之间投入与产出的相互依赖关系的经济数量分析方法。它以代数联立方程体系和表格形式，描述经济系统中有关经济单元或者经济活动间的相互关系。投入产出模型是一种行为模型，主要用于描述性目的，但是，它也能与系统优化模型较好地结合，形成投入产出优化模型，用于指示性目的。

经典的投入产出模型主要用于宏观经济研究，其基本步骤包括：

（1）将国民经济系统的中间需求与最终需求活动划分为 n 个产业部门；

（2）估算每个产业部门在一定时期内的销售额在各个部门的分布，并将其以矩阵 $\boldsymbol{S}=$

$[s_{ij}]$（i，j=1，2，…，n）来表示，称为转移矩阵；

（3）将最终需求按产业部门分解，并以矢量 $\boldsymbol{Y}=[y_i]$ 来表示；

（4）将附加价值按产业部门分解，并以矢量 $\boldsymbol{V}=[v_i]$ 来表示；

（5）建立产业部门的联系平衡方程，即 $X=SL+Y$ 或 $X=S'L+V$，其中 $X=[x_i]$ 为产业部门的总产出，$\boldsymbol{L}$ 为 n 维单位向量，S'为 $\boldsymbol{S}$ 的转置矩阵。

这两个平衡方程的经济意义是：产业部门的总产出等于本产业向其他产业的销售额与最终需求之和，或者等于本产业从其他产业的购买额与附加价值之和。

若将产业部门 j 生产单位产品所需要的产业部门 i 的产品投入量定义为投入系数，并以 a_{ij}来表示，则有 $a_{ij}=S_{ij}/x_j$。该系数又称为技术系数、生产系数或者直接消耗系数，而矩阵 $\boldsymbol{A}=[a_{ij}]$ 则称为结构矩阵。

由上述定义可知：$\boldsymbol{S}=\boldsymbol{AX}$。若将其代入部门联系平衡方程，则可以得到：$X=BY$。其中，$B=[b_{ij}]=[\boldsymbol{I}-\boldsymbol{A}]^{-1}$，称为完全消耗矩阵或者里昂惕夫逆阵，而 b_{ij}称为完全消耗系数，表示产业部门 j 生产单位最终产品所需要的产业部门 i 的直接与间接产品投入量，$\boldsymbol{I}$ 为 n 维单位矩阵。

某时期的投入产出模型一旦建立，便可以用于预测有关产业部门产品的消耗量，进而制定经济计划。当然，在预测时，一般需要对消耗系数予以修正。

投入产出模型的主要优点在于其综合性，它是唯一能够将各种矿产以及其他投入进行总体分析的模型，对分析矿产综合利用及比例关系很有价值。投入产出表很便于考察各类最终需求、不同的最终需求型产业以及其他特定部门的矿产消耗的各自意义。投入产出模型的矩阵形式，很便于数学处理以及各种直接和间接消耗的计算。

另一方面，投入产生模型的综合性也意味着投入产出表的编制与调整包括转移矩阵和结构矩阵的修正较为困难。因此，利用投入产出模型研究矿业经济系统通常是一项复杂、艰巨的工作。

投入产出模型中的技术系数会受经济周期的影响；生产能力的利用率或者生产规模的变化，也意味着生产过程和技术结构的显著变化；投入系数还受技术进步的影响。因此，为使一个投入产出模型适用于另一时间和场合，必须对其进行各种调整。

第三节　矿业经济模型的应用

经济模型已经应用于矿业经济研究的各个方面：

（1）分析市场以确定市场组织的形式及机制，进而稳定市场需求、供给和价格；

（2）基于政策、产品工艺和最终使用策略等因素，预测矿产的供需和分析矿产的利用结构；

（3）分析工程过程以描述国民生产总值、最终产品、产业内部技术转化过程和矿产消耗间的相互关系；

（4）分析矿产供需、运输成本和工业设施布局间的相互关系；

（5）分析产业结构以确定最终需求与矿产消耗间的关系；

（6）规划矿业经济政策，诸如资源、投资、税收、环保、贸易和储备等政策。

一、经济计量模型的应用

在矿业经济研究中应用经济计量模型，必须考虑到矿业经济系统行为的特殊性，诸如矿产的中间需求性、矿产潜在供给或者储量的动态性、矿产定价的合同性、矿业投资的时滞性、矿产卖方市场的集中性等。

（一）竞争条件下的经济计量模型

竞争条件下的矿业经济计量模型研究相当广泛。Desai 的锡模型是最早的矿业经济计量模型之一。该模型解释了国际锡市场价格的波动，研究了改善市场条件，以稳定发展中锡出口国家的销售收入的措施，分析了通过国际储备与产量限制来减轻价格与收入波动的可能性。Smith 等后来扩展了该模型，将国际锡理事会（ITC）的经济性储备与美国通用服务局（GSA）的战略性储备的影响进行了对比研究。

在美国政府的赞助下，CRA 公司对铝及铝土、铬、钴、铜、锰、铂和钯市场进行了经济计量研究，以评估联邦政府在这些矿产的生产者发起供给管制条件下的政策抉择。

铜市场也是经济模型研究的主题。Fisher 等建立的世界铜市场模型，被认为是主要的矿业经济计量模型之一。该模型用于回答当时的几个政策问题，包括铜出口国卡特尔的行为会如何影响铜市场、智利铜出口量的增加会对智利销售收入与国际铜市场的价格产生怎样的影响以及新增供给源会对伦敦金属交易所（LME）的价格产生怎样的影响。

CRA 公司后来发展了上述铜模型，考察了矿产勘查、资源发现与生产能力形成对铜市场的影响以及对长期非均衡的调整。Labys 在此基础上，研究了矿产存量对铜市场的影响以及相应的短期非均衡调整。

Ogawa 也建立了一个国际铜市场模型，其特点是包括价格形成中的预期因素，分析了它对市场供需量的影响。加拿大自然资源部（CMNR）的 Smithson 等在其建立的铝、铜、镍和锌经济计量模型中，也曾考虑了人们对价格的预期这一心理因素。

Labys 建立了竞争条件下的石油市场的经济计量模型，借以分析石油的需求、供给、存量和价格之间的均衡调整过程；MacAvoy 等建立了天然气的经济计量模型，分析了联邦政府有关天然气井口价格和天然气输送业盈利水平方面的政策对天然气工业的影响；Labys 等建立了美国煤炭市场的经济计量模型，以预测煤炭的需求、供给、价格和存量水平。

（二）垄断条件下的经济计量模型

垄断市场条件下的矿业经济计量模型研究较为有限，其中 Burrows 和 Adams 的钴模型具有一定的代表性。这两个模型分析了垄断生产者以利润最大为原则条件下的钴的消费结构、垄断生产者行为以及美国通用服务局（GSA）的储备对生产者价格的影响。

Blitzer 等建立了垄断条件下的石油市场经济计量模型，分析了欧佩克（OPEC）在世界石油市场中的经济行为。

（三）中间市场的经济计量模型

中间市场即介于纯粹竞争与纯粹垄断之间的市场，包括不完全竞争与寡头垄断市场。

中间市场的经济计量模型包括 Burrows 的铝模型、CRA 公司的镍模型、Pindyck 的铜与铝模型以及 Gupta 的锌模型。

（四）其他经济计量模型

经济计量模型还被用来研究能源、劳务和资本之间以及各种能源之间的相互替代问题。

二、工程过程模型的应用

（一）系统仿真模型

系统仿真模型的典型应用是 Field 等建立的世界镁业模型。世界镁业市场具有明显的垄断特征，镁需求的67%来自美国，其中三分之二以上由道化工公司生产，另三分之一由阿迈克斯特种金属公司和西北合金公司生产。为了分析这一矿产市场的行为，尤其是研究镁生产的工程参数和镁定价的独特机制，Field 等建立了世界镁业系统仿真模型。

该模型由 5 个主要部分构成，即美国常规需求、美国潜在需求、世界剩余需求、美国与世界镁生产成本和世界市场价格。

美国常规需求包括军工业、铝合金业等部门。对每一个部门，都建立了基于工业指数和滞后价格的需求的回归分析模型。

美国潜在需求包括汽车制造工业和炼钢除硫工艺需求等两个部分。汽车制造业的需求模型基于三方面的信息，即潜在的应用部件、部件的镁使用量和汽车制造商对镁制部件的看法。由此，可以定义镁的潜在需求曲线。镁在某一具体部件中的应用，取决于镁铝价格比的时间均值。炼钢除硫工艺的需求模型，则是基于镁生产者预测的钢铁除硫处理量、工艺确定的处理吨钢镁用量和炼钢业生产能力的利用率等三个主要因素。

世界剩余需求模型也是基于由回归分析得出的常规需求和由工程经验推断得出的潜在需求，但未将有关变量进行详细分解，缺乏个量性。世界供给假定以一定速率增长，镁的价格假定为世界市场价格而不是美国市场价格，因为世界镁市场供给紧缺、镁价格高于美国市场价格。

美国生产者成本分别根据其各自的生产工艺过程计算。成本模型还包括了一座潜在的新工厂，以考察企业进入对市场的影响。其他生产者的成本则以最大的非美国生产者 Norsk-Hydro 公司的生产工艺为基础进行计算。这些成本模型能够计算给定产量条件下的吨镁成本，并将其分解为原料、劳务、资金和能源成本，以便于利用成本增长指数预测成本。

价格模型将其他四个部分联系起来，为估算需求提供基础。需求决定产量，因而决定成本；生产成本又被用来预测市场价格。由此构成镁市场的动态反馈系统。

该仿真模型包含三种定价机制：

（1）成本定价，即是以道化工公司的生产成本为基础，另加固定的毛利，共同形成价格；

（2）统计定价，即以道化工公司的生产成本和镁业生产能力利用率为基础的回归模型定价；

（3）边际成本定价，即基于每个生产者的生产成本和增产能力指数的定价。边际成本定价机制中，还考虑了潜在的企业进入，以分析进入企业的成本对价格的影响。

该模型已经用于镁业投资与生产决策分析，还可以用于长期规划。

系统动力学模型是一类特殊的系统仿真模型。可以用于辨识、描述和分析系统内部的非线性反馈关系。该类模型在矿业经济研究中，已被用于分析矿产市场的周期性与替代性问题，还被用于研究矿区的可持续发展问题。

（二）系统优化模型

系统优化模型的线性规划模型和二次规划模型，在矿业经济研究中亦有一定的应用。

（1）线性规划模型。线性规划模型主要用于解决工程过程条件约束下，诸如产量、质量等条件制约下的生产资源最佳配置问题。

Henderson 建立了煤炭供需的线性规划模型，以分析煤炭市场的竞争性。模型将美国的煤炭供需市场划分为 14 个地区，优化目标是使煤炭开采与运输总成本最小，基本约束条件为竞争型市场条件。模型得出的最佳供需方案被用于分析煤炭市场的实际供需关系与有效竞争状态间的偏差。

Libbin 等建立了美国东部和西部潜在的煤炭供需对比分析的线性规划模型。该模型不仅将煤炭供给划分为若干地区，而且将煤炭开采工艺按照露天与地下方式予以划分，并将煤质按照含硫量和发热量分为三个等级。模型以燃煤排硫标准为主要的约束条件，以使满足全美煤炭需求的总成本折现值最小为目标，求算煤炭资源的最佳供给方案。

Adams 等建立了美国炼油业的经济计量与线性规划综合模型，以分析经济条件与能源政策对炼油业的影响。模型输入包括产品产量、生产要素价格、副产品价格等，约束条件包括 12 个主要炼油工艺过程及其生产能力和产品质量要求等。产品需求、存量和进口量等通过经济计量模型而获得。模型可以用于中、长期预测。

Deam 等建立了石油及其产品运输的线性规划模型。该模型包括 25 个输送地区、52 种原油、22 个炼油中心以及 6 种运输设备。模型输入包括各地区的产品需求、炼油工艺技术、炼油成本以及各种原油与产品的运输成本。模型可以用于制定原油与产品供需的最佳配置方案，也可以用于分析各种原油因运输和提炼成本不同而导致的相对价格。

Fabian 和 Tsao 等建立了钢铁生产过程优化的线性规划模型。其中 Tsao 等的模型以煤炭品种及供给、炼炉类型及能力、焦炭需求、铁与铁矿石类型及供给、石灰石供给、直接还原能力、钢铁产品类型及需求等为约束条件，以使钢铁工业短期可变生产成本最小为目标，优化钢铁工业的资源配置。

Ray 等建立了钢铁厂生产的线性规划模型。模型的目标是使各工艺的综合成本最小，约束条件包括产品需求、工艺技术和原料价格等方面。该模型可以用于分析三种炼钢工艺即转炉、平炉和电炉的最佳比例、材料需求以及工艺条件，例如平炉供焦率和要素价格条件的变化对资源最佳利用的影响。

Trozzo 和 Nelson 还建立了炼焦与钢铁厂布局与生产及投资规划的线性规划模型。

Hibbard 等建立了美国铜业线性规划模型，以分析铜资源利用的最小成本组合。模型考虑了采矿、选矿、冶炼、成型和最终使用等各个环节，生产函数的优化准则是总生产成本最小。给定条件包括需求函数、最低收益率、进口价格、废旧利用、投资约束等。

Kovisars 建立了世界铜业与锌业市场供需的线性规划模型，Copithorne 建立了分析世界镍业的线性规划模型，Hibbard 等建立了研究美国铝业的线性规划与经济计量综合模型。

（2）二次规划模型。作为另一种系统优化模型，二次规划模型在经济系统研究中主要用于分析生产布局与产品利用方面的空间竞争均衡问题。矿业生产条件各不相同，要素需求差距甚大。因此，生产与交易成本，尤其是运输成本亦因地而异，直接影响生产者的比较利益。利用二次规划模型，可以对矿产贸易进行宏观优化分析，以使市场供需的净社会收益最大。

Kennedy 建立了世界石油市场的二次规划模型，借以对石油市场进行分析和预测。模型考虑的外部因素包括政府的贸易、环境和税收政策等，模型输出包括原油生产水平、消费量、价格、油厂资本结构、世界原油贸易格局等。

Labys 等建立了美国东部阿巴拉契亚地区的锅炉煤运输布局的二次规划模型。该模型还包含了煤炭供需的经济计量方程，因此，在估算煤炭运量的同时，还可以预测价格。模型以使净社会收益最大为目标，可以用于分析煤炭供需对价格弹性、运输成本和按价税率变化的敏感性。

此外，Uri 还建立了电力分配的二次规划模型。

三、投入产出模型的应用

一般地说，投入产出模型已经用于经济研究领域的各个方面，主要包括：

（1）经济计划的编制，特别是中、长期经济计划的编制；

（2）经济与技术结构分析和经济变量预测；

（3）经济政策对经济活动影响的分析；

（4）外贸、能源、环境污染、人口、就业和收入分配等问题的研究；

（5）企业生产结构和资源配置的研究。

在矿业经济系统研究中，投入产出模型亦有一定应用。Krueger 根据美国商业部经济分析局的一个投入产出表，构造了价值型投入产出模型，包括约 80 个产业部门。该模型已经用于规划铝、铬、铅、锰、钯、银、锡、钨、钒和锌等矿产的国家储备。

Ridker 等给出了一个动态的价值——实物型投入产出模型，借以确定美国的矿产消耗与污染排放。模型包含 185 个产品部门，能自动修正投入产出矩阵。

Leontief 等建立了一个世界范围的投入产出模型，借以预测美国和世界 26 种非燃料矿产的消费，包括最终需求型出口、进口和存量变化与矿产的生产，包括矿山产量、副产品产量、进口量和政府储备出售量。模型考虑了最终需求水平、进口依赖程度、废旧利用率和材料替代等影响产量的因素。

此外，Reardon 建立了估算美国能源消费的投入产出模型；Beltzer 等建立了估算美国石油需求的投入产出模型；Rose 等建立了分析能源开发对区域经济与收入分布影响的投入产出模型；Miernyk 等和 Kolk 建立了分析能源涨价对区域经济与就业影响的投入产出模型。

在我国，投入产出模型还被用于研究地区铁矿石产量预测和矿山生产及规划问题。

思 考 题

（1）　经济模型研究的方法及特征有哪些？

（2）　分析矿业经济模型及其适用条件。

（3）　试构建一个矿业经济学问题的模型并借以分析模拟对象的特征及规律性。

第九章　矿业政策

第一节　矿业政策理论概述

经济政策理论研究如何选择和实施政府政策，以克服市场失灵、进而实现以社会福利最大为目标的经济资源的最佳配置。所谓市场失灵亦称为市场缺陷，是指由于市场机制的某些局限而使市场不能实现经济资源的有效配置。

市场失灵或者市场缺陷的主要原因包括：

（1）对于某些物品，诸如空气、阳光、无线电波等，不存在市场。这些物品的供给不必直接报偿，它们的使用无需直接付出。此种情况下，不存在任何竞争（未来难料，不久可能演变出竞争）。

（2）现实的市场缺乏完备性。生产者和消费者的决策信息通常不完备、资源的转移一般都在不同的程度上受到制约、垄断的存在歪曲产品的成本及价格。此种情况下，难以形成自由竞争。

（3）经济活动通常与市场外部因素相互作用。矿产资源的开发不仅为生产者带来经济效益，也为社会带来了所需产品、提供了就业；另一方面，还会在一定的程度上侵害生态环境，因而将受到社会因素的制约。

市场失灵要么导致经济资源的浪费，要么造成经济效益与社会效益的冲突。市场机制的缺陷，需要通过政府政策的实施加以克服。

矿业政策理论即是以经济政策理论为基础、以可行的矿业政策措施为研究对象、以寻求矿业与其环境之间和矿业内部企业之间的协调与平衡、进而促进国民经济增长与社会发展为目标的应用经济理论。矿业政策研究包括矿业投资、矿业税收、矿业补贴、矿业研发、矿产价格管制、矿产储备、矿产资源保护、环境保护、矿产贸易及国际合作等方面的政策研究。

第二节　国外矿业政策实践

矿业政策具有较强的空间性与时间性。世界各国政府一般根据本国矿产资源情况、矿产供需情况、社会经济发展水平、国际经济环境等条件，在一定时期内实施特定的矿业政策，以促进经济增长和社会发展。

一、工业化国家的矿业政策

工业发达国家的社会经济及科技发展水平较高，贸易关系较为密切，政府的政策取向及经济行为颇具一致性。但是，工业化国家因其矿产资源分布情况不同，具体的矿业政策亦存在差异。日本、美国和大多数欧洲工业化国家的重要矿产供给主要依赖进口。以欧洲共同体（欧盟）为例，其1978年的锰、镍、汞、钛和锆的产量（包括废旧利用）仅占消费量的0~5%；钴、铬、钼、钽和钒的自给量为5%~10%；锡和磷的自给程度为10%~20%；铅和氯的自给程度为68%~87%。一般而言，矿产资源稀缺的工业化国家，主要通过如下一系列措施来保证矿产的供给：拓宽供给渠道，优化本土资源的使用，发展技术以降低消耗，加强废旧利用，维持稳定的国际矿产贸易市场，通过技术转让和对外投资等方式同资源丰富的发展中国家合作勘探与开发矿产资源等。

矿产资源丰富的工业化国家，例如澳大利亚、加拿大等国家的矿业政策则全然不同。这些国家矿业政策的核心目标是使本国矿产资源得以优化利用。具体的政策目标有：持续勘探，稳妥的资源管理，优化开发与开采，环境保护，人力资源合理利用，优化矿物处理，出口利润最大，良好的投资环境，与邻国的密切合作，自给自足，连续稳产等等。

（一）矿业生产鼓励政策

20世纪70年代初期，面对欧佩克的石油禁运，美国尼克松政府成立了联邦能源机构（FEA），以实施一项能源自给政策，包括促进国内资源开发、有效利用能源和寻求替代燃料等三个主要方面；卡特政府实施过节能政策；里根政府实施过矿业生产减税等鼓励投资政策。所有这些政策，对缓解能源紧张状况起了重要作用。

德国的石油、天然气和铀矿资源十分贫乏，但是拥有较为丰富的褐煤资源。自20世纪50年代末期开始，其煤炭开采与进口油气相比，处于十分不利的竞争地位。德国政府为使其能源自给程度维持在一定的水平上，制定过有关的电力法，规定电力工业必须使用一定量的国产煤炭，以减轻德国对进口能源的依赖性。

（二）矿产勘探补贴政策

德国由于金属矿产资源不足，自1971年起至1990年止，实施过矿产勘探补贴政策。它的勘探资助计划为国内外矿产勘探项目提供高达50%~66.6%的投资。若勘探项目没能获得有价值的矿床，则资助是无偿的；若获得有价值的矿床，则补贴成为无息贷款，矿山投产一定时期后再分期偿还。补贴可以用于勘探或者地质调查结果的获取，勘探方法与设备的开发试验，预可行性研究或者可行性研究，开采权的获得以及高风险矿床开发投资等方面。补贴的前提是受援项目所生产的矿产必须运往欧洲共同体（欧盟）。该项勘探资助计划的20年实践证明是成功的。

自第二次世界大战结束以来，美国政府也实施过矿产勘探补贴政策，资助额高达勘探费用的50%~90%。每1美元投资所发现的可采矿石价值达24美元，取得了较大的成功。加拿大各省也实施过类似的矿产勘探补贴政策。

（三）矿产开发投资政策

工业化国家的重要矿业政策之一，是鼓励跨国矿业投资，支持处于发展中国家的矿产开发项目。借此不仅可以保证本国社会经济发展需要的原材料供给及价格稳定，而且有助于本国占领产业链上游市场、占据产业支配地位。鼓励投资的主要措施有：

（1）政府通过军事与外交努力提供投资安全保障，以抵抗政治风险；

(2) 政府特设金融机构提供资金，包括合作投资与贷款；

(3) 优惠税收政策；

(4) 提供专项财政补贴及担保基金，分担投资风险；

(5) 设有信息服务机构，为企业及社会服务；

(6) 鼓励初级矿产品进口。

(四) 矿产储备政策

矿产储备是防止矿产供应短缺以及平抑矿产价格的重要措施之一。矿产储备可以分为战略储备和商业储备两种形式。

美国作为军事大国，是最早实施政府战略储备政策的国家，早在1939年便开始立法储备战略矿产，现已储备矿产量可供本国3年之用，价值逾百亿美元，品种包括铝、镉、铬、铜、铅、锗、镍、铂、钽、钨、锌、锰、钴、云母等数十种金属、精矿、矿石或者矿物。美国政府的矿产储备量如此之大以至于其矿产收购或者出售皆能对矿产市场价格产生较大的影响。此外，美国还储备多达供本国90天使用的石油。近年来，随着全球生态环境及气候变化的影响，新能源及信息技术的发展及应用正在成为世界各国的关注热点之一。相应地，能源关键矿产，包括稀土矿产、铂族元素、光伏材料以及氦、锂、镍、银、铼等元素矿产，在各国社会经济发展中的作用及地位日益凸显，正在成为有关国家竞相储备的战略矿产。譬如，美国自2008年起，国防储备中心不再商业出售铱、铌、铂、钽、锡、锌等6种材料，也减少了其他9种储备材料的商业销售。

德国、法国、英国、日本、瑞典等国家也都先后制定过或者正在实施政府储备政策和商业储备政策。法国对铜、铅、锌、镍、钴、铬、钨、铝、锆、汞等矿产进行了储备，可供国家紧急状态下2个月使用；德国将铬、锰、钒、钴、蓝石棉等进行了储备，储量可供本国消费1年；日本对镍、铬、钨、钼、钴、锰、钒等矿产进行了储备，相当于国内60日消费用量。

(五) 矿产贸易政策

矿产资源地域分布的不均匀性、矿产资源开发利用科技水平和社会经济发展水平的不均衡性，使得矿产贸易是国际贸易的一个重要组成部分。

世界贸易组织（WTO）及其多边贸易体系，对发展世界各国的贸易发挥了重要的促进作用，推动了世界经济全球化的进程。WTO倡导的最惠国（MFN）待遇原则是多边国际贸易中的一项最普遍、最重要的法律原则。它是指缔约国一方现在和将来所给予任何第三国的一切特权、优惠和豁免，也应同样地给予缔约国的另一方。最惠国待遇原则的基本要求是：使缔约国一方在缔约国另一方享有不低于任何第三国所能享有或者可能享有的待遇。换言之，即要求一切外国人处于同等地位，享有同样的待遇，不应有任何歧视待遇。给予缔约国的特权、优惠和豁免的范围，主要包括通商、航海和关税等方面。具体有：

(1) 有关进口、出口、过境商品的关税和其他各种税费；

(2) 有关商品进口、出口、过境、仓储和换船方面的海关规则、手续和费用；

(3) 进出口许可证的发放及其他限制措施；

(4) 船舶驶入、驶出和停泊时的各种税收、费用和手续；

（5）关于移民、投资、商标、专利和铁路运输方面的待遇。

根据自由贸易理论，基于最惠国待遇原则的多边自由贸易对贸易各方皆有利。但是，从实践上看，WTO引发的世界经济全球化进程正在导致国家及地区发展中的强者越强、富者越富，而弱势者被边缘化的局面。资源丰富的国家或地区依靠高强度地开发和出卖资源的初级产品发展经济，正在导致其生态环境及安全健康损害乃至灾害，“资源悖论”及发展失衡现象正在全球范围内显现。

占有全球稀土矿产探明资源量30%的中国正在生产及供给世界稀土需求量的90%乃至高达95%。这种资源供需的不平衡导致一系列问题。首先，造成工业发达国家对于中国供给的高度依赖，遇有中国资源开发利用政策的调整，便会导致这些国家的焦虑与不安。其次，矿产资源开发利用的上游生产过程诸如采掘、分离和提取，具有突出的生态环境外部性，过度供给导致的严重社会问题不仅对社区及国家社会经济发展产生负面影响，而且对于国际贸易伙伴及全球环境治理也具有潜在的危害。第三，经济全球化不仅需要矿产品及其他生产资料的自由贸易，而且要求高新技术的自由转移，如此才能更好地贡献于全球可持续发展及人类福祉。

因此，从可持续发展的角度看，需要发展新的贸易理论与实践，不仅关注矿产资源开发利用的经济效益，而且重视矿产资源的有效管理和保护，确保矿产及自然资源开发利用的经济有效性和社会公正性。

（六）矿业研究政策

矿业是国民经济尤其是发展中国家及地区的社会经济发展的基础产业部门，对促进社会经济的发展和维持经济增长发挥着重要作用。因此，许多国家对矿业研究与开发皆予以充分的重视。在美国，内务部矿山局（USBM，于1995年关停并转）曾是一个专门开展矿业研究与开发、以确保美国矿产供给，维持经济稳定增长的政府研究机构。它的主要任务包括收集和分析世界矿产信息；提出矿业政策主张与建议；促进矿业技术进步，改善矿产资源开发效率与回收率，减轻环境危害和减少生产事故；加强矿产利用与排废安全；为政府生产和储备氦。USBM为美国矿业技术及工艺的发展与进步做出了重要贡献。2010年，有联邦议员提议恢复USBM的运作，以继续致力于矿业开发及安全技术与工艺的发展。

德国由于矿产资源缺乏，亦通过联邦研究与技术部对地球物理与地球化学勘探方法、深部矿床勘探、海外矿床调查、钻探技术、采选工艺方法等方面的研究给予过大力支持，还对煤层气化与液化以及海洋采矿工艺系统等给予了资助。

（七）矿产资源保护政策

随着世界经济一体化的进展及社会经济发展的需要，一些发达国家的矿业政策也在不断地调整。目前，发达国家的矿业政策已由早期的鼓励矿产资源开发转向重视矿产资源及生态环境保护、优化开发速度与土地综合利用。通过资源许可证制度，限制或阻止消耗型无效资源生产，鼓励发展节约型工艺；对于违反资源合理利用及保护政策的，实行限制、暂停或终止地下资源的使用权。譬如，美国出于本国资源保护以及国防安全等方面的考虑，立法对本国矿产资源利用进行了严格限制，大约有1/3面积的国土禁止从事矿产勘查与开发活动，工业原材料大部分依靠进口。

（八）资源循环经济政策

为减轻资源及环境压力，一些工业发达国家出台了有关资源循环使用的法律法规和政策。除了对常规的废钢铁及其他金属进行回收外，还将再利用扩展到一切可循环使用的资源，使得资源循环经济成为发达国家矿产资源政策的一个重要组成部分。譬如，1996 年，德国颁布了《循环经济和废弃物管理法》，为发展循环经济提供了法律及政策依据。在这一法律框架下，德国根据各个行业的不同情况，制定了促进该行业发展循环经济的法规，比如《饮料包装押金规定》、《废旧汽车处理规定》、《废旧电池处理规定》、《废木料处理办法》等。再如，日本资源匮乏，经济发展受到资源和环境的制约，有效利用资源、提高资源利用率、减少废弃物排放是日本的必然选择。2003 年，日本环境省制定了《循环型社会形成推进基本计划》，实施五年后，又于 2008 年颁布了新的《循环型社会形成推进基本计划》，计划到 2015 年，资源循环利用率达到 14%～15%。

二、发展中国家的矿业政策

发展中国家的矿产资源是其社会经济发展的重要基础。这些国家在矿业发展中，一般面临双重目标：一是维护国家对矿产资源的主权以获取最大的经济效益，二是从工业化国家取得矿产资源开发利用所需要的技术与资本。这些目标的实现，在很大程度上依赖于各种政策因素，包括一般投资政策、采矿与资源政策和鼓励政策，诸如资金转移、税收减免、关税优惠、金融支持等政策。发展中国家还有特殊的矿业发展问题，譬如，合作开发问题、矿产资源开发利用外部性及“资源悖论”问题、小型矿山对社会经济发展的作用问题。

（一）矿产资源合作开发政策

发展中国家因受技术与资金等方面条件的限制，常常与工业化国家有关企业合作开发本国的矿产资源，以促进国民经济的发展。合作的主要方式有以下几种。

（1）外商独资经营。投资者按照资源国的法律，经过其政府的批准，在资源国独家投资和经营矿产开发企业。资源国收取矿区使用费和其他各种税金。此种合作方式目前已经很少见到。

（2）合资经营。按照此种方式，合作双方共同投资，共同经营。董事会是合资企业的最高权力机构，决定企业的重大问题。董事名额分配按照合资双方出资比例商定，并由各方委派。董事会下设管理部门，包括正副经理若干人，负责按照双方合同规定的生产规模进行生产经营。利润分配遵循按股分红的原则。

（3）合作经营。在此种形式下，企业各方的权利和义务是通过合同规定的，投资者的投资与服务不计算股份和股权。管理机构比较灵活，可以设立董事会，也可以设立其他形式的联合管理机构，聘用总经理，负责企业的日常经营管理活动。利润分配按照平等互利的原则以及合同有关规定，可以采取利润分成或者产品分成的形式。

合资经营或者合作经营的方式比外商独资经营，更便于资源国对外商在资源利用、材料供应、产品销售、环境保护、社区发展等方面的方针策略进行监督和控制，是资源国在矿产资源开发中采用较多的合作方式。

税收政策是矿产资源合作开发政策的一项重要内容。税收不仅可以增加资源国的财政收入，还要达到促进资源国工业发展和保护本国投资者的目的。税收的形式复杂多样，依企业合作形式以及合作伙伴不同而异。主要税种有资源税、产量税、产值税、所得税、专门税等以及这些税收形式的各种组合。税率也常因矿产种类、收入水平、投资期限等因素不同而异。

引进外资开发矿产资源的主要作用有：

（1）增加税收和外汇收入；

（2）引进先进技术和经营管理经验；

（3）利用外资促进国民经济及区域发展。

（二）矿产资源开发外部性及“资源悖论”对策

矿业开发除了能够为投资及经营者带来直接经济效益或者维持投资企业的市场份额、生存及其竞争力之外，还会对发展中资源国及地区的社会经济发展产生诸多影响，在此，称这些影响为矿业开发的外部效应或者外部性。具体包括：

（1）基础设施效应。矿产资源开发使得能源、水源、交通、房产、医疗、教育等基础设施的建设成为必须，政府的规划及参与更会促进这些设施的发展，为区域经济的发展提供基础与动力。

（2）宏观及中观经济效应。资源国的矿业收入可以高达国内生产总值的25%，是带动国民经济、相关产业及地区经济起飞的重要因素。

（3）就业效应。跨国公司主导的矿业开发活动虽然具有资本密集特征，但是，由于矿业生产规模比较大，矿业开发一般能够为发展中国家及地区的就业提供条件。

（4）工业化效应。矿业为其他相关产业提供生产资料或者产品市场，促进诸如机械修造、冶金、建材、焦炭、水泥、电力等工业的发展，进而促进发展中国家及地区的工业化。

（5）技术进步效应。矿业的发展，尤其是在此过程中与工业化国家的合作，可以促进高新技术以及管理方法与手段向发展中国家转移。

（6）财政效应。资源丰富的发展中国家可以通过矿产资源开发，获得可观的税收，为社会经济发展提供财源。

（7）国际收支效应。大量的矿产出口，可以使发展中国家的国际收支平衡状况得到改善。

（8）生态效应。矿产资源开发常会造成大气、水体和土质污染以及地形地貌、自然景观和植被的破坏。

由此可见，矿业开发具有正反两个方面的作用，且其作用程度与资源地的社会经济发展水平与对策有关。合理有效的矿业政策会使有利的矿业效应得以发展，促进国家及地区的社会经济起飞和发展，而使不利的矿业效应受到制约，有效地遏制和克服“资源悖论”现象的产生及发展，最终从矿产资源的开发利用中获得最大的社会经济效益。

（三）小型矿山对策

小型矿山的定量概念依矿产资源的类型以及所论国家的不同而异。定义小型矿山的主要准则有：

（1）产量；

（2）矿山人数；

（3）固定资产额；

（4）毛收入；

（5）净利润。

发展中国家小型矿山的主要特征是：

（1）资金投入少，劳动力密集；

（2）工作条件差；

（3）对矿床赋存认知有限，对已知矿体的开采缺少规划，开采技术及管理水平低；

（4）安全及福利设施差，无社会保障。

小型矿山与大型矿山相比的优势在于：

（1）投资少，见效快；

（2）生产资料或者生产工具简单，可以由当地生产，利于促进当地小工业发展；

（3）提高区域就业率。

然而，小型矿山亦存在严重的问题，包括生产效率低，工人安全差、劳动强度高、回收率低、破坏性开采。在某些情况下，小型矿山还存在单位能耗高、环境危害严重等问题。

小型矿山虽然能够促进当地小工业发展及改善地方就业，但从社会经济发展的长远观点看，小型矿山的积极作用是十分有限的，因为小型矿山既不能导致技术转移，也不能促进当地基础设施的发展。为使小型矿山向良性方面发展，可以采取下列有关政策措施：

（1）加强矿产勘探，对适合小型矿山开采的矿床进行规划；

（2）提供技术与管理方面的服务及培训，改善小型矿山的采选技术及管理水平，提高回收率，克服破坏性开采；

（3）引导企业整合，提高小型矿山比较密集地区的市场集中度，改善技术及经济管理水平；

（4）加强小型矿山的基本建设，提供能源、水源、运输、医疗、教育等方面的设施。

三、国际组织的矿业方针

由于矿产资源分布的不均匀性以及世界各国社会经济发展程度的不同，各国的矿业政策目标亦有很大差异。一般地说，可以将矿业政策目标划分为矿产出口国的目标与进口国的目标二大类。

矿产出口国矿业政策的目标主要有：

（1）力图控制矿产品的生产与销售，优化本国矿产资源的开发利用；

（2）获取矿业税收；

（3）增加矿产创汇；

（4）改善矿产加工技术，提高矿产价值；

（5）保护矿产资源，防止破坏性开采；

（6）通过矿产资源开发，促进不发达地区的经济发展及工业化；

（7）保护生态环境；

（8）维持本国经济发展的矿产需求。

另一方面，矿产进口国矿业政策的目标基本是以最低的价格保证矿产的供给。它一般通过下列措施来实现：

（1）进行国际矿业投资，合作开发矿业项目，制定长期供需协定，分散矿产来源；

（2）支持和鼓励国内矿产资源开发以及替代品的开发研究；

（3）开发新技术，提高矿产回收与利用效率；

（4）加强矿产尤其是金属矿产的废旧利用。

虽然矿产出口国与进口国矿业政策的目标不尽一致，但是也存在相容之处。在合理利用有限的矿产资源和保护人类生态环境等方面，各国家的目标是相同的。此外，随着世界各国经济的发展，工业生产的增长，对矿产的需求趋于增加；某些矿产的稀缺，要求对新矿床进行勘查；易采易选矿床的减少和生态环境的保护，使矿产成本趋于上升；矿产资源的有效利用，需要新型采选技术及下游加工制造技术的发展。所有这些都是促进世界各国进行矿产贸易与合作的因素。

矿产贸易中的主要争端在于矿产价格。矿产出口国有充分理由要求较高的贸易价格，而矿产进口国则以低价有利于全球经济发展为由限制矿产价格的提高。因此，国际组织机构的矿业方针便多集中在各方皆能接受的矿产价格机制方面。

（一）联合国的矿业方针

联合国大会是国际自然资源产品贸易的重要论坛。1974 年通过的建立国际经济新秩序宣言，是关于自然资源产品贸易的重要文件。国际经济新秩序行动纲领包括了有关自然资源产品贸易的如下主要措施：

（1）实施自然资源产品综合计划，改善发展中国家自然资源产品的国际贸易条件，减小价格波动，稳定发展中国家的矿产创汇的购买力，保证矿产的市场进入等；

（2）签订自然资源产品国际协议，调整产品价格和出口，确保销售、超产补贴和补偿发展中国家出口创汇损失；

（3）将发展中国家的自然资源产品出口价格与工业品进口价格联系起来；

（4）建立自然资源产品生产者协会。

联合国贸易与发展会议（UNCTAD）是联合国大会的一个常设机构，成立于 1964 年 12 月，总部设在日内瓦。其任务之一是负责组织各类专业会议，包括有关自然资源产品贸易方面的会议，缔结有关国际协定。有关自然资源产品贸易的重要协定之一是关于建立自然资源产品共同基金会的协定。基金会根据联合国自然资源产品综合计划而建立，其宗旨是为自然资源产品缓冲储备提供财政支持，为实施市场研究、开发、提高生产效率等计划提供资金援助，促进世界自然资源产品市场特别是来自发展中国家的初级产品市场的稳定，帮助发展中国家解决国际收支平衡问题。

《联合国海洋法公约》（UNCLOS）是有关矿产资源开发的一项重要协议。它的主要内容包括：

（1）处于沿海国家主权之下的领海界限为 12 海里，并保证所有国家船只对这些领海的和平通过权；

（2）通过关于在两部分公海之间的海峡自由过境运输的制度；

（3）重申公海对世界各国均应开放，任何国家无权使公海的某一部分归属于自己的主权；

（4）坚持属于沿海国家主权的经济区概念，以使有关国家在离岸200海里范围内开发和保护海洋资源；

（5）允许它国在国家管辖权之外（即200海里经济区范围之外）的大陆架上开发和保护海洋资源；

（6）建立国际海底管理局（ISA），负责研究各国管辖范围以外的海洋矿物资源的勘探和开发问题，制定与经营海底资源、保护海洋环境和海上人员生命安全有关的技术等问题的标准和规程。

联合国开发计划署（UNDP）是一个重要的国际多边技术援助机构，于1965年成立，总部设在纽约，并设有理事会、咨询局和秘书处等组织机构。开发计划署的宗旨和任务是：向发展中国家提供经济和社会发展援助，派遣专家进行考察，担任技术指导或者顾问和对受援国家的人员进行培训；帮助发展中国家建立应用现代科学技术方法的机构；协助发展中国家制定国民经济发展计划和提高它们战胜自然灾害的能力；定期召开会议，交流经验和信息。联合国开发计划署所管理的自然资源勘查循环基金（UNRFNRE），对发展中国家的政府勘查项目提供资金与技术援助。

联合国经济和社会理事会（ECOSOC）所属的亚洲和太平洋经济与社会委员会（ESCAP）也是积极从事矿产资源开发援助的国际性机构。其自然资源委员会通过设在泰国曼谷的自然资源部，为亚太国家和地区的能源、矿产以及地下水资源的研究与开发提供技术咨询与援助。

国际复兴开发银行（IBRD）也对矿产资源开发项目提供资金援助。其资金来源包括：

（1）成员国交纳的股金；

（2）金融市场的借款；

（3）贷款利息及手续费。

国际开发协会（IDA）则专以较优惠的贷款方式，促进低收入的发展中国家的经济发展以及居民生活水平的提高。其贷款具有期限长（达50年）、低息或者无息以及可以用本币归还等特点。国际开发协会的资金来源包括：

（1）成员国交纳的股金；

（2）经济发达国家等提供的补充资金；

（3）世界银行拨款和协会业务收入。

（二）其他国际组织的矿业方针

国际能源署（IEA）是一个应20世纪70年代的石油危机、为实现经济合作与发展组织（OECD）的国际能源计划而于1974年11月在巴黎成立的政府间能源政策协调组织。它由经合组织中的21个成员国构成，设有行政委员会、理事会、秘书处和分别负责危机处理、石油市场信息、长期合作以及与石油输出国关系等方面的4个常设小组。该组织的宗旨和任务是：通过发展替代石油的其他新能源包括煤炭和核能，建立各种能源储备以及实施节能措施等方式，提高各成员国的能源自给能力，降低对石油的过度依赖性，避免经济遭受石油市场的强烈干扰；建立石油的紧急配给计划，以防止石油供应剧减所造成的风险；加强石油生产国与消费国之间的合作，发展稳定的国际能源贸易，促进更有效地利用世界能源资源；研究有关石油市场的新信息。

欧洲联盟（简称欧盟，European Union - EU）是世界上最有力的国际组织，在贸易、农业、金融等方面趋近于一个统一的联邦国家，而在内政、国防、外交等其他方面则类似于一个独立国家所组成的同盟。欧盟是根据1992年的《欧洲联盟条约》（也称《马斯特里赫特条约》）建立的，政治上所有成员国均为民主制国家，经济上为世界上第一大经济体，军事上绝大多数成员国是北大西洋公约组织（NATO）成员国。

有趣的是，欧盟的历史竟然与矿业发展密切相关，可以追溯至1952年建立的欧洲煤钢共同体。当时只有六个成员国，1967年发展成为欧洲共同体，1993年进一步发展成为欧洲联盟，渐渐地从贸易实体转变成经济和政治联盟。至2007年，成员国由最初的6个增至27个。

根据《欧洲联盟条约》，欧盟共由三大支柱组成：

（1）欧洲共同体，包括关税同盟、单一货币、单一市场、共同农业政策、共同渔业政策、申根条约等；

（2）共同外交与安全政策；

（3）刑事案件的警政与司法合作。

欧盟的主要机构有欧洲议会、欧盟理事会、欧洲委员会、欧洲理事会、欧洲中央银行、欧盟法院、欧洲审计法院等。欧元是欧盟的官方货币，已有16个成员国采纳为流通货币；申根条约取消了国家之间的边境管制，已有22个成员国和3个非成员国实施。

欧盟为确保矿产供给、提高矿产自给能力，除对采矿工业予以积极的资金和技术支持外，还与非洲、加勒比海和太平洋国家组织（ACP）等建立了长期的矿产开发合作关系。《洛美协定》（Lomé Convention）便是其早期合作的成功范例。该协定始签于1975年多哥洛美，截止2000年，连续签订了四期。其主要内容包括：

（1）由欧洲开发基金会（EDF）为ACP成员国的开发项目提供无偿援助和低息贷款；

（2）由欧洲投资银行（EIB）进一步提供开发项目所需贷款；

（3）通过稳定出口计划，为ACP成员国农业出口损失提供资金补偿；

（4）通过矿业投资计划，为ACP成员国采矿工业以名义利率提供长期贷款；

（5）在自然灾害等紧急情况下，提供专项援助。

欧盟认为，洛美协定实现了它的政策目标，稳定了有关发展中国家的出口创汇，促进了它们的矿业现代化与产量增长，保证了欧盟对矿产的需求。洛美协定的后期，受到了WTO及美国的影响，于2000年被《科托努协定》（Cotonou Agreement）所取代，比较接近WTO框架下的多边贸易性质。

第三节　我国矿业政策

矿业在我国社会经济发展的现阶段仍然具有重要地位，因而，有效的矿业政策对我国社会经济的可持续发展将发挥关键作用。

一、矿产勘查政策

根据2006年《国务院关于加强地质工作的决定》（国发【2006】4号），我国矿产勘查政策的基本取向是：坚持立足国内、适度超前、突出重点、完善体制、依靠科技。充分挖掘国内资源潜力，加大找矿力度，提高资源供给能力和保障程度。面向社会需求，搞好统筹规划，超前部署和开展地质勘查。集中力量加强矿产资源勘查，突出重点矿种和重点成矿区带勘查工作，增加资源地质储量。建立政府与企业合理分工、相互促进的地质勘查体系，健全中央和地方政府各负其责、相互协调的地质工作管理体制，形成矿产资源勘查开发和资金投入的良性循环机制。推进地质理论研究与创新，广泛应用高新技术和先进适用技术，加快地质工作现代化步伐。具体任务有：

（1）突出能源矿产勘查。按照深化东（中）部、发展西部、加快海域、开辟新区、拓展海外的方针，重点加强渤海湾、松辽、塔里木、鄂尔多斯等主要含油气盆地勘查，积极探索陆地新区、新领域、新层系和重点海域勘查，切实增加可采储量。加快神东、陕北、晋北、鲁西、两淮等大型煤炭基地普查和必要的详查，加强南方缺煤省区和边远地区的煤炭勘查。加强铀矿勘查，尽快探明一批新的矿产地。积极开展煤层气、油页岩、油砂、天然气水合物等非常规能源资源的调查评价和勘查。

（2）加强非能源重要矿产勘查。以国内急缺的重要矿产资源为主攻矿种，兼顾部分优势矿产资源，按照东部攻深找盲、中部发挥特色、西部重点突破、境外优先周边的方针，实施矿产资源保障工程。重点加强铁、铜、铝、铅、锌、锰、镍、钨、锡、钾盐、金等矿产勘查。在西南三江、雅鲁藏布江、天山、南岭、大兴安岭等重点金属成矿区带，合理部署矿产普查，引导和鼓励商业性勘查，形成一批重要资源基地。继续实施国土资源大调查，积极开展矿产远景调查和综合研究，加大西部地区矿产资源调查评价力度，科学评估区域矿产资源潜力，为科学部署矿产资源勘查提供依据。

（3）做好矿山地质工作。按照理论指导、技术优先、探边摸底、外围拓展的方针，搞好矿山地质工作。加强矿山生产过程中的补充勘探，指导科学开采。加快危机矿山、现有油气田和资源枯竭城市接替资源勘查，大力推进深部和外围找矿工作。开展共生伴生矿产和尾矿的综合评价、勘查和利用。做好矿山关闭和复垦阶段的地质工作。

（4）提高基础地质调查程度。在重要经济区域、重点成矿区带、重大地质问题地区，按照多目标、多学科、多技术的要求，系统开展区域地质、地球物理、地球化学和遥感地质等调查，建立地质图文更新机制，为社会提供有效快捷的地质信息服务。实施海洋地质保障工程，开展区域海洋地质调查，进行海岸带、大陆架和海底地质情况探测，系统掌握海洋地质基础数据，摸清海域油气资源潜力。积极参与国际海洋地质调查计划和国际海底矿产资源勘查活动。

（5）强化地质灾害和地质环境调查监测。实施地质环境保障工程，全面提高地质灾害防治和地质环境保护水平。完善全国地下水监测网络，加强地下水动态调查评价和过量开采与污染的监测。尽快完成重点地区地质灾害普查，建立健全群专结合的地质灾害防治体系，继续做好三峡库区等重点地区地质灾害防治工作。开展基础设施建设、城镇建设以及乡村建设前期地质勘查，搞好西电东送、南水北调、交通网络建设等重大工程的地质基础工作。强化地质灾害易发区工程建设和城镇规划地质灾害危险性评估。全面推进农业地质、城市地质、矿山环境地质调查工作。

(6) 推进地质资料开发利用。建立健全地质资料信息共享和社会化服务体系，加快利用现代信息技术，建设国家地质资料数据中心和全球矿产资源勘查开采投资环境信息服务系统。

(7) 健全公益性地质工作体系。中央政府主要负责全国能源和其他重要矿产资源远景调查与潜力评价，全国性、跨区域、海域基础地质和环境地质的综合调查与重大地质问题专项调查。省级政府主要负责为本地区经济社会发展服务的基础地质、矿产地质和环境地质调查。

(8) 加强公益性地质调查队伍建设。中国地质调查局统一部署、组织实施中央政府负责的基础性、公益性地质调查和战略性矿产勘查工作，强化相关技术、质量、成果管理和社会化服务。省级政府也要尽快建实建强地方公益性地质调查队伍，中国地质调查局应通过项目联系对其进行业务指导。

(9) 建立矿产资源勘查投入良性循环机制。充分发挥中央、地方和企业等各方面的积极性，形成多渠道投入地质勘查的机制。加大财政对矿产资源勘查的资金投入力度，注重发挥对社会资金的引导作用。国家建立地质勘查基金（周转金），着重用于重点矿种和重点成矿区带的前期勘查。完善资源税、矿产资源补偿费和矿业权使用费政策。中央财政和省级财政分成所得的矿产资源补偿费、矿业权使用费和矿业权价款等收益，主要用于矿产资源勘查。省级财政的资源税收入，也应拿出一定比例用于矿产勘查。

(10) 完善商业性矿产资源勘查机制。鼓励各类社会资本参与矿产资源勘查，培育壮大商业性勘查市场主体，确立企业在商业性矿产资源勘查中的主体地位。

(11) 培育矿产资源勘查市场。加强政策支持和信息引导，完善市场规则，建设交易平台，加强市场监管，维护市场秩序。

(12) 深化国有地质勘查单位改革。加强中央管理的地质勘查队伍建设，提高矿产资源勘查技术水平和国际竞争能力。对实行属地化管理的地质勘查单位，地方政府要按照当地统一政策，加快落实有关经费。

(13) 扩大地质领域对外开放。进一步创造稳定、公平、透明的法制和政策环境，保障外商投资矿产资源勘查开采的合法权益。完善相关政策，加大鼓励外商投资矿产资源勘查开采的力度，积极引进国外资本、先进技术和管理方法。鼓励国内有条件的企业到境外开展重要矿产资源勘查开采。广泛开展地球科学和地质勘查领域的国际交流与合作。

(14) 推进地质科技进步。积极开展重大地质问题科技攻关，突出重点矿种和重点成矿区带地质问题研究，大力推进成矿理论、找矿方法和勘查开发关键技术的自主创新。积极开展非常规油气资源、低品位资源、难利用资源以及尾矿资源的开发利用技术研究。加快推进地质工作信息化，加快对地观测、深部探测和分析测试等高新技术的开发与应用。实施地壳探测工程，提高地球认知、资源勘查和灾害预警水平。

(15) 积极发展地质教育。加大对地质类教育的财政投入，加强地质类院校办学条件建设。

(16) 加快地质人才开发。建立健全鼓励创新的地质人才开发机制和管理体制。造就一大批品德优良、基础厚实、知识广博、专业精深的地学新人。

国土资源部于2008年发布的《全国矿产资源规划》和《全国地质勘查规划》进一步

体现了自现在起至2020年我国矿产勘查工作的具体方针。

二、矿业开发政策

根据我国宪法规定，矿产资源属于国家所有。因此，在矿产资源的开发利用中，十分重视矿产资源国家所有权的性质和政府管理职能的作用。国家对全国的矿产勘查和开采实行统一规划、优化布局、有效保护、合理开采和综合利用。

对于矿产的勘查和开采，实行许可证制度，允许探矿权、采矿权依法流转。

根据我国矿产资源人均拥有水平低的特点，提出资源开发与节约并举，把节约放在首位，提高资源利用率；根据我国共生矿、伴生矿多的特点，提出综合勘查、综合开采、综合利用，对综合利用资源的企业实行优惠政策；根据我国的社会经济体制，在矿业开发中，实行以国有矿为主体，国有矿、集体矿、合资矿、私营矿等多种经济成分共存，投资主体多元化，共同发展，对石油、天然气和放射性矿等战略性资源，主要由国有矿山开采。以1996年为例，国有矿山产值占全部矿业产值的78.02%。

国家为了鼓励某些矿产的开发，采取各种优惠政策措施。例如，20世纪80年代以来，为了发展黄金生产，采取提价（从1980年至1993年提高黄金收购价格14次）、减税（免增值税）、补贴、建立发展基金（交售一两黄金最高可获得350元基金）、低息贷款等政策，扶持和刺激黄金生产以年均10%以上的高速度迅速增长。

三、资源保护政策

我国的矿产资源虽然总量丰富，但人均拥有水平低，而且经济建设与人民生活对矿产的需求量大，供需矛盾尖锐，保障程度不足，因此，重视对矿产资源的保护、节约和综合利用。国家根据各种资源的稀缺、贵重程度，将某些地区确定为国家规划矿区，相应地资源列为实行保护性开采的特定矿种，包括黄金、钨、锡、锑、离子型稀土、石油、天然气、放射性矿。申请开采这些矿产，必须经过国务院有关主管部门审批。

对矿山企业矿产储量的变化，实行报批、登记和注销制度，对矿山企业的“三率”（开采回采率、采矿贫化率和选矿回收率）指标实行监督考核。鼓励矿山企业贫富兼采、大小兼采，对利用低质量矿、尾矿和矸石的企业予以优惠。对于从废石（矿石）中回收矿产品的或按照国家有关规定经批准开采已关闭矿山的非保安残留矿体的，免交资源补偿费；对于从尾矿中回收矿产品的，开采未达到工业品位或未计算储量的低品位资源的，以及依法开采水体下、建筑物下、交通要道下矿体的，可以减交资源补偿费。

随着世界及我国经济形势的发展，包括稀土在内的能源关键矿产的开发利用与保护显得尤为重要，国家相继采取了一些关键或战略矿产资源的保护措施。譬如，自1998年，我国开始实施稀土产品出口配额许可证制度，把稀土原料列入加工贸易禁止类商品目录。2007年，开始实施稀土生产指令性计划及配额。2010年起，对高铝黏土矿、萤石矿开采实施总量控制指标。自2011年起，大幅提高稀土原矿资源税和个别品种的出口关税。轻稀土（包括氟碳铈矿、独居石矿）的资源税额标准为60元/吨；中重稀土（包括磷钇矿、离子型稀土矿）的资源税额标准为30元/吨。之前，稀土原矿资源税是按照《资源税暂行条例》中的“其他有色金属矿原矿”征收，税额标准为0.40元/吨至3.00元/吨。镝铁出口关税从20%提高到25%，金属钕出口关税从15%提高到25%，钕铁硼甩带出口关税从

0 提高到 20%。

2011 年，国土资源部发布了《关于设立首批稀土矿产国家规划矿区的公告》，公布了首批 11 个稀土矿产国家规划矿区（总规划矿区面积 2534 平方千米）和 2 个伴生有关键矿产的铁矿国家规划矿区，以加强我国稀土等资源的保护和合理利用。这 11 个稀土国家规划矿区，位于我国离子型稀土资源集中分布的江西省赣州市，包括龙南重稀土规划矿区、寻乌轻稀土规划矿区、赣县（北）中稀土规划矿区等，涉及龙南、寻乌、定南、赣县、安远、信丰、全南等赣州市辖区内的 7 个县；2 个铁矿国家规划矿区是攀枝花钒钛磁铁矿国家规划矿区、白马钒钛磁铁矿国家规划矿区。

2011 年 5 月，国家发布实施了《国务院关于促进稀土行业持续健康发展的若干意见》，是目前为止最为系统和严格的稀土资源保护政策，它的基本取向是：坚持保护环境和节约资源，对稀土资源实施保护性开采政策和生态环境保护标准，完善稀土管理法律法规，依法打击违法违规行为；控制总量和优化存量，实施大企业、大集团战略，推进技术创新，提升开采、冶炼和应用技术水平，淘汰落后产能，进一步提高稀土行业集中度；坚持统筹国内外两个市场、两种资源，开展国际合作；坚持与地方经济社会发展相协调，正确处理局部与整体、当前与长远的关系。具体政策措施包括：

（1）严格稀土行业准入管理。加快制定和完善稀土开采及生产标准，明确稀土矿山和冶炼分离企业的产品质量、工艺装备、生产规模、能源消耗、资源综合利用、环境保护、清洁生产、安全生产和社会责任等方面的准入要求。实施环境准入制度，执行《稀土工业污染物排放标准》，制定稀土行业环境风险评估制度。

（2）完善稀土指令性生产计划管理。加强稀土开采、冶炼分离、出口等计划间的相互衔接。对稀土冶炼分离企业实行生产许可。建立稀土开采、冶炼分离和产品流通台账和专用发票管理制度。采用信息技术实现稀土开采、冶炼分离、出口企业联网，实行在线监控。

（3）提高稀土出口企业资质门槛。进一步提高稀土出口企业资质标准。加强对出口企业的监督管理，强化行业自律，对存在从非法渠道采购产品出口及其他严重扰乱出口经营秩序等违法行为的企业，依法追究相应法律责任。

（4）加强稀土出口管理。按照限制“两高一资”产品出口的有关政策，控制稀土金属、氧化物、盐类和稀土铁合金等初级产品出口。合理确定年度稀土出口配额总量，完善出口配额分配方式，严惩倒卖稀土出口配额行为。

（5）健全税收、价格等调控措施。大幅提高稀土资源税征收标准，抑制资源开采暴利。改革稀土产品价格形成机制，加大政策调控力度，逐步实现稀土价值和价格的统一。落实矿山生态环境治理和生态恢复保证金制度，严格企业生态环境保护与恢复的经济责任。

（6）认真执行有关法律法规和制度。依法加强对稀土的勘查开采、冶炼加工、产品流通、推广应用、战略储备、进出口等环节的管理。抓紧研究制定或修改完善稀土等稀有金属管理的有关法律法规。

（7）打击非法开采和超指标开采。加大稀土勘查开采监管力度，严格稀土开采总量控制指标管理，加强对重点稀土产区的联合监管。取缔非法开采，禁止超指标开采，对重大非法开采案件要挂牌督办，依法追究企业和相关人员责任。

(8) 打击违法生产和超计划生产。开展稀土生产专项整治行动，加强对国家稀土指令性生产计划执行情况的监督检查。对违法生产、收购和销售的企业依法予以处罚。

(9) 打击破坏生态和污染环境行为。对稀土开采及冶炼分离企业开展环境保护专项整治行动，严格执行国家和地方污染物排放标准。对不合环保规制进行建设和生产的企业，依法予以处罚。

(10) 打击稀土非法出口和走私行为。开展稀土出口秩序专项整治行动，依法严惩伪报、瞒报、虚报等非法出口和走私稀土行为。

(11) 推进稀土资源开发整合。挂牌督办稀土资源开发整合，严格稀土矿业权管理，继续暂停受理新稀土勘查、开采登记申请，禁止现有开采矿山扩大产能。

(12) 控制稀土冶炼分离总量。除国家批准的兼并重组、优化布局项目外，停止核准新建稀土冶炼分离项目，禁止现有稀土冶炼分离项目扩大生产规模。制止违规项目建设，对越权审批、违规建设的，要严肃追究相关单位和负责人责任。

(13) 推进稀土行业兼并重组。大幅度减少稀土开采和冶炼分离企业数量，提高产业集中度。

(14) 推进企业技术改造。鼓励企业利用原地浸矿、无氨氮冶炼分离、联动萃取分离等先进技术进行技术改造，淘汰池浸开采、氨皂化分离等落后生产工艺和生产线。加强尾矿资源和稀土产品的回收再利用，提高稀土资源采收率和综合利用水平，降低能耗物耗，减少环境污染。

(15) 建立稀土战略储备体系。建立国家储备与企业（商业）储备、实物储备和资源（地）储备体系，统筹规划南方离子型稀土和北方轻稀土资源的开采，对列入国家储备的资源地，未经国家批准不得开采。

(16) 加快稀土关键应用技术研发和产业化。开发深加工和综合利用技术，推动具有自主知识产权的科技成果产业化，为发展战略性新兴产业提供支撑。

四、矿产储备政策

随着世界经济全球化的加速和以金砖五国（BRICS）等新兴经济体为代表的全球社会经济高速发展及第二波工业化高潮的到来，矿产供需矛盾日益显现，矿产资源以及一些关键材料的供给问题正在引起全球的关注。

美国基于其能源部有关能源关键材料供需及技术发展研究的结果，已经开始加强了相关矿产的储备，自2008年起，其国防储备中心不再商业出售铱、铌、铂、钽、锡、锌等6种材料，也减少了其他9种储备材料的商业销售。

我国也先后实施了能源及关键矿产的储备政策。石油战略储备研究始于2000年。当时，我国原油净进口量为6000万吨，对外依存度接近30%，进口原油的80%来自中东，进口通道主要是单一而漫长的海路。为了应对原油供应不足或中断风险，发改委、交通部、海运公司、石油公司等方面专门研究了油源供给的多元化和石油储备问题。2003年，我国原油进口量达8000万吨，经过2004年的1.2亿吨，至2007年增加到1.5亿吨，而2009年突破2亿吨，石油对外依存度已超过50%。2007年国家发展和改革委员会宣布，中国国家石油储备中心正式成立，旨在加强中国战略石油储备建设，健全石油储备管理体系。拟用15年时间，分三期完成石油储备基地的建设。由政府投资的首期4个战略石油储备基地分别位于浙江舟山和镇海、辽宁大连及山东黄岛，已于2008年全面投入使用。储备总量1640万立方米，约合1400万吨（按照BP统计资料的换算标准，1立方米原油相当于0.8581吨），相当于我国10天原油进口量，加上国内21天进口量的商用石油储备能力，我国总的石油储备能力可达到30天原油进口量。2010年，新疆独山子国家石油储备项目开工，标志着以内陆地区为主的第二期石油储备基地建设已经展开，包括广东湛江和惠州、甘肃兰州、江苏金坛、辽宁锦州及天津等8个战略石油储备基地。据报道，我国战略石油储备三期工程正在规划中。至2020年，三期项目一旦完成，储备能力将提升到约8500万吨，相当于90天的石油净进口量，达到国际能源署（IEA）规定的战略石油储备能力标准。

国家煤炭应急储备方案于2011年获国务院批准通过，首批储备计划为500万吨。根据方案，神华等10家大型煤炭、电力企业和秦皇岛港、黄骅港、舟山港、广州港、武汉港、芜湖港、徐州港、珠海港8个港口企业，成为国家第一批应急煤炭储备点。国家煤炭应急储备是指国家委托承储企业在煤炭重要集散地、关键运输枢纽等地储备煤炭，由国家统一调用，用于应对煤炭供应中断或严重不足等紧急状况，增强在重大自然灾害和突发事件状态下的煤炭供应保障能力，保持经济社会平稳运行。由于在相当长的一个发展时期内，煤炭都不会成为稀缺或战略矿产，因此，煤炭储备的主要目的是稳定国内市场供给和平抑国内市场价格。

在战略矿产方面，自2010年起，除原有的稀土、钨和锢外，锑、钼、锡、锗、镓、钽和锆等7种元素也纳入了国家储备计划。

五、循环经济政策

推动全社会节约能源，促进循环经济发展，提高资源及能源利用效率，保护和改善环境，是我国实施经济发展模式转型和经济社会全面协调可持续发展的必然选择。

为此，国家于1997年制定实施、2007年修改颁布了《节约能源法》，对节能管理、合理使用与节约能源、节能技术进步、节能激励措施等作出了法律规定；于2008年颁布了《循环经济促进法》，对基本管理制度、减量化、再利用和资源化、循环经济激励措施等作出了法律规定。

相应地，矿业节能、矿产及矿区循环经济、矿产综合利用的政策焦点主要包括：

（1）作为主要耗能行业的矿产及加工部门包括钢铁、有色金属、建材、石油加工、煤炭等必须率先实施节能技术政策，开展企业节能技术改造。

（2）要求统筹规划，制定合理的矿产资源开发利用方案，采用合理的开采顺序、方法和选矿工艺，开采回采率、采矿贫化率、选矿回收率、矿山水循环利用率和土地复垦率等指标经审查合格才可以颁发采矿许可证。

（3）矿山企业在开采主要矿种的同时，应当对具有工业价值的共生和伴生矿实行综合开采、合理利用；对必须同时采出而暂时不能利用的矿产以及含有有用组分的尾矿，应当采取保护措施，防止资源损失和生态破坏。

（4）鼓励利用煤层气以及煤矸石、煤泥等发电并网。

（5）推进低质矿床开发利用和矿产材料高效利用的科学技术进步，促进矿产资源加工利用产业链的矿产消耗。

（6）强化下游产业及加工制造业能力建设，减少高耗能初级产品出口、增加进口，提高矿产品性能及附加值。

（7）发展废旧金属及其他矿产回收、尾矿及废渣有用组分提取、尾矿及废渣制作建材等工艺及技术，加强矿产资源的循环利用。

矿产综合利用及环境保护是发展矿产及矿区循环经济的重要领域。近年来，随着我国社会经济的快速发展，资源紧缺、安全严峻和环境损害问题日益突出，国家已经将“矿产资源高效开发利用”、“综合治污与废弃物循环利用”等涉及尾矿综合利用、清洁生产循环经济领域的有关问题列为2006-2020年《国家中长期科学和技术发展规划纲要》的优先主题。相应地，有关部门对尾矿综合利用及相关的安全与清洁生产问题也予以了高度重视。国家颁布了《清洁生产促进法》、《可再生能源法》、《固体废物污染防治法》、国务院颁布了《土地复垦条例》、有关部门颁布了《防治尾矿污染环境管理规定》、《稀土工业污染物排放标准》等法律法规；国家发展和改革委员会、科学技术部、工业和信息化部、国土资源部、住房和城乡建设部、商务部等6部、委于2010年7月联合发布了《中国资源综合利用技术政策大纲》，工业和信息化部、科学技术部、国土资源部、国家安全监管总局等4部、局于2010年4月联合发布了《金属尾矿综合利用专项规划（2010～2015）》，表明国家正在加大投入、深入系统地开展基于尾矿综合利用的循环经济问题的科技研发与制度建设。

六、国际合作政策

我国矿产资源开发的国际合作包括引进外资与对外投资等两种主要形式。改革开放初期，以引进外资开发国内资源的形式为主。1984年，作为我国首个引资项目，中美开始合作开发山西安太堡露天煤矿。从20世纪80年代初开始，石油及天然气的勘查开发项目也开始引进外资，到1997年底，中国石油天然气总公司与外国公司签订石油风险勘探合同40多个。中国海洋石油总公司至1996年底也与18个国家和地区的67家公司签订了126个海上石油天然气合作协议，直接利用外资60亿美元。

引进外资勘查开发国内矿产资源，除煤炭、石油及天然气外，黄金、金刚石、煤层气、有色金属矿产也有实践。国家规定，对于黄金、金刚石、有色金属等矿产的开发，不允许外商独资经营，金矿的对外合资开采只限于低品位、难选冶矿；硼镁石、天青石禁止外商开采。

随着我国经济实力及矿产资源开发利用技术水平的不断提高和社会经济发展对矿产资源需求量的急剧增长，国家实施了国内外“两个市场、两种资源”的战略，对外投资的合作形式也得到了发展。

作为中国企业走出国门投资开发海外资源的第一个项目，中国与澳大利亚合作经营的恰那铁矿自1988年建设至1990年建成投产以来，到2005年底，累计生产铁矿石1.3亿多吨，全部销往中国市场，为中国冶金行业提供了较为稳定的铁矿来源，有力地促进了冶金行业的发展，为我国企业参与海外竞争、具体实施“两个市场、两种资源”的战略，提供了有益的经验。

据报道，至2011年，武钢集团已开展合资合作的海外项目达31个，锁定海外权益矿资源量达数百亿吨，争取在2015年实现铁矿石自给自足。宝钢、鞍钢、河北钢铁等，也都加大海外资源保障体系的构建力度，积极开展国际化资本运作，重点投资及掌控了一些海外的矿产资源，试图开辟长期稳定的资源供应基地。据报道，2011 年预计新增 3000 万吨的权益矿。

中国神华正在与美国、俄罗斯等国家的企业合作，参股经营世界上最大的未开采煤矿——蒙古塔本陶勒盖煤矿。

石油产业的海外投资发展也很迅速。自 1993 年，中石油成功中标泰国邦亚区块项目，首次获得海外油田开采权益，中国石油产业进军海外市场的大幕随之开启。此后，三大石油公司开始频繁出现在国际石油市场投资项目中，投资资金数量逐年增加。据有关统计数据显示，截至 2010 年底，三大石油公司投资海外的油田及工程项目总计 144 个，投资金额累计达 700 亿美元。

近年来，我国采掘业的对外投资增势显著。2007 年，中国矿业对外直接投资流量达到了 40.6 亿美元，占非金融类的对外直接投资 16.3%。采掘业投资存量 150.1 亿美元，主要是石油及天然气开采业、黑色金属矿和有色金属矿采选业，占全部对外投资存量的 20%。金融危机后，尽管国际矿业投资出现下滑，但我国矿业境外并购依然活跃。投资方式主要有绿地投资、跨国并购、合资、合作等主要类型；投资区域涉及周边亚洲国家、非洲、拉美、澳大利亚等地。

当然，进军海外绝非轻而易举，真正有效地实现国家“两个市场、两种资源”的战略意图，道远路长。譬如，据有关媒体报道，2010 年三大石油公司海外权益原油近 7000 万吨，较 2005 年翻了一番，但 2010 年运回国内的原油为 500 万吨左右，仅占海外权益原油的 1/12，对于保障国内市场供给微不足道。再如，中国铁建在沙特麦加轻轨项目上产生了高达 41.53 亿元的巨亏；利比亚政局动荡，中冶、中建、铁建、葛洲坝等 13 家央企从利比亚撤出，在当地搁浅项目总金额已逾 410 亿元，面临合同、财务及金融等方面的巨大风险；一些企业的海外资源项目，存在经营失误、债务沉重、经营亏损等问题。这些，都为国企走出海外提供了有益的警示。

有分析表明，全球 150 起金额在 5 亿美元以上的并购案中，只有 17% 创造了明显回报，33% 创造了少量价值，20% 贬损了部分价值，30% 大幅损毁了价值。另有研究指出，60% 的企业并购没有实现预期的商业价值，大部分的失败源自并购后的文化整合。

可以说，相对于我国矿产资源企业在海外拓展的规模及速度，企业的海外资源资产管理及国际化经营能力显得相当不足，国际化及风险控制管理人才极其短缺。矿产资源企业进军国际市场的道路漫长而艰巨，需要具有战略性的眼光和付出长时间的努力。

随着对外投资规模的持续扩张和相关经验教训的日益汲取，海外投资政策也在不断地完善。2009 年，商务部发布实施了《境外投资管理办法》；2011 年，国有资产监督管理委员会发布实施了《中央企业境外国有资产监督管理暂行办法》和《中央企业境外国有产权管理暂行办法》。

七、小型矿山政策

20 世纪 80 年代以来，国家为了调动各方面的力量与资金发展矿业，同时为了振兴地方经济和支持矿区脱贫致富，允许兴办乡镇集体矿山企业、私营矿山企业和个体采矿，其中私营矿山企业是指符合国家有关私营企业的规定、雇工 8 人或以上、具有采矿生产能力、依法持有采矿许可证和营业执照的企业。而个体采矿则是指具有采矿技能、自己直接参加采矿生产劳动、雇工7人或以下、依法持有采矿许可证和营业执照的个体工商户。

国家从资源开发管理和资源保护的角度，对集体矿山企业、私营矿山企业的开采范围规定为：不适于国家建设大、中型矿山的矿床及矿点；经国有矿山企业同意，并经其上级主管部门批准，在其矿区范围内划出的边缘零星矿产；矿山闭坑后，经原矿山企业主管部门确认可以安全开采并不会引起严重环境后果的残留矿体。对个体采矿者规定，只能采挖如下矿产资源：零星分散的小矿体或者矿点，只能用作普通建筑材料的砂、石、黏土。

这些小型矿山曾经在一个时期内发展很快。据1996年统计，当年申报参与统计的非国有小型矿山（点）为21.42万个，从业人员为691.42万人，年产矿石量为26.27亿吨，占全国矿石总产量的64.92%，矿业产值为852.42亿元，占全国矿业产值的21.98%。按矿种分析，1996年，非国有小型矿山（点）生产煤炭4.58亿吨，占全国煤炭总产量的33.34%；铁矿石7932.17万吨，占全国产量的31.47%。

这些数据表明，小型矿山对于开发矿业、增加就业和发展区域经济作出了重要贡献。但也存在着不少严重的问题，诸如资源采收率低，管理混乱，影响国有大、中型矿山的生产及安全，生产安全与职业健康条件差，环境污染严重等。针对小型矿山的这些问题，国家提出了“扶持、改造、整顿、联合、提高”的方针，引导小型矿山健康发展。

2005年，国务院发布实施了《关于全面整顿和规范矿产资源开发秩序的通知》（国发［2005］28号），经过整顿和整合，2007年全国矿山企业有12.493万个，其中小型矿山及小矿为11.516万个，大、中、小矿山企业数量的比例由2005年的2.59%、3.42%、93.99%调整到3.21%、4.61%、92.18%，小型矿山及小矿的比例有所下降。

煤炭资源开发企业是整顿的重点，通过资源整合，提高了煤炭资源开发的市场集中度。2005年，全国煤炭矿山企业总数23570个，其中大型矿山企业314个，中型矿山企业491个，小型及小矿企业22765个。大、中、小矿山企业数量的比例为1.33%、2.08%、96.59%。至2007年底，全国煤炭矿山企业总数23324个，其中大型矿山企业369个，中型矿山企业696个，小型及小矿企业22259个，大、中、小矿山企业数量的比例为1.58%、2.98%、95.44%。从产量统计看，2007年，全国原煤产量20.43亿吨，大型、中型、小型和小矿的煤炭产量分别为：10.33亿吨、3.32亿吨、6.78亿吨，产量的比例为50.54%、16.26%、33.20%。与2005年相比，矿山总数减少而产量提高了。从构成上看，大中型煤矿占行业产能的主体地位，小煤矿数量及产量所占比例均呈下降趋势，产量由先前的约占1/2降到约1/3。

可以认为，我国矿业及市场集中度低、小企业发育（数量多、规模小，频遭整顿、长盛不衰）之背后似乎有着复杂、深刻的原因，主要包括：

（1）国家尤其是矿产资源赋存地的经济发展水平低，当地政府及社区主要靠开发矿产资源发展经济、提供就业和维持生存。

（2）矿产资源特别是煤炭、浅表资源的开发利用技术含量低，市场进入容易。

（3）劳动力密集、要素价格低，对技术形成了经济上有效的替代。

（4）城市化水平低，下游产业（制造业、服务业、信息业、知识业等）比重小，教育落后、人口素质低，大量劳动力无法进入下游产业。

（5）制度体系庞大、乏善可陈（市场经济制度及其相应的社会制度不健全、运行规则欠透明、机构及个体无诚信)、市场及社会垄断强，导致交易成本高、资源浪费大、经济效率低，结果勤劳不致富、个体难贡献、只有靠天（资源、矿产或遗产）吃饭。

思考题

(1)　矿业政策的目标是什么?

(2)　矿业政策对资源禀赋、社会经济发展水平的依赖关系。

(3)　小型矿山的特征、发展规律及政策评价。

第十章　矿业、环境与社区

第一节　矿业环境效应

矿产资源开发利用对国民经济快速发展发挥了重要的基础作用，但是给社会带来的负外部效应，诸如生态环境及安全健康影响也日益突出。矿区开发中的生态损害与重金属污染问题已经引起国际社会的广泛关注及我国相关部门的重视。

一、矿业对土地的影响

矿业生产是从地壳中开挖、分离提取和加工矿产的经济活动。在采矿生产中，不论是露天开采或地下开采，都不可避免地要扰动原有土地，改变原有的地形地貌和植被，降低或破坏原有土地的生产能力。目前，我国由于采矿而被破坏的耕地面积约相当于全国可耕地面积的1.04%。据研究，在我国，矿业是除农业以外扰动土地最多的行业，因矿业生产活动在陆地表面搬动运移的岩土量为平均每年32.5亿吨，如表10-1所示。

表10-1　中国每年扰动土壤和岩石数量

行　业	扰动量/亿吨	行　业	扰动量/亿吨
农　业	326.0	基础设施	3.6
矿　业	32.5	林　业	2.0
牧　业	16.5	城市建设	1.1
		总　计	381.7

根据中国地质环境公报（2007年度）显示，截至2007年，全国因矿业开发占用和损坏的土地面积为165.8万公顷，其中尾矿堆放90.9万公顷，露天采坑52.2万公顷，采坑塌陷20.3万公顷。

（一）地下开采引发地表破坏

地下开采过程中形成的巷道和采空区，破坏了地层及原岩的应力平衡，引起围岩及上覆岩层的变形和崩落，并向地表扩展。随着采空区的扩大，在一定条件下，这种过程会发展至地表，形成地表移动、沉降和塌陷。根据对煤炭地下开采引发地表破坏的研究，地表破坏可以按破坏形态及程度分为两类：一类是开采浅部急倾斜煤层或厚煤层形成的漏斗状塌陷坑和台阶状断裂，这类塌陷可突然发生，范围内的植被和建筑物均遭遇破坏，但一般范围较小；另一类破坏是开采深部急倾斜煤层或倾角小于45°煤层引发的大范围平缓下沉盆地。后一类破坏的形成过程是渐进的，破坏面积约为煤层开采面积的1.2倍，破坏最大深度可达煤层开采厚度的70% ~80%。当破坏深度超过潜水位时，造成常年积水，使原有农田不能耕种；若季节性积水，会减少种植茬数和导致农作物减产。

根据中国地质环境监测院联合全国31个省级地质环境监测总站历时5年开展的《全国矿山地质环境调查综合研究与成果集成》课题研究，由于长时间、高强度的矿山开采，造成了大量土地荒废，生态环境恶化，局部地区发生大规模的地表塌陷等地质灾害。据调查统计，到2005年底，全国矿山开采引发地质灾害12379起，造成4251人死亡，直接经济损失161.6亿元。其中，因矿山开采引发地面塌陷4500多处、地裂缝3000多处、坍塌1000多处，占压和破坏土地面积143.9万公顷。在建矿、采矿过程中强制性抽排地下水以及采空区上部塌陷使地下水、地表水渗漏，严重破坏了水资源的均衡和补给、径流、排泄条件，导致矿区及周围地下水水位下降，引起植被枯死等一系列生态环境问题。

我国地下开采的大型有色金属矿山，有些已经发生了严重的地面塌陷。根据《国家安全生产科技发展规划——非煤矿山领域研究报告（2004 ~2010）》统计，凡口铅锌矿因疏干产生的地表塌陷1982个，范围达6.75万公顷，受损农田6.67万公顷；2002年5月22日，兰坪县金顶镇南场铅锌矿发生地裂及地面塌陷，导致10人被困井下，5人获救，5人失踪；山东莱州马塘金矿因开采导致地表严重塌陷，致使莱州至招远的国家级公路遭受严重塌陷破坏而中断交通；金川集团有限公司二矿区虽然采用了充填法开采，但其地表仍然出现了明显的张裂缝和岩层错动痕迹，表明采场的覆岩层移动已经发展到地表，且随着开采深度的增加呈不断扩大趋势。

（二）露天开采损毁土地

露天开采时，必须先将矿体上方和周围的表土与岩层进行剥离，因此对土地及植被的破坏是毁灭性的。开采急倾斜矿体时，采后形成深凹型露天坑；开采缓倾斜和水平矿体时，采后形成凹陷型露天坑。露天开采不仅对开采境界内的土地造成毁坏，而且波及周围土地及水系，降低地下水位，造成土地失水，影响植物生长，重则导致土地沙化、荒漠化。

我国煤炭露天开采每生产万吨煤炭要挖损土地0.02 ~0.18hm^2，平均为0.08hm^2。截至2000年，全国国有重点露天煤矿土地破坏总面积达1.22万公顷，其中有12%的土地复垦，当年土地复垦率有47.8%。在我国，露天开采多采用外排土场方式开采，截至1999年底，全国露天煤矿排土场压占土地达1.63万公顷。

（三）矿山废弃物压占和污染土地

矿山企业在生产矿产品的同时，也产出了大量固体废弃物。这些废弃物包括：露天开采剥离的岩、土；地下开采排出的岩石（矸石）；选矿厂尾矿；矿区冶炼厂、加工厂、制造厂排放的工业垃圾；矿区居民生活垃圾等。全世界每年采出固体矿产100亿吨以上，产生的废石和尾矿约400亿吨。

1. 露采剥离物危害

露天开采剥离的大量岩、土，除少数矿山或部分采用内排方式外，大部分为外排堆放，因而要压占大量土地。据对我国露天煤矿的测算，露天开采外排压占的土地，约是挖损土地的1.5 ~2.5倍；露天矿正常生产后，每采万吨煤，排土场平均压占土地0.16hm^2；

至1994年底，全国露天煤矿排土场占地约1.4万公顷。我国铁矿开采以露天开采为主，剥采比多在2~4之间，剥离量很大，历年排土量累计约在100亿吨以上，每年以5亿吨的速度增加。1998年，我国有色金属矿山废石产生量3416万吨，累计堆存量3.25亿吨，堆存占地面积2471hm^2。排土场占地一般为矿山用地的40%~55%。

露天开采排土不仅压占大量土地，而且随着排土场废岩堆的升高，潜伏着失稳和滑坡的隐患。我国铁矿排土场曾多次出现滑坡、泥石流等事故。当剥离物中含有硫化物及其他有害物质时，排土场雨淋后，将渗流出酸性水或其他污水，污染周围土地及水系。马鞍山钢铁公司南山矿，剥离岩石中含硫5%~6%，堆放后经风化和雨水淋蚀，产生pH值为2.8的酸性水，每年达80~100万吨。每到雨季，酸性水污染的区域约11个行政村，面积2374hm^2，耕地1400hm^2。我国的永平铜矿、云浮硫铁矿的剥离岩土中，由于含有5%~8%的黄铁矿，岩土酸化严重，土场排出的污水pH值<4.5，污染下游水系和农田。

2. 地采排弃物危害

地下开采排出的废岩，以煤矿的排出量最大，危害也较严重。据2000年统计，全国国有重点煤矿共有矸石山1198座，矸石总量19亿吨，压占土地面积达1.45万公顷。预计每年排放矸石量1.5~2.0亿吨，增加占地300~400hm^2。矸石山不仅压占土地，而且有些矸石含硫化物或其他有害物质，经雨水淋蚀后，产生酸性水，污染周围土地。在铀矿及一些稀土矿开采中，产生大量的放射性废石、废渣，对周围产生放射性污染。

3. 尾矿的危害

尾矿排放量巨大。以金属矿山尾矿库为例，我国现有尾矿库12718座，其中在建尾矿库1526座，占总数的12%，已经闭库的尾矿库1024座，占8%。截至2007年，全国尾矿堆积总量为80亿吨，仅在2007年，全国尾矿排放量近10亿吨。这些尾矿的堆存，不仅占用大量土地，而且尾矿中残存的选矿药剂和含有的重金属，甚至砷、汞等有毒物质以及其他有害成分，经雨淋、风化或其他方式进入土壤，危害植被生长，或潜入生物链而危及人身健康。干旱地区堆放的岩土和尾矿，能够加剧沙化、荒漠化危害。

二、矿业对水的影响

（一）矿井水及其污染

采矿生产中的废水主要是矿井水。全国煤矿外排矿井水每年约22亿吨。煤矿矿井水的性质主要取决于成煤的地质环境和煤系地层的矿物成分，普遍含有以煤粉和岩粉为主的悬浮物，以及可溶的无机盐类。我国西部高原、黄淮地区煤矿的矿井水矿化度较高，水中总离子含量大于1000mg/L；南方一些含硫高的煤矿，矿井水呈酸性，并溶解煤及围岩中的铁、锰等金属元素。在冶金、化工矿山，矿岩中常含有硫化物、形成酸性矿井水。由于矿岩成分的不同，矿井水中还可能含有汞、镉、铝、铬、氰、氟化物等有害物质。因而，矿井水一般不能直接饮用或用作农田灌溉。外排的矿井水若流入当地的河流、湖泊，则将污染物带入这些水系，造成更大范围的水污染。我国水资源匮乏，特别是西北地区尤甚，矿区用水及造成的水污染，加剧了这一问题的严重性。我国86个重点煤矿矿区，有71%的矿区缺水，其中40%的矿区严重缺水。矿业生产大量用水及对水的污染，使缺水更加严重，成为制约当地社会经济发展和影响人民生活的重要问题。

（二）选矿废水及其污染

选矿生产要消耗大量的水，浮选厂每吨原矿耗水量一般为3.5～4.5t，浮选——磁选厂每吨原矿耗水6～9t。选矿废水中含有矿石微粒、金属元素和选矿药剂。黄金矿山采用氰化法提金时，排放的废水中含有剧毒氰化物。我国黄金矿山每年外排氰化废水2533万立方米，其中氰化物为18.24t。我国南方有些金矿中含砷，在选矿过程中产生的工业废水可含有亚砷酸盐、砷酸盐和砷氧化物等剧毒物质。在一些用混汞法提取黄金的矿山，排放含汞废水。

这些选矿废水中的有毒、有害物质，进入当地水系，会造成严重污染。污染水若被人、畜饮用，轻则影响健康，重则危害生命；若用以灌溉农田，将导致减产、绝产，有毒、有害物质潜入农作物，通过食物链而危害人身健康。鞍钢弓长岭铁矿选厂的尾矿水，于1979年、1990年两次流入附近的汤河，造成其下游10km长、50～60m宽的河道淤积，河水污浊、鱼虾绝迹、农田淹没、粮菜减产、沿河人民饮水困难。河北宽城县每年向河道排放选矿污水500万吨，其中含尾砂50万吨，全县14条河流中有8条被污染；唐山每年向河道排放尾矿768万吨，造成河水污染，河道淤塞。

（三）废石场、尾矿堆的水污染

矿业生产中形成的废石场（矸石）和尾矿堆，在风化、淋溶、渗漏、溢流等作用下，其有毒、有害物质会进入地表或地下水系，形成污染。江西德兴铜矿的废石和尾矿，在淋溶和渗滤作用下，造成对附近乐安江中下游水质的重金属污染，并波及100多公里以外的鄱阳湖。抚顺煤矿露天开采剥离的煤矸石，露天堆放，经长期风化、淋滤作用，生成大量可溶性无机盐类污染物，随淋滤水进入地下含水层，使地下水的类型由H-Ca型转化为S-Na型，污染严重，失去饮用价值。铀矿山的水冶厂及溶浸生产场地，产生大量尾矿和废渣，含有未能回收的铀、镭等放射性物质和加工过程中添加的化学药剂，它们由于降雨渗滤，流入当地水系，增加核素含量。据湖南721矿的调查，该矿附近30多个池塘中，有15个含铀浓度平均值达到0.988mg/L，造成水质严重污染。

（四）矿床疏干的水系损害

在水文地质条件复杂的矿山，为了防止地下水突然涌出而淹没矿井或露天矿场，必须进行矿床疏干，降低预定开采地段的地下水位。根据矿床赋存深度，地下水位在疏干后可下降近百米乃至数百米，形成大面积疏干漏斗，导致地表水和地下水平衡系统破坏，可能造成当地水源枯竭或取水困难。山西省因采煤造成18个县28万人吃水困难，450万亩水田变成旱地。山西长治市煤矿日排放矿井水5万立方米，引起水文地质条件恶化，煤系地层地下水位大幅度下降，民用水井干枯，地面水溪流量衰减或断流，矿区42个乡（镇）210个行政村农田灌溉和人畜吃水困难。

三、矿业对大气的影响

（一）煤炭开采排放CH_4对大气的污染

在煤炭开采过程中，以吸附或游离状态赋存于煤层或围岩中的CH_4被排放出来。据测算，全世界每年因采煤而排放的CH_4达数千万吨，约占人类活动所造成CH_4散发量的1/5。我国每年由煤炭开采而排放的CH_4占全国排放总量（自然系统排放和人类活动排放）的30%左右。CH_4是重要的温室效应气体，CH_4的温室效应比CO_2大20倍以上。大气中CH_4浓度的增加，还导致对臭氧层的破坏。

（二）煤矿矸石山自燃对大气的污染

煤矸石含有煤、硫化物等，在堆积存放状态下，易发生氧化作用而在矸石堆内聚积热量，导致自燃，释放出大量的SO_2、H_2S和CO等有害气体。据实测，每$1m^2$自燃矸石山一昼夜可排放10.8kgCO，26.5kgSO_2，2kgH_2S和NO_2等。我国目前有近百座矸石山自燃，还有一些煤田也处于自燃状态中，排放的有毒、有害气体对污染大气造成了较为严重的污染。

（三）矿山粉尘对大气的污染

矿山粉尘是指在矿业生产中产生的矿石或岩石微细颗粒，粒径为0.20～40μm，其中粒径为0.20～0.5μm的微尘悬浮于空气中，容易吸入肺中并储集，引起硅肺病而危害人身健康。矿业生产中的凿岩、爆破、装卸、破碎、运输等各个环节，都会产生粉尘。在露天矿山，这些粉尘直接排放到大气中；在地下矿山，多经由通风系统排放到大气中。此外，矿山废石场、尾矿库等，在风力作用下也会产生大量粉尘。矿山粉尘排入大气，增加了大气中总悬浮颗粒（TSP）的含量。在俄罗斯米哈依洛夫卡采选公司进行的研究表明，1994～1996年期间，年均排放到大气中的污染物为17368.3t，其中固态污染物为11270.5t。在列别金和斯托依拉采选公司，粉尘和有害气体年均排放量为29000～39000t，在排放中心形成了一个稳定的含尘空气带，当近地层含尘量为1个极限许可浓度时，含尘空气的半径为10～20km（风速低于3m/s时）和26～40km（风速高于3m/s时）。矿山粉尘导致的硅肺病是最为严重的职业健康问题。

（四）矿区燃煤对大气的污染

矿区生产与生活应用大量的中小型工业锅炉燃烧煤炭，向大气排放SO_2、NO_x等有害气体和烟尘。我国煤矿矿区有工业锅炉3万多台，年燃煤4050万吨，年平均向大气排放SO_2约56万吨，烟尘37万吨。据原煤炭部环境监测总站1991年对33个矿务局中心居住区大气质量调查统计，SO_2超标率为39.4%。SO_2是导致酸雨的直接原因之一，在一些高硫煤矿区，铜川市的空气SO_2年均值为$0.236mg/m^3$，形成了以西安市为中心，洛阳、商州和铜川为顶点的三角形酸雨区。非煤矿山的工业锅炉、冶炼厂、铸造厂、加工厂等燃煤，也排放大量的有害气体和烟尘，造成对大气的污染。

四、其他负面影响

（一）山体开裂和滑坡

赋存于山区的矿床开采之后，由于采空区之上的岩体变形、沉降，会导致山体开裂，在风吹雨淋的作用下，引发岩体滑坡，造成灾害。1980年宜昌地区远安县盐池河磷矿，因大面积采空区未处理而引起石灰岩陡峭山崖开裂，在一次大雨后，失稳的岩体发生滑移，约10万立方米岩体突然从陡崖倾泻而下，将山坡下约6万平方米建筑物掩埋，堆积乱石面积约6000m²，造成严重的矿毁人亡灾害。又如，在长江三峡链子崖下采煤，形成12万平方米采空区，致使其上山体发生58条裂缝，形成352万立方米的危岩体，威胁长江航道安全。2008年8月，山西省娄烦县太原钢铁（集团）有限公司矿业分公司尖山铁矿矿区，排土场（矿渣）及山体滑坡事故造成至少43人死亡、一些房屋掩埋及损毁。

（二）泥石流

在露天矿排土场或在陡峭山坡（30°~60°）上堆积的松散岩土，当充水饱和时，在山洪携带下可形成泥石流，酿成灾害；一些尾矿库由于超载排放或者维护不当，也不时溃坝形成泥石流。

国际上看，2005年，美国密西西比州Bang Lake磷矿，磷石膏（废渣）堆积速度过快，加上大雨导致溃坝，64350立方米泥石流流入沼泽地，导致沼泽内的植物全部死亡；2004年，加拿大Teck Cominco公司的一处尾矿库在复垦工作期间发生溃坝，造成大量泥石流进入Pinchi Lake，对湖水造成严重污染；2000年，在罗马尼亚Baia Mare金矿，大雨和融雪造成溃坝和泥石流，导致污染物注入帝萨河支流，鱼类大量死亡，下游匈牙利境内200万人饮水中毒；1998年，西班牙Aznalcóllar的Los Frailes尾矿库溃坝，致使下游大面积区域受到污染；1995年，圭亚那Omai金矿尾矿坝遭受破坏，使得900人因饮用氰化物污染水而致死；1994年，美国加利福尼亚州地震引发Tapo Canyon尾矿库溃坝，带来了巨大的经济损失和环境污染；1994年，南非Merriesprui尾矿库溃坝，导致17人死亡；1985年，意大利Stava尾矿库溃坝，导致近300人死亡和巨大的财产损失。此前的1974年南非某铂矿溃坝、1972年美国布法罗尼河矿溃坝、1970年赞比亚某铜矿溃坝、1965年智利某铜矿地震溃坝等事故，也都造成了巨大的人员伤亡、财产损失和环境污染。

我国一些矿山也多次发生泥石流灾害。海南铁矿排土场1973年8月6日发生30多万立方米大滑坡和大规模的泥石流。云浮硫铁矿三个排土场累计排土2000万立方米，先后形成6条泥石流沟，1972年11月因台风和暴雨引发大规模泥石流，淹没农田398hm²。1975年6月再次发生泥石流，冲毁铁路、桥梁、厂房，1334hm²农田受灾，造成矿山停产3天，损失惨重。开阳磷矿1995年6月23日发生山体滑坡和泥石流，冲毁厂房、民宅11606m²，人员伤亡30多人，稻田、林地被毁，矿山生产瘫痪，直接经济损失1.36亿元。2008年9月，山西省临汾市襄汾县新塔矿业有限公司尾矿库发生特别重大溃坝事故，造成254人死亡、34人受伤；2009年5月，湘西地区兴银锰业公司尾矿库发生溃坝，导致3人死亡；2010年9月，受台风带来的罕见特大暴雨影响，广东茂名市信宜市紫金矿业公司银岩锡矿高旗岭尾矿库发生溃坝事件，造成22人丧生，523户房屋倒塌、815户房屋受损，下游流域范围内交通、水利等公共基础设施以及农田、农作物等严重损毁，直接经济损失约1900万等。

（三）矿山噪声

矿山噪声污染源主要来自凿岩机、压气机、破碎机、球磨机、挖掘机等矿山机械，特别是在井下，由于工作面空间狭小，反射面大，直达声在巷道表面多次反射形成混响声，使相同设备在井下开动比在地面开动声级高出 5～6dB（A）。矿山机械的声级一般在 95～110dB（A）之间，超过了国家颁布的《工业企业噪声卫生标准》中的有关规定。除矿山机械产生噪声外，矿山爆破会产生脉冲噪声。矿山噪声污染主要危害作业场所工人和相关范围内人员的听觉，引起心情烦躁、反应迟钝，严重的可导致产生神经系统、心血管系统疾病，是矿山职业健康的重要问题之一。

（四）石油污染

沿海及海上油田的钻探、开采发生的井喷、溢出和各种事故泄露，特别是海上石油运输事故的泄露，严重污染海洋，破坏海洋生态系统。据美国科学院的资料，每年排放到海洋中的石油量为 491 万吨。其中，由开采石油发生的井漏、井喷等排入海洋的石油，每年超过 100 万吨。1969 年 1 月 28 日美国联合石油公司在圣巴巴拉海峡的一口油井发生井喷，77000 桶原油泄入海洋。2010 年 4 月，英国石油公司（BP）租赁的位于墨西哥湾的“深水地平线”钻井平台发生爆炸并引发大火，随后沉入墨西哥湾，11 名工作人员死亡。钻井平台底部油井漏油不止。事发半个月后，各种补救措施仍未有明显奏效，沉没的钻井平台每天漏油达到 5000 桶，并且海上浮油面积超过 10000 平方公里。漏出的原油成分水溶性高，与墨西哥湾的海水融为一体，难以燃烧和清理，处理油污可能会耗时 5 年。此次漏油事件造成了巨大的环境和经济损失，路易斯安那大学海克里斯托弗·德利亚说，漏油产生的毒物会在食物链积聚、进而改变食物链网，一些海洋物种可能灭绝。另外，专家发现，漏油使许多地方土壤受侵蚀，植被退化。

近年来，我国石油泄漏事故也持续发生。2010 年 7 月，中石油大连新港石油管道爆炸、火灾及泄露，导致了严重的人员伤亡、财产损失和生态污染。2011 年 6 月，我国蓬莱和绥中等海上油田石油泄漏，致使周围海域遭到重度污染的面积至少 840 平方公里内的 1 类水质下降到了劣 4 类，另有附近 3400 平方公里遭受 1～3 级污染。

第二节　矿业与社区发展

一、矿业与社区

资源是人类生活的物质基础，环境是人类生存的空间场所。矿业开发利用自然资源，促进了社区的经济发展和社会的进步，同时也侵害及污染了社区的生态环境。因而，矿业与环境、社区发展之间具有紧密、复杂的影响关系，既有相互促进、协同发展的正向关联，又有相互矛盾、彼此制约的负面作用。在矿产资源开发利用中，这种复杂关系的体现比其他产业更为明显。

矿产资源的开发利用，特别是工业革命以来对矿产资源的大规模开发和利用，极大地促进了经济与社会的发展，保证了人类物质文明生活对矿产品的需要。但是，在开发利用矿产资源、发展经济的同时，也使社区付出了沉重的代价，带来了严重的环境污染乃至生态破坏及灾害。特别是近代大规模开发矿产和广泛利用化石燃料等矿产品以来，也带来了全局性的环境污染，生态破坏，气候变暖，不仅给社区造成了直接的经济损失及社会成本，而且使宏观社会经济发展的空间受到了严重威胁。矿业开发的这种负面外部效应不仅表现在矿业生产过程自身及其周边社区，在矿产利用价值链的下游也有突出的表现，使得环境污染范围更广、危害更大。

以钢铁生产而言，据估算，每生产 1000t 钢，会产生大气污染物质 121t，水污染物质 68t，废渣 967t，采选废弃物 2828t。以此为基数，按年产 6 亿吨钢计算，每年因钢铁生产（从采矿至炼钢全过程）而产生的大气污染物为 7260 万吨，水污染物 4080 万吨，废渣 5.80 亿吨，采选废弃物 8.48 亿吨（按照国内原矿占 50% 考虑）。由此可见，人类在开发利用矿产资源生产所需品之时，伴随着也产生了大量的废弃物，废弃物量是钢材量的数倍之多。煤炭和石油在开采利用中造成的污染，涉及温室效应、酸雨、臭氧层破坏等一系列全球性环境污染问题。大气中 CO_2 浓度增加，主要是使用化石燃料造成的。根据环境公报，2002 年我国全年 SO_2 排放量 1947 万吨，约 90% 为燃煤产生；烟尘排放 1012 万吨，70% 为燃煤产生。全世界因使用化石燃料每年排放的 CO_2 约 57 ~ 60 亿吨，CO 约 3 ~ 4 亿吨。

国内外大量的事实和数据，尖锐地反映了矿产资源开发利用与环境保护、社区发展三者之间相互制约、相互矛盾的负向关系。在一些发达的工业化国家，严格的环境保护标准和有关规定，以及资源地社区及居民清醒的民权意识，已成为影响矿产开发的制约因素。一个国家或地区，如果只考虑当前经济的发展而过度地开发资源，忽视环境保护，将会使矿业、环境与社区发展三者之间的矛盾激化，导致资源快速枯竭、生态急剧恶化和社区发展停滞及社会不稳等严重后果。已经有一些研究表明，经济发展对于自然资源的过度依赖，可能会导致“资源悖论”或者“荷兰病”现象的产生，即对资源开发的过度依赖，可能会因初级资源品价格劣势及波动、资源产业竞争力不足、制度弊端乃至腐败等问题的存在及产生，不利于经济的长期、可持续发展。

所以，对于发展中的经济体，需要恰当地处理资源开发与环境保护及社区发展的关系，在满足宏观社会经济发展对矿产品的需求和实现矿企生产经营的效益目标的同时，维护和保障资源地社区及居民的长期发展空间。

二、矿产与循环经济

发展循环经济是实现矿业开发与环境、社区协调发展，进而促进国民经济及社会可持续发展的重要途径之一。

循环经济理论可以追溯到 20 世纪 60 年代中期的“飞船地球”观，它表达了一种对地球有限资源的使用和船员协调运作的行为的关注。稍后，有学者将“飞船地球”观引申为无限资源开放式的“牛仔经济”和与之对应的有限资源闭合式的“飞船经济”的概念，并提出人类一定是在一个循环的生态系统之中寻求生存与发展的论断。

目前，循环经济被看做是一种框架概念，实质内容依赖于研究对象及其时空特征。循环经济的科学基础是仿生学，工程理念是反馈系统，具体原则包括：废弃物可资源化；系统能源可再生；多样性（模组性、多功能性、适应性）系统更具鲁棒性、抵御能力和复原能力；非线性、复杂系统原理，诸如系统元素相互影响、倍增、涌现、突变；配合设计、从摇篮到摇篮的设计等。

从实践的角度看，从 20 世纪 70 年代起，人们开始关注废弃物的处置及管理；到 80

年代，循环经济的焦点逐渐转移到废弃物的资源化及再利用。

譬如，德国作为世界上最早开展循环经济立法的国家，自1972年制定《废弃物处理法》，经1978年推出“蓝色天使”计划，至1996年实施了具有广泛影响的《循环经济与废弃物管理法》，已经取得了良好的循环经济及社会效益。《循环经济与废弃物管理法》把资源闭路循环的思想推广到所有生产部门，强调生产者的责任是对产品的整个生命周期负责，规定了对废弃物的设计程序，首先是减少污染物的产生量，其次是对可利用的废弃物要回收利用，最后对无法避免的、不可利用的废弃物进行无害化处置。在《循环经济与废弃物管理法》框架下，制定了相关法律法规，诸如《可再生能源市场化促进方案》、《生物资源发展法规》、《家庭使用可再生资源补助计划》、《未来投资计划》等。2000年，制定颁布了《可再生能源促进法》，对开发再生能源的企业给予政府经济补助。由非盈利（非政府）组织主导的包装废弃物双元回收系统（DSD）已经成为德国循环经济实践和运行机制的典型范例。近年来，德国废弃物产生量不断下降，循环利用率持续上升，90年代初循环利用率约25%，1996年为35%，2000年达到50%。目前，废弃物利用年产值400亿欧元，就业人数达24万人。

再如，日本的循环型社会模式也比较典型。首先，政府推动构筑多层次法律体系。2000年6月，颁布了《循环型社会形成促进基本法》。随后颁布了相关的《固体废弃物管理和公共清洁法》、《促进资源有效利用法》等第二层次的综合法，以及《家电循环法》、《汽车循环法案》、《建设循环法》、《促进容器与包装分类回收法》、《食品回收法》、《绿色采购法》等第三层次的行业和产品立法。其次，要求企业开发高新技术，在设计产品的时候就要考虑资源再利用问题。第三，要求国民从根本上改变观念，要把废弃物视为有用资源进行处理。

还如，生态工业园型的循环经济模式具有推广意义。单个企业的清洁生产和循环会有较大局限性。因此，依据生态系统循环、共生原理，设计新型工业园区组织方式，建立相关企业之间的代谢、共生关系，形成资源共享、副产品互用、相对封闭的循环产业链机制，有助于资源的优化配置和高效利用，大幅度地降低减少废弃物产生量。丹麦的“卡伦堡生态工业园”便是成功的范例。加拿大的哈利法克、荷兰的鹿特丹、奥地利的格拉兹、美国、奥地利、法国、英国、意大利、瑞典、荷兰、爱尔兰、日本、印度尼西亚、菲律宾、印度等国也有类似的实践或计划。我国广西贵港国家生态工业（制糖）示范园区、南海国家生态工业示范园区、包头国家生态工业（铝业）示范园区、石河子国家生态工业示范园区、长沙黄兴国家生态工业示范园区、鲁北国家生态工业（化工）示范园区、天津开发区生态工业园区等也在实施这种模式。

美国杜邦公司则是企业实施循环经济的典型代表。自20世纪80年代末起，杜邦创造性地把循环经济思想与化学工业实际相结合，通过放弃使用某些环境有害型化学物质、减少某些化学物质使用量和发明回收本新工艺，到1994年，已经使生产造成的塑料废弃物减少了25%，空气污染物排放量减少70%。通过回收塑料废弃物和一次性塑料容器中有用物质，开发出了耐用的乙烯材料新产品。1997年，杜邦公司重组了它的“地毯回收计划”，每年大约回收了10000吨废弃地毯。

实施循环经济的基本原则是减量化（Reduce）、再利用（Reuse）和再循环（Recycle），简称为3R原则。矿产资源开发基本是一个有用矿物与废弃物分离的过程，废弃物产生量大、能源消耗高、环境污染重，发展循环经济对国家社会经济可持续发展将产生重大影响，实施方式可在企业自身层面上、矿区层面上和矿产价值链的社会层面上以及系统层面上。目前，似乎以企业自身层面上发展循环经济的案例居多。

西山煤电公司是全国最大的炼焦煤生产基地，也是全国首批开展循环经济试点的企业之一。西山煤电积极探求煤——电——建、煤——焦——化等两条循环经济产品链，取得了较好的效果，被国家有关部委称为西山模式，如图 10-1 所示。

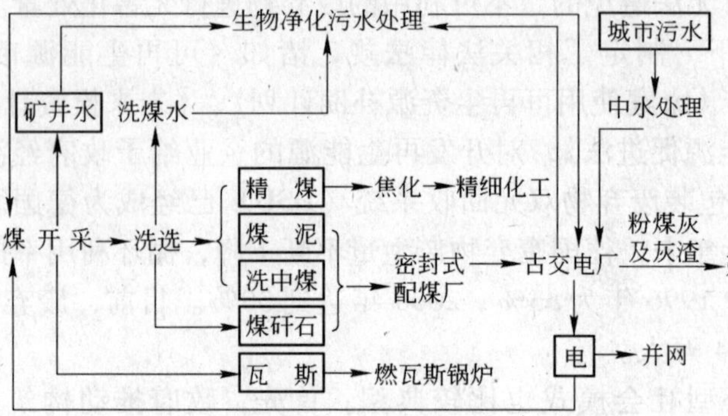

图 10-1 西山循环经济模式

再如，鲁北化工公司实施了磷石膏废渣制硫酸联产水泥技术工艺，建成了我国第一套磷铵、硫酸、水泥联合生产装置，生产工艺流程如图 10-2 所示。

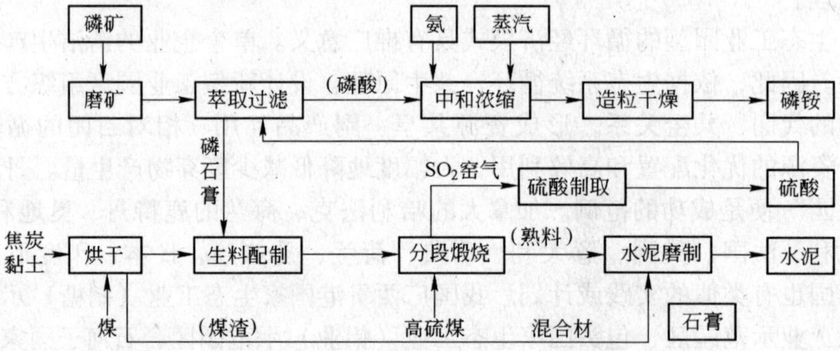

图 10-2 磷铵、硫酸、水泥联产工艺流程

工艺流程采用生产磷铵排放的磷石膏废渣制造硫酸并生产水泥，硫酸返回用于生产磷铵，整个生产过程没有废弃物排出，资源得到了高效循环利用，形成一个较为完善的生态工业产业链，有效地解决了磷铵生产废渣堆存占地、污染环境、制约磷肥工业发展的问题，开辟了硫酸水泥生产的新途径。

还如，金川集团一个依托于多金属共生硫化铜镍矿床、集采、选、冶、化为一体的有色金属资源企业，包括龙首矿、二矿区、三矿区、选矿厂、冶炼厂、精炼厂和化工厂等生产单元，年处理矿石 440 万吨，生产主金属镍占国内市场 80% 以上、铜占国内市场 15%；

生产副产品钴占国内市场44%、还有副产品金、银、铂、钯、锇、铱、钌、铑、硫黄和硒；以及每年产生尾矿砂近400万吨，年产酸性废水150万吨，硫酸产量120万吨以上。根据化学分析结果，金川尾矿中平均含0.22% Ni、0.20% Cu、10.75% Fe、37.19% SiO_2、3.30% CaO、27.68% MgO、2.14% Al_2O_3、1.42% S 等。按照这些数据及2005年价格，金川集团每年有0.88万吨镍、0.8万吨铜、43吨铁随尾矿流失，直接损失18.78亿元人民币。到目前为止，累积有17.6万吨镍、16万吨铜、860万吨铁随尾矿流失，直接损失375.66亿元人民币。如果再考虑铝的流失，则经济损失更大。

金川公司结合自身特点，尝试利用尾矿砂发展循环经济，如图10-3所示。基本思路是：在充分利用自产的废酸、废固物质，无需购置添加原料和试剂的前提下，模拟地球表层地质风化作用，大宗量削减废液、废固污染物，应用废酸、废固之间的化学性质差异及反应性，制备出高附加值与适销对路的新产品。

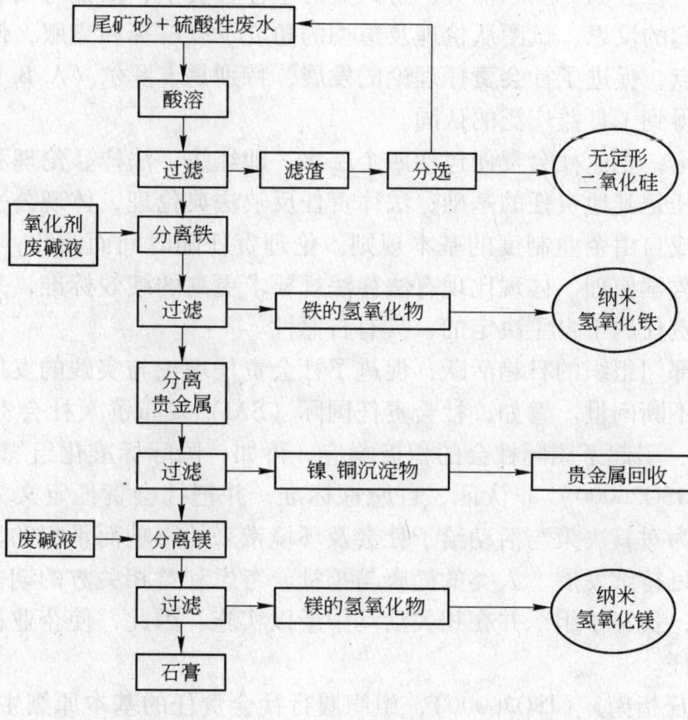

图10-3　金川公司废弃物资源化流程

最后，内蒙古包头白云鄂博矿是铁、稀土、钍、铌、氟（氟石、萤石）等多元素共生矿，含铁34%，属于贫铁矿，但是含稀土5%，为富稀土矿。自1967年开始选铁矿至今，尾矿库中的尾矿累计达1.5亿吨，含稀土氧化物1000多万吨，品位为7%，稀土利用率仅10%。此外，尾矿中残留有较高含量的钍、铌、锰和氟等战略矿产，具有发展相应的矿产综合利用及循环经济技术的广阔前景。

随着我国工业化程度的不断提高，金属消费量快速增加，可回收利用的废金属量也将大幅度增长。大力发展金属二次利用技术及市场，有助于缓解矿产资源供应、能耗及环境压力。

三、矿企与社会责任

正如矿业促进了人类社会进步、引发了生态环境及安全健康问题、催生了社会经济可持续发展理念一样，矿产资源开发型企业在社会责任问题的演化和社会责任的履行进程中，也一直发挥着独特的作用。

（一）社会责任内涵

企业社会责任（Corporate Social Responsibility，CSR）的存在及概念由来已久。早期的社会责任理论将社会责任主体集中于企业，认为企业的社会责任就是在赢利的条件下为社会提供商品和服务；甚至认为企业唯一的社会责任就是在法律法规许可的范围内，获取并利用资源、开展旨在增加利润的活动。近年来，随着全球经济竞争的增强和信息传播的加速，一系列看似孤立的重大事件诸如工业灾难、食品药物危害、环境污染、金融欺诈、学术造假、公职滥权、社会暴力及恐怖等，对人类的生存、安全、福祉与社会稳定构成了挑战与威胁，引起人们的反思，试图从伦理及道德的角度予以解释和克服，使得社会责任问题成为公众关注热点，促进了社会责任理论的发展，特别是卡罗尔（A. B. Carroll）的企业社会责任层次理论得到了日益广泛的认同。

根据卡罗尔理论，企业社会责任包括四个层次，即经济、法律、伦理和慈善等四个范畴的责任。经济责任是其他责任的基础；法律责任反映法典伦理，体现公平运营观念，与经济责任并存，构成自由企业制度的基本规则。伦理责任随时间而演化，反映有关公正、人权和功利等道德哲学原理，体现比现有法律法规要求更高的绩效标准，是法律法规的先导及驱动力。慈善责任属于自主决定的、具有自愿性。

近年来，第三部门组织的日趋活跃，促进了社会责任理论与实践的发展，一系列社会责任标准或者规范不断问世。譬如，社会责任国际（SAI）发布了《社会责任 8000》认证标准（SAI，2008），引起了国际社会的积极响应。再如，国际标准化组织（ISO）制定了《社会责任指南》（ISO26000）非认证、自愿性标准，并把社会责任定义为任何一个组织通过透明的伦理行为对其决策与活动给予社会及环境带来的影响而承担的义务，这样的行为要有助于社会的可持续发展、人类的健康与福祉，考虑利益相关方的期待，符合适用法规及国际行为规范，贯穿于组织并在相关活动中予以实施。因此，使企业社会责任的概念拓展到组织社会责任。

根据《社会责任指南》（ISO26000），组织履行社会责任的基本原则主要包括问责制、透明度、伦理行为、相关方利益、法制、国际行为规范、人权等 7 个方面，社会责任的核心主题涉及组织治理、人权、劳动实践、环境、公平运营实践、消费者、社区参与及发展等七个领域。

（二）组织社会责任特征

（1）组织社会责任具有普适性。组织与社会责任具有主从关系，组织是履行社会责任的主体，而社会责任则是从属于组织的性质与行为。所谓性质，是指社会责任是组织的一种能力，具有客观属性，在一定的社会经济条件下或者在一定的社会经济发展期，可以用一定的指标予以描述；所谓行为，是指社会责任是组织的一种决策与行动，具有主观属性，而这种决策与行动的后果及其对社会及环境的影响程度需要予以适当约束，以利于社会经济的可持续发展。任何组织都具有实施社会责任的能力和履行社会责任的表现水平。

（2）组织社会责任具有多样性。社会责任与组织的性质和行为密切相关。从组织性质、使命、目标或职能的角度看，组织可以划分为公营部门组织、私有部门组织和第三部门组织等三种基本类型。不同类型组织的社会责任存在差异。公营部门组织的社会责任旨在提供公共物品及公众服务，私有部门组织的社会责任在于有效地创造物质产品及劳动服务，而第三部门组织的社会责任在于弥补公营部门组织与私有部门组织的不足、有助于克服政府失灵与市场失灵。从经济及产业结构看，一次产业、二次产业、三次产业与四次产业的组织经济活动在投入、过程和产出等方面存在较大的差异，其社会责任内涵及表现也有所不同。社会责任还受到组织属性（规模、所有权制度、治理结构等）、组织运营环境（政治、经济、法律、文化、科技、宗教等制度乃至伦理道德环境）等要素的影响。

（3）组织社会责任具有动态性。社会责任的范畴和基本要素反映了某一特定时期社会经济条件下的社会期盼，会随着社会经济发展的阶段和水平而变化。社会责任问题随着社会经济发展而按照潜在、显现、强化和制度化等阶段演化，组织的社会责任行为按照抵御、合规、管理、战略和文明等阶段表现。组织社会责任还与组织自身所处的生命周期阶段密切相关。

（4）组织社会责任可以用理论模型予以描述。从社会责任范畴和组织行为的角度看，组织的决策、行动与后果可以划分为经济的、法律的、伦理的和慈善的等四种基本范畴。组织的社会责任或者说是组织在这些范畴内的潜在能力及表现水平则依赖于组织的性质和组织所处的时空条件，即组织社会责任（SR）的动态模型如下：

$$SR \ni (\vec{E}, \vec{L}, \vec{M}, \vec{P}) = f(\vec{T}, \vec{D}, \vec{C}, t)$$

式中 $\vec{E}$——经济责任指标集；

$\vec{L}$——法律责任指标集；

$\vec{M}$——伦理责任指标集；

$\vec{P}$——慈善责任指标集；

f——社会责任对于影响因素的依赖关系；

$\vec{T}$——组织类型因素集；

$\vec{D}$——组织的属性因素集；

$\vec{C}$——组织所处社会的政治、法律、经济、文化、科技等环境因素集；

t——组织所处的社会发展时期或生命周期阶段。

（5）组织社会责任可以用指标体系及方法予以评价。组织的社会责任具体表现在组织与其利益相关方的关系上，通过建立指标体系，可以评价组织对利益相关方的影响，即组织社会责任的能力及水平。组织的利益相关方既包括直接利益相关方，诸如股东、雇员、消费者、商务伙伴、社区、后代、自然环境（保护团体）等，也包括间接利益相关方，诸如政府部门、规制机构、民间团体、特殊利益团体、工贸团体、媒体、竞争伙伴等。

（三）企业社会责任状况

企业社会责任具有与社会经济发展阶段及水平相关的规律性。以美国为例，第二次世界大战后直至20世纪60年代，社会发展主要目标是经济建设，企业社会责任的核心内涵是获利与守法。此时的社会责任理论将社会责任主体集中于企业，认为企业的社会责任就是在守法前提下和赢利条件下提供商品和服务，同时为社会有所贡献；甚至认为企业唯一的社会责任就是在法律法规许可的范围之内，获取并利用资源、开展旨在增加利润的活动。

20世纪60年代，美国人均GDP达到3000美元，经济及工业化进程的快速发展，引发了劳工及消费者权益等社会责任问题，企业的社会责任发展为关注人权与消费者权益立法等问题。70年代，社会财富显著增加，人均GDP达到3000美元至5000美元，社会需求以“追求生活质量”为主要特征，社会责任问题更加注重消费者权益，并扩展环境保护等方面。进入80年代，知识经济的迅猛发展时期，2000年人均GDP增至34910美元。此间，企业社会责任重心转移到公司治理结构、利益相关方、供应链及价值链等问题。

随着美国社会经济的发展，人权运动、消费主义、环保主义等思潮影响了社会公众对工商业界的期盼。社会责任的发展经历了由最初人们呼吁工商界主动停止引发社会问题和参与解决社会问题，经过政府、媒体、研究等机构的积极参与、促进工商界实施有关平等就业、产品安全、工场安全（工作场所安全、生产安全）、消费者权力、环境保护等方面的法令法规与自律规范，到企业社会责任问题开始突破获利与守法的局限、扩充了社会改良的内涵、并开始制度化等几个时期。

在我国，目前的社会经济发展及工业化进程正处于高速增长期，社会责任问题趋于不断显现，公众社会与政府有关部门正在对社会责任问题予以积极响应。

至2020年的未来十年间，将是我国全面建设小康社会的关键期，也是深化改革、向可持续经济发展方式的转型期、实现由关注数量增长转向重视质量提升的攻坚期。随着经济结构的调整与升级，社会发展质量将会明显提升，人均GDP将在2000年的基础上翻两番，小康社会将达到更高水平，社会责任问题及其应对机制，将得到逐步强化，企业的社会责任表现也会相应地进入自主管理和战略主动阶段。

进入2020年之后，社会经济发展水平将逐步进入一个新阶段，社会财富可望取得较大增长，人们的生活质量将会稳定提高，个人及组织的综合素质及社会伦理行为也将随之有较大的提升，社会责任问题将形成制度化，企业的社会责任行为也会逐步进入文明阶段。

（四）矿企社会责任及评价

矿业作为国民经济的基础产业，其企业的核心社会责任是发展经济。但是，由于矿业具有突出的外部不经济效益，加之一些矿山企业的社会责任意识淡薄及社会责任的缺失，矿山企业的重大社会责任问题时有发生，给社区带来了难以估量的社会成本。

因此，研究矿山企业的社会责任问题，建立矿山企业社会责任的指标体系和评价模型，有助于提高矿山企业对社会责任的认知与实践，促进我国矿山企业更好地履行社会责任。

表10-2和图10-4给出了一种基于卡罗尔的经济、法律、伦理和慈善等四层责任和利益相关方理论的矿山企业的社会责任评价指标体系及层次分析评价模型。通过这样的指标体系及评价模型，可以对矿产资源开发型企业在经济、法律、伦理和慈善等范畴的社会责任履行水平和对利益相关方的社会责任履行水平进行分析和评价。

表 10-2　矿山企业社会责任评价指标体系

目标	一级指标	二级指标	三级指标
矿产资源型企业社会责任	经济责任（B1） 法律责任（B2） 伦理责任（B3） 慈善责任（B4）	股东（C1）	净资产收益率（D1）
			尊重公司法规定的股东的各项权利（D2）
			设立投资管理机构，引导社会责任投资（D3）
			主营业务增长率（D4）
			每股股利（D5）
		雇员（C2）	有法定职业安全健康管理体系及相应措施（D6）
			雇员岗位技能和职业发展计划及实施（D7）
			按时、足额发放工资（D8）
			无童工、强迫劳动、歧视、性骚扰、虐待、随意加班等（D9）
			劳动合同签约率（D10）
			持续改善工作环境（D11）
			雇员遣散、就业援助、培训和咨询等制度（D12）
			职业病发病率（D13）
		消费者（C3）	提供价格合理、持续供应的矿产品（D14）
			引导消费者购买责任产品，促进可持续消费（D15）
			有产品事故及争端的应急处理及解决机制（D16）
			买卖合同语言真实易懂（D17）
			妥善保存消费者信息和资料（D18）
		商务伙伴（C4）	促进商务伙伴采取反腐败行动（D19）
			依法公开采购、签订执行合同、遵守信贷合约等契约规则（D20）
			采购价格的合理性及按期付款（D21）
			推进责任采购制度（D22）
		社区（C5）	依法获取和利用社区资源（D23）
			社会捐款、公益事业捐款比率（D24）
			本地化就业比率（D25）
			本地采购比率（D26）
		环境（C6）	环保费用支出率（D27）
			矿区“三废”处理率（D28）
			设立“环境评估”、“环保设施运行”预算（D29）
			有完善的环境保护制度及环境事故的应急及处理预案（D30）
		政府（C7）	就业贡献率（D31）
			贯彻国家产业政策，遵守国家签订的国际合约等（D32）
			社会贡献率（D33）
			积极响应政府号召的慈善活动（D34）
			与当地政府官员或代表保持透明关系（D35）

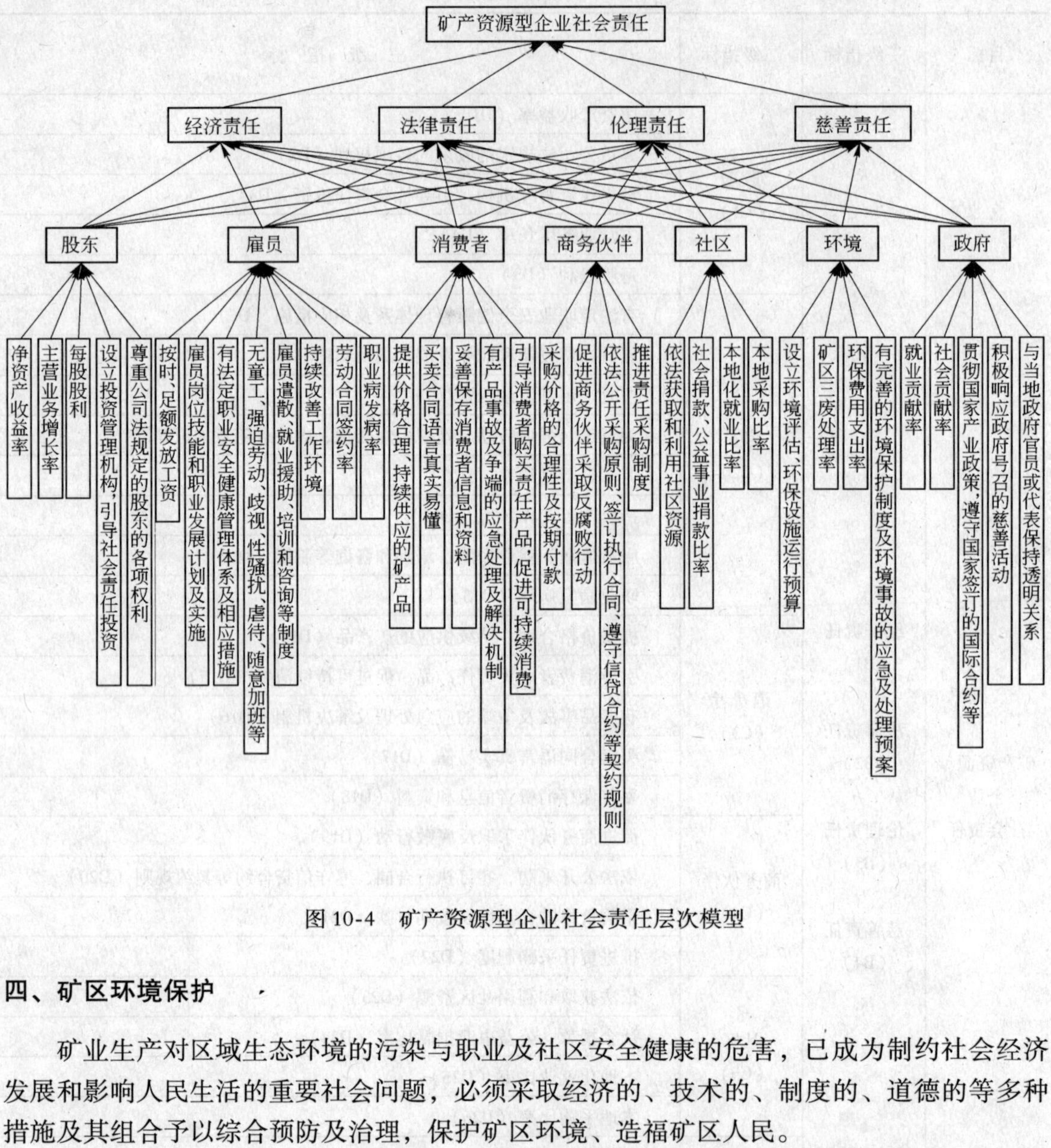

图 10-4 矿产资源型企业社会责任层次模型

四、矿区环境保护

矿业生产对区域生态环境的污染与职业及社区安全健康的危害，已成为制约社会经济发展和影响人民生活的重要社会问题，必须采取经济的、技术的、制度的、道德的等多种措施及其组合予以综合预防及治理，保护矿区环境、造福矿区人民。

我国的矿山环境保护工作必须贯彻国家的《环境保护法》、国务院的《土地复垦规定》等有关的法律、法规、条例和标准；在矿山设计与建设中，必须进行环境影响评价和执行“三同时”原则，即防治环境污染措施、保护安全健康措施必须与主体工程同时设计、同时施工、同时投产。在矿山生产中，要把环境保护、职业与社区安全健康作为一项重要的日常工作纳入企业管理，并贯彻始终。

（一）矿山复垦

对于在矿产开发过程中污染和破坏的土地，采取整治措施，使其恢复到可利用状态并加以利用的工作叫矿山复垦。鉴于矿业生产中对土地污染和破坏的普遍性与严重性，矿山复垦受到矿业大国的普遍重视，矿山复垦技术发展迅速，复垦率不断提高。美国于1918年在印第安纳州首先进行了复垦试验，此后逐步推广应用。美国全国矿山占地850万英亩，已经复垦面积占85%，英国矿区复垦超过100万英亩。1977年美国政府颁布了《露天采矿管理和复垦法》，将矿山复垦纳入了法制化管理。

我国人口众多、耕地面积少，人均耕地不到世界平均水平的30%，人均林地不到世界平均水平的14%。而我国矿业开发对土地的占用、污染和破坏数量庞大，因而矿山复垦对我国尤为重要。我国从20世纪50年代在海南岛田独铁矿开始矿山复垦，几十年来已取得显著进展，特别是1989年国务院实施《土地复垦规定》以后，矿山复垦有了进一步的发展。根据相关统计，截止到2000年我国国有重点煤矿塌陷总面积达29.37万公顷，其中14%进行了复垦；国有重点露天矿土地破坏总面积达1.22万公顷，其中12%进行了复垦。2000年国有重点煤矿塌陷区复垦占当年塌陷面积的34%，国有重点露天煤矿的土地复垦率有47.8%。

（1）露天矿采空区复垦。露天矿开采初期就要考虑将来的采区复垦工作。若矿床之上的表土层较为肥沃，在剥离时应将表层土单独堆放，尽可能保持原有土壤结构。在采空区回填时，将大块废石或有害岩土置于矿坑底部，顶部铺上原来的表层土或另取适宜耕作的新土覆盖，经平整后选择合适的植物进行栽种或作他用。有的露天坑可用于蓄水养殖（譬如，海南岛田独铁矿）。

（2）排土场复垦。排土场（废石场）本身就是矿区的重要污染源，除压占大量土地外，还会对大气、水体产生污染，有时还引发滑坡、泥石流等灾害。排土场复垦就是整治废石堆场，确保稳定，恢复土地，进行种植，控制或消除废石场对周围环境的污染。排土场在设计时就应考虑未来的复垦工作，在剥岩时，要将表土层与废石分别采集和堆放。在复垦时，要根据排土场的位置、形状、废石性质和水文气象条件，因地制宜地确定复垦方案。有的排土场可推平，在其上覆盖表土，进行种植；有的排土场可整治成一定坡度和高度，在废石堆顶部平台覆盖表土，进行种植。我国的平朔安太堡露天煤矿，设计和应用了多层台阶排土场，台阶高15m、宽80m，边坡角35°，平台上复土厚度1.5m。采用多平盘、多点扇形推进，分段分期同步复垦。边坡上开挖鱼鳞坑、矩形坑，种植树木和草地，平台上种植农作物和药材。从1987年到1995年，共复垦土地408hm^2，总投入1977.2万元，平均吨煤复垦费0.22元。排土场复垦后，植被覆盖率比原来提高1~2倍，土壤侵蚀量减少77%，农作物产量比原有农田提高50%~120%。

（3）尾矿库复垦。尾矿库关闭、停止使用后，由于水分的蒸发和排泄，表面干涸而置露于空气中，形成一层不透气的外壳，整个尾矿库类似一个沼泽地，承载能力很低。因此，尾矿库的复垦工作首先要处理和改善其表面结构，提高其承载能力。一般的复垦步骤是：挖松表面的坚硬外壳；表层挖松后用碎石充填，对酸性尾矿用石灰石中和其酸性，对碱性尾矿用白云石中和其碱性；平整尾矿堆表面，铺垫表土并掺入中和药剂和肥料；进行种植或作他用。当尾矿及残留药剂中含有毒物质时，要研究这些有害物质的危害及其防治措施。铜陵有色金属公司的五公里尾矿库，三面是城市，一面是菜地。从1967年至1991年向库内排放了1000万立方米的尾矿，变成了一片沙漠。大风季节，库区和半个铜陵市都被笼罩在灰蒙蒙的粉尘之中，风停之后，农作物和建筑物上飘落一层粉尘，破坏了当地的生态平衡，影响居民健康。闭库3~5年后，采取建筑复垦方式，首先是地基处理，用混凝土预制桩或碎石打地基，然后在其上建学校、工厂和住宅，建筑占地30余万平方米，既有效地解决了尾矿库粉尘污染大气问题，又在一定程度上缓解了城市用地紧张。

（4）塌陷区复垦。地下开采引起的塌陷区，因其所在地区的地势地貌、水文气象等条件的不同，对土地的破坏程度和复垦方法均有所不同。对于山地和丘陵地带，只要将局部的塌陷漏斗或塌陷坑、裂缝进行填堵并加以平整，即可恢复原来的地形地貌。对于平原地区，若潜水位较低，地区降雨较少，塌陷区不会常年积水，复垦时只需进行回填和铺垫表土，即可进行种植或作他用。若潜水位较高，或降雨较多，塌陷区会常年积水，复垦时需排除积水，或整治水面及周围环境，用于养殖及游览。

我国抚顺市老虎台矿和龙风矿在开采特厚倾斜煤层时，虽然用水砂充填采空区，仍然发生地面沉降，沉降值为12～17m，总面积95.3hm^2。从1991年至1993年，进行了塌陷区的复垦造田，采用专用设备和铺设电气化铁路，利用西露天矿剥离的岩石，把排岩和塌陷区回填结合起来，4年共剥离与回填矸石409.7万立方米，回填之后覆盖0.6m厚土壤，然后进行种植。4年共复垦32.93hm^2，投资882.12万元，经济效益3810.33万元，综合效益5430.48万元。

（5）矿山绿化。应该在矿山复垦区或矿区其他土地上，根据地形、土壤、气候、水文等条件，有计划、有选择地广泛种植树木或其他植物，形成绿化区（带）。这些绿化区具有吸灰防尘、净化空间、调节温湿、减弱噪声、美化环境等多种功能，对于矿区防治污染、保护环境可以发挥重要作用。据研究资料，每公顷阔叶林在生长季节一天可吸收CO_2 1t，放出$O_2$0.73t，每公顷柳杉每年可吸收$SO_2$720kg；4.4m宽枝叶浓密的林带可以降低噪音6dB；夏季高温季节，绿地气温比非绿地低3～5℃，相对湿度高10%～20%；林区雨量比非林区平均多7.4%。

（二）排污控制及末端治理

对矿业生产过程中的排污量，需要采用各种技术和其他措施进行控制；对产生的“三废”进行治理，以减少排污量，降低污染和危害程度。

（1）矿山烟尘控制及治理。矿山粉尘、烟气中含有大量有害、有毒物质，污染工作场所及矿区大气。为了减少矿山粉尘、烟气的产生，广泛应用各种除尘消烟技术和措施，诸如，湿式凿岩、水封爆破、洒水喷雾、通风稀释、使用除尘装置、空气净化装置以及集尘系统等。对燃煤的工业锅炉，除采用除尘装置，还要采取脱硫措施，以减少燃煤排放的SO_2量。对原煤进行洗选，可以排矸降灰脱硫，在煤的洗选过程中，最高可去除75%的硫。对于自燃的煤矸石堆，可以采用覆盖法（用黄土等惰性物质覆盖燃烧区）、浇灌法（向燃烧区喷洒石灰乳或其他灭火浆液）、注浆法（将灭火材料制成浆液用机械注入矸石堆内部，通过降温和隔氧达到灭火目的）等措施，控制自燃和减少污染。

（2）矿山污水处理及治理。矿山污水主要来源是矿井外排的矿坑水和选矿（洗煤）厂排放的污水。污水净化方法有物理法、化学法和生物法。各种方法的原理都是将污水中有害物质分离出来，或者将其转化为无害物质。物理法应用沉淀、过滤、离心分离等技术，去除污水中的悬浮物。化学法是向污水中加入化学药剂，通过化学反应去除有害物质，或将有害物质变为无害物质，例如，用酸碱中和法处理酸性矿坑水，中和剂采用石灰或石灰石。生物法是通过微生物的代谢作用，使污水中的有机污染物转化为稳定的无害物质。目前，在矿山应用较广的是沉淀、过滤、中和等方法；随着循环经济的理念的认同，越来越多的选矿（洗煤）厂开始使用闭路循环技术，不外排污水，使水在系统内得到处理，重复使用。

我国70%煤矿矿区都是缺水地区，因此将矿坑水进行资源化处理，使之达到民用至少工业用标准，使选矿厂（洗煤厂）的工业用水得以循环使用，具有特别重要的意义。据研究，矿井水处理成本约是自来水的50%。就矿井水与地下水供水工程相比，既节省了地下水资源费与提升费，又节省了超标排污费，具有很大的环境效益和经济效益潜力。

（3）矿山废尾处置及利用。矿业生产会产生大量的固体废弃物，主要包括采矿排弃的废石（矸石）和选矿排放的尾矿。对矿山废尾的处置，主要措施是复垦，此外尚有一些其他措施。这些措施有：在废尾堆表面喷水或用泥土、岩块、草帘等覆盖，以减少粉尘、尾矿的飞扬；在废尾堆表面喷洒抑尘剂（化学药剂），形成固结硬壳，起到抗风和防水作用。对具有放射性的废石、尾矿，采用挖坑深埋或者回填矿井等。我国遂昌金矿在建矿之初开采黄铁矿期间，曾排弃了数百万吨贫硫铁矿和含硫废砟，在风化和降水作用下，产生含多种重金属的酸性水，严重污染周围土地和水系。经多年研究，采用电石砟覆盖含硫废石堆，形成坚固的碳酸钙外壳，封闭了污染源。而电石砟本身又是该矿生产中的废弃物。用它作为覆盖层，起到了“以废治废”的良好效果。

除尾矿处置措施外，对矿山废石、尾矿开展综合利用，可以起到减少污染、变废为宝的效果。矿山废尾的综合利用，一般有两种方式：

一是从废尾中进一步回收有用成分。随着选矿技术的进步，过去不能回收或不易回收的成分，现在已经能够回收，使得原来作为废石处理的低品位矿石和尾矿得以利用，共伴生矿中的共伴生组分得以回收，既减少了废尾总量，又增加了资源量。一般认为，尾矿的再加工利用，在经济上是可取的。因为在获得精矿的选矿流程中，破碎与磨矿费用占全部费用的49%～56%。当然在具体条件下，要通过技术经济计算以确定对尾矿再加工利用的合理性。

矿山废尾综合利用的第二种方式是以废尾为原料制造新的物质，主要是建筑材料，譬如，用做水泥、建筑陶瓷、玻璃制品、铸石制品、砖瓦制品等建筑材料，以及由于农肥、采空区复垦或充填、筑路、煤矸石发电等，把废尾作为资源而加以利用。1996年，全国排放煤矸石6093万吨，用于发电的587万吨，用于生产建材的607万吨，用于充填塌陷区的723万吨，用于筑路的281万吨，用于其他的429万吨。当年煤矸石利用率为43%。

（三）清洁生产及源头预防

清洁生产（Cleaner Production）是指将综合预防的环境策略持续地应用于生产过程和产品中，以便减少对人类和环境的风险性。对生产过程而言，清洁生产包括节约原材料和能源，淘汰有毒原材料并在全部排放物和废物离开生产过程以前减少它们的数量和毒性。清洁生产包括清洁生产过程和清洁产品两个方面。为了推进清洁生产，国家颁布了《清洁生产促进法》。

清洁生产技术是指采用的生产技术和工艺本身在生产过程中不排放或甚少排放污染物，不危害或甚少危害环境。这是一种将生产技术与环境保护统筹考虑和一体化实施的新技术观。

矿业方面的清洁生产技术，总体上仍处于认识、研发、尝试和试验之中。

(1) 防止地表损害。矿区地表沉降及损坏是传统地下采矿工艺的必然结果。为了保护地表地形，不引发沉降、塌陷或减缓塌陷，目前较为广泛采用的有效技术是充填采矿方法。这种采矿方法边采矿、边充填，用充填体支撑围岩，控制采场地压，减轻、延缓和防止采空区围岩的破坏、移动及波及地表，从而保护地表地形。我国湘西金矿就运用胶结充填采矿法，安全地回采了河床下的金矿体，采区与河床的最小距离为28m，未引起河床塌陷、断裂而致河水潜入矿井。美国硼酸盐公司应用分层充填法，成功地回采了位于国家公园纪念馆之下的比利硼矿。波兰茨塞别翁卡铅锌矿应用条带充填法和房柱充填法，回采了位于铁路、公路和村镇之下的矿床，成功地保护了地面及其上的建筑物。充填采矿法的缺点是生产工艺较复杂，开采成本较高，生产效率较低。

随着可持续发展与循环经济理念的广泛认同、生态环境和安全健康要求及成本的不断提高以及采矿工艺技术的持续进步，充填采矿法这一过去主要在特殊条件下才采用的工艺，在经济模式转型的新时期，正在得到越来越多的应用，很多情况下甚至成为首选开采工艺，展现了广阔的应用前景和较大的发展潜力。

除充填法之外，为了保护地表和减缓地表沉降，还有留保护矿柱的开采工艺，诸如留护顶矿柱，条带开采，房柱采矿法等，但这些方法会降低资源的回收率。

(2) 矿井废石减排。废石是矿业生产中的主要副产物之一，是提取有用矿物的采选工艺过程的必然产物。地下开采中，为了减少废石出坑量，采用废石充填采空区是办法之一。在极薄矿脉开采中应用的削壁充填采矿法，就是把超脉开挖的废石就地作为充填料而使用，我国的红花沟金矿、桃江锰矿等在开采0.6m以下的极薄矿脉时，都使用了削壁充填采矿法，减少了废石出坑量。而在用混采方法开采极薄矿脉时，废石便混在矿石中被运送到地面。除削壁充填法之外，废石干式充填采矿法、废石胶结充填采矿法也能够大量使用井下废石。这些采矿法既减少了废石出坑量，又可就地取材，作为充填材料，具有经济与环境双重效益。但废石作为充填材料时，其物理和化学性质应满足对充填材料的要求。除了把废石用做充填采矿法的充填料之外，也可将其排放在采空区或废弃巷道中，以减少其出坑量。

研发采选集成工艺，将选矿工艺或者部分选矿工艺环节设置在井下，将成为矿井废石（尾矿）减排工艺技术的一个重要方向。通过井下采选集成，有望使采矿废石、选矿尾矿、井下水源等主要采选物流得以在井下循环。理论上讲，井下矿石经过有用矿物分离、提取之后，残余物质的重量（废石及尾矿）应该少于原地物质量，但体积可能会有所增加。研发新一代采选工艺技术、使得采选废石（尾矿）全部处置于井下，对采选科技工作者是一个极大的挑战，对数百年来采选工艺技术的创新具有划时代意义。

(3) 露天矿内排。露天开采剥离岩石的堆放，既占用大量土地，又形成重要的污染源。采用露天矿内排工艺技术，将剥离岩石乃至选矿尾矿，堆放在露天采场之内，既节省了排土及尾矿场占地，又减轻了排土及尾矿场污染。

当然，露天矿内排并非适用于各种矿床赋存条件。一般而言，就目前的采矿工艺看，缓倾斜薄矿体及一些赋存于地壳浅表的铝土矿、砂矿，具有较好的内排条件及潜力。对于走向长度大的倾斜、急倾斜厚矿体或一个矿区有多个采场的矿山，可以通过开采规划及采掘计划的安排，先开采部分采场或分区开采，将采空区作为后续采场的内排场所。

我国义马矿务局北露天矿于20世纪90年代开始应用内排工艺，至1993年3月实现全部剥岩内排，免征了原计划修建外排土场的7.911hm^{2}良田。由于节省了征地费和迁赔费，以及因排土运距减少8.5km而节省了运费，经济效益约3300万元，并避免了外排可能产生的环境污染、安全隐患等社会成本。

（4）煤矿瓦斯抽采。传统地看，煤矿开采导致大量的煤层气（CH_4）排放到大气中，形成空气污染乃至促进气候变暖。在煤矿开采时，预先抽采煤层气并作为能源加以利用，可以有效地减少生产中的瓦斯涌出量，有助于减轻对大气的污染和井下开采安全。瓦斯抽采可以在井下或者在地表进行，相关技术及工艺根据条件不同而异，诸如，开采层抽采、邻近层抽采、采空区抽采、地面抽采、综合抽采等。我国的高瓦斯和瓦斯矿井数量多，具有较大的瓦斯抽采潜力。

（5）溶浸提取。利用化学溶液（有时还要应用微生物进行催化）溶解、浸出和回收原矿石中有用组分的技术被统称为溶浸采矿。溶浸可以分为地表堆浸和地下浸出。地表堆浸主要用于地壳浅表矿、低品位金矿以及尾矿等资源中有用矿产的提取。

地下浸出则是一种发展中的矿产提取工艺，它融常规采矿、选矿与湿法冶金等工艺于一体，直接从矿石中提取金属，从根本上改变了传统的采、选、冶工艺，简化矿产开发工艺流程，大幅度地减少了采、选、冶工艺流程中产生的废弃物及污染物。根据矿石位置状态，可以将地下浸出又分为地下堆浸（采落矿石在井下迁移到指定场所堆浸）、破碎浸出（原地破碎堆浸）和原地浸出（疏松矿床直接浸出）。采用地下浸出工艺，矿石不出井下，无地表排废，不占用地表土地，是一种比较有发展前途的清洁开采工艺技术。溶浸提取工艺技术当前已经在铀矿、低品位金矿及铜矿、浅表风蚀型稀土矿、尾矿再利用等比较特殊的条件下得到了应用。

当然，地表堆浸和地下溶浸提取工艺，会伴随有毒、有害废液的产生，也可能导致地表土质、水系和空气或者地下水系污染，需要予以认真关注。

类似地，煤炭的地下液化，也可以看作是一种地下浸出工艺技术。

（6）煤炭地下气化。煤炭地下气化是将煤炭在原位直接进行热化学反应使之转化为可燃气体的工艺技术。可以分为有井式地下气化法和无井式地下气化法，前者是采用井巷通到煤层进行气化的方法，后者是采用地表钻孔到煤层进行气化的方法。煤炭地下气化技术已试验研究数十年，目前尚未达到工业应用阶段。未来这种工艺技术的成功，将是采煤工业的革命。不仅采煤生产安全，而且消除了传统采煤工艺过程中排放的三废，可以看做是一种较为理想的清洁生产工艺技术。

第三节 矿业社会问题与对策

可持续发展理念是人类付出了沉重的生态环境代价后，总结了社会经济发展历程中正反两方面的经验教训，经过长期的反思与探索之后得出的共识，是指导和协调人类与自然界、经济发展与环境保护相互关系的基本原理。

从矿业、环境与社区的协调发展关系看，需要认识有关矿业开发的以下几个社会经济问题及其对策取向。

一、矿业社会问题

依托于矿产资源开发的社区、矿区或者矿业城市的可持续发展问题一直是国内外学界、媒介和政策关注的焦点。就我国当前状况而言，矿业开发对社区可持续发展的影响及带来的问题主要有以下几种。

（一）资源加速耗竭

一些矿区社会经济的高速发展过度地依赖矿产资源，以资源的加快耗竭为代价。整体而言，矿产资源可以通过地质勘查得到补充，也能够通过技术进步而予以替代。但是，对于阜新、鸡西、鹤岗、七台河、蛟河等老矿区而言，矿产资源几近耗竭，相关产业走向萧条。“资源诅咒”与“荷兰病”现象已经在一些传统矿区以及过度资源依赖地区开始显现，尽管从国民经济的角度看，整体上尚未发现有类似的迹象。

（二）生态环境退化

矿产资源开发是一个开挖地层、进而从岩体中分离有用矿物的过程，不可避免地引发对人居及生态的大规模、长时期的负面生态环境影响，包括地形景观的改变，地表地形水系及植被的扰动，地表及建筑的沉降及损坏，废岩、尾矿、酸性水、重金属以及其他有害物质的排放，温室气体、硫化物、碳以及其他有害颗粒的污染等等。抚顺、鞍山等矿区受到开采、选矿、冶炼等矿产资源开发经济活动的综合污染，生态环境面临严重损害。

（三）安全健康严峻

根据国家安全生产监督管理总局的数据，2009 年煤矿的死亡人数是 2631，非煤矿山的死亡人数是 1542，损失惨痛。究其原因，除了采矿技术水平低、劳动生产率低下、矿工技能及安全培训不足等因素之外，矿山业主忽视乃至无视矿工生命安全、矿山安全设施不足、管理不善、执法不严、违法违章运营及操作也是重要影响因素。矿工的职业安全及健康问题也是社会关注的另一焦点，非法用工、装备不足、违规作业、工作场所安全健康条件恶劣等践踏劳工权利的问题普遍存在，在地方及民营矿山尤为突出，事故伤害和职业病伤害（如矽肺病）严重。

（四）人为制度障碍

经济上看，我国已经或者基本实现市场机制，经济效益得以大幅提升；但是，制度上看，我国仍然属于大政府体制，政府层次繁多、部门机构林立、人为障碍突出、制度效率低下。时而职能重叠、政出多门、人浮于事、九龙治水，时而无约束的权利集中蕴藏着无度的代理寻租，导致制度失效。依据制度经济学的理论看，目前的市场交易成本过度高昂，加剧了资源耗竭、环境退化、安全违章、劳工滥用、贪腐浪费。

（五）社会责任缺失

据报道，国有单位占有 60% 社会资源，每年对 GDP 增长的贡献不足 30%，吸纳的劳动力不到20%。一些资源型国企非但没能利用天赋矿产资源为资源所在社区创造财富，反而带来严重的生态环境及安全健康问题，当地民富流失。现实是，矿山环境保护、生产安全保障、教育资源、社会公共福利等明显不足，矿区社会矛盾突显。组织社会责任意识及社会问题应对机制缺乏，诸如行政透明、公开报告、社区参与、成本分担、效益共享、职业及组织道德行为责任等方面亟待促进与发展。

二、矿业社会问题的对策取向

为了应对我国矿区安全与社区可持续发展中面临的问题，需要从推进多利益相关方参与及履行社会责任、加强研究与开发、改善经济手段、促进制度变革等4个方向着力。

（一）推进多方参与及履行社会责任

根据Novo Nordisk的社会问题及其公众期待的测度理论，可以将矿区的组织社会责任问题的演化规律划分为四个阶段，即潜在阶段、显现阶段、强化阶段和制度化阶段。这些阶段的出现与矿区的社会经济发展水平具有一定的相关性。在矿区发展的早期，利益相关方在利用资源和发展建设方面具有共同利益，社会责任问题处于潜在阶段，间或有以中间部门组织为代表的社会责任先驱开始提出利益诉求。

随着矿区社会经济发展水平的提高，利益相关方的需求不断提升，不可避免地会产生社会成本分担和资源效益共享等方面的公平与否问题，相应地，土地转让、搬迁补偿、环境扰动、安全保障等方面的社会责任问题逐渐显现。此时，需要行业性努力，实施自律规范，尽力满足社区对企业的期待。此后，社会责任需求逐步强化、成为全社会共识，需要政府干预，建立相关立法或商业规范，使社会责任制度化、法制化，企业为了获得“社会执照”，积极采取预防性措施，将社会责任看做是社会资本的投入、纳入企业的发展战略，公开、透明以及与利益相关方的沟通将成为企业的基本行为规范，通过集体行动，实现文明运营和多方共赢。

（二）加强技术研究与开发

矿区可持续性不良的某些问题具有技术性质，需要开发新技术和新工艺以促进可持续发展，开发深部勘探技术、低品位矿床的高效开采技术、矿物高效回收技术、资源高效利用技术、循环经济技术、污染控制技术、安全健康技术等。新型管理手段也应予以高度重视及采用，以便有效评估和找出影响可持续性的瓶颈，进而指引矿区可持续发展的方向。

（三）改善经济手段与市场机制

进一步完善经济手段，是改变不可持续行为的重要对策。政府补贴机制可以用来激励学界与业界对深部勘探与开采技术、低品位与共伴生矿物提取技术、循环经济3R技术、尾矿库与采空区碳捕收技术、煤层气利用技术、残油饱和还原技术、井下安全健康技术等进行开发与利用，对于促进资源持续利用和环境有效改善、实现矿区可持续发展将产生长远的影响。

税费机制也有较大的改善空间。矿产资源出让和开发利用税费的设计对社会成本考虑不够，没能真实地反映资源的社会价值及市场价格，加剧矿产资源的浪费与耗竭，导致资源禀赋不能够充分地造福于矿区社会。

类似地，对于矿区环境保护和生产安全健康等方面的违规行为及后果处罚不力，不能有效地实现与矿产资源开发相关的环境污染或事故灾害之社会成本的内部化，形同鼓励隐患滋生和灾害发展。据报道，《国务院关于进一步加强企业安全生产工作的通知》规定，自2011年1月1日起，将在高危行业和企业，试行全年安全生产风险抵押金制度，完善落实工伤保险制度，提高工伤事故死亡赔偿标准，平均水平由20万元提高到在50至60万元，可以认为是经济手段改善与社会进步的双重体现。

（四）促进制度变革

目前，我国矿山、交通、食品等事故及灾害频发，安全形势严峻。近年来，死亡及失踪数十人乃至超百人的矿山灾难持续不断。如，2011年山东枣庄防备煤矿火灾、山东潍坊盘马埠铁矿透水及贵州黔南牛棚煤矿井下溃水，2010年河南兴东二矿炸药爆炸和中平能化集团平禹四矿煤与瓦斯突出，2009年黑龙江新兴煤矿和山西屯兰煤矿瓦斯爆炸，2008年山西新塔铁矿尾矿溃坝，2007年山东华源煤矿淹井，2006年山西新井煤矿淹井，2005年辽宁阜新孙家湾煤矿瓦斯爆炸，2004年陕西陈家湾煤矿瓦斯爆炸，2003年安徽芦岭煤矿瓦斯爆炸，2002年黑龙江城子河煤矿瓦斯爆炸等事故，都造成了重大的人员伤亡、财产损失和社会成本。再如，2009年，全国矿山死亡人数为4173，其数量级与美国在20世纪初期的矿山死亡人数相当。

如前所述，导致安全健康形势严峻的因素很多，但安全法律法规的效果及效率有限是深刻根源之一。事实上，我国矿山安全生产监督管理机构遍布全国，包括垂直管理的煤矿监管和属地管理的非煤矿山及其他监管机构，拥有庞大的行政网络与人力资源。然而，我国矿山生产安全状况却差强人意，意味着对矿山安全监管等有关制度变革、制度实施机制以及制度绩效水平提升的迫切需求。

作为矿业制度变革的一个新近发展是政府主导的矿山企业兼并重组，由国有煤矿企业兼并地方小型矿山。煤矿及铁铝等矿产资源丰富、矿山事故频发的山西省正在领军这一制度变革，另一矿产资源大省河南省据报道也将向此发展。理论上看，该项制度变革对于小型矿山的治理与技术升级具有进步意义，但是其最终目标的取得仍将是一个漫长的过程，重组企业之间、企业与（地方）政府之间、中央与地方之间的利益博弈仍将持续。

总之，面对国家及社区社会经济可持续发展的目标及其实现的知识经济、循环经济和社会责任途径，矿业发展的传统观念、生产方式与治理模式必须改变。首先，矿业的发展不应仅局限于规模与产值的增长，而应注重矿业对国民经济或社区社会经济的适度发展。其次，新矿区特别是内蒙古、新疆等空旷、边远地区新矿区的开发，应高度重视资本与技术对劳动的替代，主动采用发达国家的矿区不建城镇、源头设计、采后复垦等开发方式；传统矿区或矿业城市应及早从以矿产资源开发为主的社会经济发展方式向不依赖于矿产资源的方式转变，防范“资源悖论”现象及后果的产生，实现矿区经济发展模式及结构的转型和可持续发展，确保矿区的发展在经济上保持活力，社会上承担责任，资源上奉行节约，环境上力行无害，劳动上安全健康。第三，需要采用先进的管理观念、方式与手段，包括现代企业管理制度和计算机辅助设计、规划、管理与教育培训手段，提高矿山工作者的知识能力、技能水平和劳动生产率。第四，需要通过高新技术，诸如信息技术、智能技术、生物技术、采选集成技术、清洁生产技术、无废矿山技术、煤炭地下气化与液化技术、地下浸出技术、资源综合利用技术、复垦技术等的研发与应用，提高资源开发利用的技术水平及生产率、产品的技术含量和附加值，克服传统生产方式及工艺技术的外部不经济效应，包括对资源的浪费、环境及生态的干扰、安全及健康的损害等效应。第五，需要进一步改善经济手段与市场机制，包括税费、伤害补偿、社会保障等机制，实现矿产资源开发的外部成本内部化，纠正被长期扭曲了的矿产价格，使得矿产资源开发利用的企业经济效益与社区社会效益得以充分体现，有助于矿产资源及生态环境的保护。最后，需要通过推进以资源地社区为主的利益相关方的积极参与，促进企业及社会治理机制的创新，改善矿业开发决策及活动的透明度及公开性，降低社会经济运行中的交易成本，提升资源开发利用经济效益及社会公正的水平。

思　考　题

(1)　分析矿业开发的外部性。

(2)　试分析矿业与可持续发展、知识经济、循环经济、社会责任、社区发展的关系。

(3)　试论我国矿产资源、矿区环境和矿山安全的社会经济问题的根源与解决问题的政策取向、市场机制及社会约束。

参考文献

[1] 杨鹏，蔡嗣经．高等硬岩采矿学［M］．北京：冶金工业出版社，2010.
[2] 陈立铭．铜资源风险投资研究［D］．吉林大学博士学位论文，2010.
[3] 于润沧．采矿工程师手册［M］．北京：冶金工业出版社，2009.
[4] 胡存智．全国矿产资源规划研究［M］．北京：地质出版社，2009.
[5] 北京市国土资源局．北京市国土资源法规汇编（2008）［M］．北京：煤炭工业出版社，2009.
[6] 杨言辰，叶松青，王建新等．矿山地质学［M］．地质出版社，2009.
[7] 中华人民共和国国土资源部．中国国土资源统计年鉴（2007）［M］．北京：地质出版社，2007.
[8] 国家改革和发展委员会、建设部．关于建设项目经济评价工作的若干规定．国家发展改革委、建设部《关于印发建设项目经济评价方法与参数的通知》（发改投资［2006］1325号），2006.
[9] 国务院．国务院关于矿产资源合理利用、保护和管理工作的报告．2006.
[10] 鹿爱莉．东北地区矿产资源比较优势及其变动规律［D］．北京科技大学博士学位论文，2006.
[11] 刘艳良．市场调查与预测［M］．沈阳：东北大学出版社，2006.
[12] 张宏．基于投入产出模型的煤炭资源供需情景研究［D］．北京科技大学博士学位论文，2005.
[13] 贾敬敦，黄黔，徐铭．中国资源（矿业）枯竭型城市经济转型科技战略研究［M］．北京：中国农业科学技术出版社，2004.
[14] 李毅．攀枝花地区资源开发与地区可持续发展研究［D］．北京科技大学博士学位论文，2000.
[15] 向永生．金矿资源矿业权评估理论与方法研究［D］．北京科技大学博士学位论文，2000.
[16] 朱训．中国矿情［M］．北京：科学出版社，1999.
[17] 中华人民共和国国家标准．固体矿产资源/储量分类（GB/T17766—1999）［S］．北京：国家质量技术监督局，1999.
[18] 中国国土资源经济研究院．探矿权采矿权评估方法指南［M］．北京：地质出版社，1999.
[19] 傅鸣柯．尊重矿业特有规律，确立矿业基础产业地位［D］．第六届全国采矿学术会议论文集，1999，10（1）：30～31.
[20] 刘朝马．基于现代资产定价技术的矿业权评估理论与方法研究［D］．北京科技大学博士学位论文，1999.
[21] 周光召．科技进步与学科发展［M］．北京：中国科技出版社，1998.
[22] 王四光等．矿产资源资产与矿业权评估——原理、规划、案例［M］．北京：经济科学出版社，1998.
[23] 胡魁．联合国国际储量/资源分类框架以及对我国储量分类系统的改革建议（J）．中国矿业，1998，7（2）：12～14.
[24] 汤万金．矿区可持续发展理论与评估方法研究［D］．北京科技大学博士学位论文，1998.
[25] 王广成．煤炭资源资产评估理论与方法研究［D］．北京科技大学博士学位论文，1997.
[26] 中国经济年鉴编辑委员会．中国经济年鉴（1997）［M］．北京：经济科学出版社，1997.
[27] 张恒江．煤炭企业动态投入产出模型及其应用研究［D］．北京科技大学博士学位论文，1996.
[28] 世界经济年鉴编辑委员会．世界经济年鉴（1996）［M］．北京：经济科学出版社，1996.
[29] 傅家骥，仝允桓主编．工业技术经济学［M］．北京：清华大学出版社，1996.
[30] 李万亨，田入金．初论矿产资源资产评估［J］．地球科学——中国地质大学学报，1995，20（2）：138～143.
[31] 关风峻，周永发．矿业权流转制度研究［J］．中国地质矿产经济研究院，1995.
[32] 刘德，张仁泽等．中国有色金属矿山工业纪事．中国有色金属工业总公司矿山领导小组，1995.
[33] 采矿手册编辑委员会．采矿手册［M］．北京：冶金工业出版社，1994.

[34] 李仲学. 矿业经济学导论 [M]. 北京: 煤炭工业出版社, 1994.
[35] 唐小莉. 黄金矿山企业投入产出分析及生产经营决策方法研究 [D]. 北京科技大学博士学位论文, 1993.
[36] 勒晓阳. 动态联合生产型投入产出模型及其在矿物工程中的应用 [J]. 系统工程, 1992, 10 (6).
[37] 鲁道斯基 O, 杨昌明等译. 矿产经济学 [M]. 武汉: 中国地质大学出版社, 1991.
[38] 刘江天. 招远金矿经济数学模型应用研究 [D]. 北京科技大学博士学位论文, 1990.
[39] 李秉全, 宋瑞昆. 云锡公司实物——价值投入产出模型的编制方法 [J]. 系统工程理论与实践, 1989 (3).
[40] 李仲学. 矿山设计生产能力之优化的经济分析方法 [J]. 冶金矿山, 1988 (4).
[41] 彼得斯 W C. 勘查和矿山地质学 [M]. 北京: 冶金工业出版社, 1988.
[42] 刘振坤, 张世晴. 现代西方经济学基础原理 [M]. 天津: 南开大学出版社, 1986.
[43] Агошков М И, и другие. Экономика Горнорудной Промышленности. Москва: Недра, 1986.
[44] USGS National Minerals Information Center. Annual Review 2010: Mining. Mining Engineering, 2011, 63 (5): 45-57.
[45] ISO. Guidance on social responsibility (International standard ISO 26000). Geneva: International Organization for Standardization, 2010.
[46] Breslin, A. One Hundred Years of Federal Mining Safety and Health Research (IC 9520). Pittsburgh, PA: NIOSH, 2010.
[47] United Nations. United Nations Framework Classification for Fossil Energy and Mineral Reserves and Resources 2009. ECE Energy Series No. 39, New York and Geneva: United Nations, 2010.
[48] Long K R. A Test and Re-Estimation of Taylor' s Empirical Capacity - Reserve Relationship. Natural Resources Research, 2009, 18 (1): 57-63.
[49] SAI (Social Accountability International). Social Accountability 8000. New York: SAI, 2008.
[50] Nieto, A and Duerksen, A. The Effects of Mine Safety Legislation on Mining Technology in the USA. International Journal of Mining and Mineral Engineering, 2008, 1: 95-103.
[51] SME. The 2007 SME Guide for Reporting Exploration Results, Mineral Resources, and Mineral Reserves (The 2007 SME Gu ide). Colorado: SME, 2007.
[52] Southern African Institute of Mining and Metallurgy (SAIMM) and Geological Society of South African (GSSA). The South African Code for the Reporting of Mineral Asset Valuation (The SAMVAL Code). Prepared by the SAMVAL Working Group under the joint auspices of SAIMM and GSSA, 2007.
[53] Hermanus, M. The Status of Occupational Health in the South African Mining Industry and Key Challenges for Practitioners. Journal of the Mine Ventilation Society of South Africa, 2006, 59: 8-12.
[54] Australasian Institute of Mining and Metallurgy (AusIMM). Code for theTechnical Assessment and Valuationof Mineral and Petroleum Assets and Securities for Independent Expert Reports (The VALMIN Code). The VALMIN Committee, 2005.
[55] Canadian Institute of Mining, Metallurgy and Petroleum (CIM). Standards and Guidelines for Valuation of Mineral Properties. Special Committee of CIM on Valuation of Mineral Properties (CIMVAL), 2003.
[56] South African Institute of Mining and Metallurgy (SAIMM). South African Code for Reporting of Mineral Resources and Mineral Reserves (The SAMREC Code). Prepared by the South African Mineral Resource Committee (SAMREC), 2000.
[57] Canadian Institute of Mining, Metallurgy and Petroleum (CIM). CIM Standards on Mineral Resources and Reserves - Definitions and Guidelines. Prepared by the CIM Standing Committee on Reserve Definitions, 2000.

[58] JORC. Australasian Code for Reporting of Mineral Resources and Ore Reserves (The JORC Co de). Prepared by the Joint Ore Reserves Committee of the Australasian Institute of Mining and Metallurgy, Australian Institute of Geoscientists and Minerals Council of Australia (JORC), 1999.

[59] Clarici E. Recoverable Reserve Estimation Using a Neural Network. Elbrond J, Tang X. Proc. of APCOM XXIV, Montreal, Quebec, Canada, 1993: 145-152.

[60] Denby B C, Burnett C H. A Neural Network Based Tool for Grade Estimation. Elbrond J, Tang X. Proc. of APCOM XXIV, Montreal, Quebec, Canada, 1993: 153-160.

[61] Carroll, A B. The Pyramid of Corporate Social Responsibility: toward the Moral Management of Organizational Stakeholders. Business Horizons, 1991 (July/August): 39-48.

[62] Gocht W R, Zantop H, Eggert R G. International Mineral Economics: Mineral Exploration, Mine Evaluation, Mineral Markets, International Mineral Policies. Berlin: Springer Verlag, 1988.

[63] Gentry D W. Minerals Project Evaluation: an Overview. Trans. Instn Min. Metall. (Sect. A: Min. industry), 1988, 97: A25-35.

[64] Taylor H K. Rates of Working of Mines: Simple Rule of Thumb. Trans. Instn Min. Metall. (Sect A: Min. industry). 1986, 95: A203-204.

[65] Desai M. An Econometric Model of the World Tin Economy. Econometrica. 1986, 34: 105-134.

[66] Vogely W A. Economics of the Mineral Industries. 4th Ed. NY: AIME, 1985.

[67] Harris D P. Mineral Resources Appraisal: Mineral Endowment, Resources, and Potential Supply: Concepts, Methods, and Cases. New York: Oxford University Press, 1984.

[68] Adelman M A, et al. Energy Resources in an Uncertain Future. Ballinger Publishing Company, Cambridge, MA, 1983: 213-214.

[69] Science Applications, Inc. RAMC Underground Mining Cost Equations Development. DOE/EIA-0433, Wayne, PA, 1983.

[70] Kolk D X. The Regional Employment Impact of Rapidly Escalating Energy Costs. Energy Economics, 1983, 5 (2): 105-113.

[71] Leontief W, et al. The Production and Consumption of Nonfuel Minerals to The Year 2030, Analyzed within an Input-Output Framework of the U. S. and World Economy. Institute for Economic Analysis, New York University, 1982.

[72] Mular A L. Mineral Processing Equipment and Preliminary Capital Cost Estimation. CIM Bulletin, 1982, 25.

[73] Labys W C. A Critical Review of International Energy Modeling Methodologies. Working Paper 82-034, MIT Energy Laboratory, MIT, Cambridge, MA, 1982.

[74] Rose A, et al. Modern Energy Region Development and Income Distribution. Journal of Environmental Economics and Management, 1982, 9 (2).

[75] Ogawa K. A New Approach to Econometric Modeling: A World Copper Model. NSF Report, Dept of Economics, University of Pennsylvania, 1982.

[76] Gordon R L. An Economic Analysis of World Energy Problems. Cambridge: The MIT Press, 1981.

[77] Pindyck R, Rubinfeld D. Econometric Models and Economic Forecasts. 2nd Ed. New York: McGraw-Hill, 1981.

[78] Gupta S. World Zinc Industry. MA: Heath Lexington Books, 1981.

[79] Carson J, Christian W, Ward G. The MIT World Oil Model. MIT Energy Laboratory, Working Paper 81-027, MIT, Cambridge, MA, 1981.

[80] Field F R, et al. A System Simulation Model of the World Magnesium Industry. Working Paper No. 21, Ma-

terials Systems Laboratory, MIT, Cambridge, MA, 1980.
[81] USBM & USGS. Principles of a Resource/Reserve Classification for Minerals. USGS Circular 831, 1980.
[82] U. S. Department of Energy, An Assessment Report on Uranium in the United States of America. Report No. GJO-111, Grand Junction Office, 1980.
[83] O'Hara T A. Quick Guides to the Evaluation of Ore-bodies. CIM Bull. 1980, 2: 87-99.
[84] Drew L J, Scheunemeyer J H, Root D H. Petroleum-Resources Appraisal and Discovery Rate Forecasting in Partially Explored Regions. USGS Professional Paper 1138, Parts A, B & C, U. S. Government Printing Office, Washington D C, 1980.
[85] Clement G K, et al. Capital and Operating Cost Estimating System Manual for Mining and Beneficiation of Metallic and Nonmetallic Minerals Except Fossil Fuels in the United States and Canada, Prepared by STRAAM for the Bureau of Mines. U. S. Department of Interior, Denver, CO, 1980.
[86] Sparrow F, Soyster A. Process Models of Minerals Industries. Proc. of the Council of Economics of the AIME, AIME, NY, 1980: 93～101.
[87] Hibbard W R, Soyster A L, Gates R S. A Disaggregated Supply Model of the U. S. Copper Industry Operating in an Aggregated World Supply Demand System. Materials and Society, 1980, 4 (3): 261-284.
[88] Labys W C, Yang C W. A Quadratic Programming Model of the Appalachian Steam Coal Market. Energy Economics, 1980, 2: 86～95.
[89] Labys W C. A Model of Disequilibrium Adjustments in the Copper Market. Materials and Society, 1980, 4: 153-164.
[90] Ridker R G, Watson W D. To Choose a Future. Baltimore, MD: The Johns Hopkins University Press, 1980.
[91] Smithson C W, et al. Mineral Markets: An Econometric and Simulation Analysis. Canadian Ministry of Natural Resources, Ontario, 1979.
[92] Attanasi E D. The Nature of Firm Expectations in Petroleum Exploration. Land Economics, 1979, 55 (3) .
[93] Hartman R S. Frontiers in Energy Demand Modeling. Hollander J M, Simmons M K, Wood D O. Annual Review of Energy, 1979, 4: 433-466.
[94] Hibbard W R, et al. An Engineering Econometric Model of the U. S. Aluminum Industry. Proc. of the AIME, New York, 1979.
[95] Pindyck R S. The Structure of World Energy Demand. Cambridge, MA: The MIT Press, 1979.
[96] Labys W C, Paik S, Liebenthal A M. An Economic Simulation Model of the U. S. Steam Coal Market. Energy Economics, 1979, 1: 19-26.
[97] Katell S. Economic Analysis of Coal Mining Costs for Underground and Strip Mining Operations, Prepared for the Energy Information Administration. Department of Energy, U. S. , 1978.
[98] Charles River Associates, Inc. The Economics and Geology of Mineral Supply: An Integrated Framework for Long-Run Policy Analysis. CRA Report No. 327, CRA, Boston, 1978.
[99] Grybeck D, Deyoung J H. Map and Tables Describing Mineral Resource Potential of the Brooks Range, Alaska. USGS Open File Report 78-1-B, Menlo Park, CA, 1978.
[100] Hudson T, Deyoung J H. Map and Tables Describing Areas of Mineral Resource Potential, Seward Peninsula, Alaska. USGS OFR 78-1-C, 1978.
[101] MacKevett E M, Singer D A, Holloway C D. Map and Tables Describing Metalliferous Mineral Resource Potential of Southern Alaska. USGS OFR 78-1-E, Menlo Park, CA, 1978.
[102] Patton W W. Maps and Tables Describing Areas of Interest for Oil and Gas in Central Alaska. USGS OFR 78-1-F, Menlo Park, CA, 1978.

[103] Pindyck R S. Gains to Producers from the Cartelization of Exhaustible Resources. Review of Economics and Statistics, 1978, 60: 238-251.

[104] Harris D P. Undiscovered Uranium Resources and Potential Supply. National Research Council. Workshop on Concepts of Uranium Resources and Producibility. National Academy of Sciences, 1978: 51-81.

[105] Malinvaud E. Statistical Methods of Econometrics. Revised Edition. Chicago: Rand-McNally, 1978.

[106] Labys W C. Commodity Markets and Models: The Range of Experience. Adams F G, Klein S. Stabilizing World Commodity Markets: Analysis, Practice and Policy, Heath Lexington Books, Lexington, MA, 1978.

[107] Rose A, et al. The Economics of Geo-thermal Energy Development at the Regional Level. Journal of Energy and Development, 1978, 4 (1).

[108] Miernyk W, et al. Regional Impacts of Rising Energy Prices. Cambridge: Ballinger, 1978.

[109] McCrossan R, et al. Oil and Gas Resources of Canada, 1976. Report EP77-1. Canada: Energy, Mines and Resources Bureau, 1977.

[110] Labys W C. Minerals Commodity Modeling: The State of the Art. Proc. the Mineral Economics Symp on Minerals Policies in Transition, Council of Economics of the AIME, Washington D. C., 1977: 80-106.

[111] STRAAM Engineers Inc. Capital and Operating Cost Estimating System Handbook for Mining and Beneficiation of Metallic and Nonmetallic Minerals Except Fossil Fuels in the United States and Canada, Prepared for the Bureau of Mines. U. S. Department of Interior, Denver, CO, 1977.

[112] Barouch E, Kaufman G M. Estimation of Undiscovered Oil and Gas. Proc. of the Symposia in Applied Mathematics, American Mathematical Society, Providence, R. I., 1977, 21: 77-91.

[113] Libbin J J, Boehjle X X. Programming Model of East-West Coal Shipments. American Journal of Agricultural Economics, 1977, 27.

[114] Ellis J R, et al. A Subjective Probability Appraisal of Uranium Resources in the State of New Mexico. Grand Junction Office, U. S. Energy Research and Development Administration, GJO-110 (76), 1976.

[115] ICF, Inc. Coal Supply Analysis, Project Independence Evaluation System (PIES) Documentation. FEA/B-76/422, PB-271938, 1976.

[116] Charles River Associates, Econometric Model of the World Nickel Industry. CRA, Boston, MA, 1976.

[117] Griffin J M, Gregory P R. An Inter-country Translog Model of Energy Substitution Responses. American Economic Review, 1976, 66: 845-857.

[118] Bryant T A. Policy Implications of Oil and Natural Gas Reserve Estimates. M. S. Thesis, MIT, Cambridge, MA, 1976.

[119] Smith G W, Shenk G R. The International Tin Agreement: A Reassessment. Economic Journal, 1976.

[120] Charles River Associates. Modeling Analysis of Supply Restrictions in the Minerals Industry, Experimental Technology Improvement Program. Cambridge, MA, 1976.

[121] Kovisars L. World Production, Consumption and Trade in Zinc-An LP Model. USBM Contract Report J-0166003, Stanford Research Institute, Stanford, 1976.

[122] Mackenzie B W and Barnett D W. Mineral economics, Adelaide: Australian Mineral Foundation, 1976: 362p.

[123] Uri N. Toward an Efficient Allocation of Electric Energy. Lexington, MA: Heath Lexington Books, 1976.

[124] Krueger P K. Modeling Future Requirements for Metals and Minerals. Proc. of the XIV APCOM, The Pennsylvania State University, University Park, PA, 1976.

[125] Berndt E R, Wood D O. Technology, Prices and the Derived Demand for Energy. The Review of Econom-

ics and Statistics. 1975, 1: 259-268.

[126] MacAvoy P W, Pindyck R S. The Economics of the Natural Gas Shortage: 1960-1980. Amsterdam: North-Holland, 1975.

[127] Bromberg L, Hartigan J A. U. S. Reserves of Oil and Gas. Report to The Federal Energy Administration, Department of Statistics, Yale University, New Haven, CT, 1975.

[128] Jones R W. A Quantitative Geologic Approach to Prediction of Petroleum Resources. Haun J D. Methods of Estimating the Volume of Undiscovered Oil and Gas Resources. American Association of Petroleum Geologists, Tulsa, Okla., 1975: 186-195.

[129] Mallory P F. Accelerated National Oil and Gas Resources Appraisal (ANOGRE). Haun J D. Methods of Estimating the Volume of Undiscovered Oil and Gas Resources. American Association of Petroleum Geologists, Tulsa, Okla., 1975: 23-30.

[130] Miller B M, et al. Geological Estimates of Undiscovered Recoverable Oil and Gas Resources in the United States. USGS Circular, 1975: 725.

[131] Malenbaum W, et al. Laws of Demand for Minerals. Proc. of the Council of Economics, 104th Annual Meeting of the AIME. Feb. 16-20, 1975: 147-155.

[132] Vogely W A. Mineral Materials Modeling, Resources for the Future. Baltimore, Maryland: Johns Hopkins University Press, 1975.

[133] Kovisars L. Copper Trade Flow Model. World Minerals Availability, Stanford Research Institute Project MED, 1975: 3742-3774.

[134] Kaufman G H, Balcer Y, Kruyt D. A Probabilistic Model of Oil and Gas Discovery. Haun J D. Methods of Estimating the Volume of Undiscovered Oil and Gas Resources. American Association of Petroleum Geologists, 1975: 113-142.

[135] Blitzer C, Meeraus A, Stoutjesdijk A. A Dynamic Model of OPEC Trade and Production. Journal of Development Economics, 1975, 2: 319-335.

[136] Kennedy M. An Economic Model of the World Oil Market. Bell Journal of Economics and Management Science, 1974, 5 (2): 540-577.

[137] Deam R J, et al. World Energy Modeling. Energy Modeling (Special Issue of Energy Policy). Guildford, Surrey, UK: IPC Science & Technology Press, 1974.

[138] Hubbert M K. U. S. Energy Resources: A Review as of 1972. A National Fuel and Energy Policy Study, Part I, Serial No. 93-40, Committee on Interior and Insular Affairs, U. S. Sen., Government Printing Office, Washington D C, 1974.

[139] MacAvoy P, Pindyck R. Alternative Regulatory Policies for Dealing with the Natural Gas Shortage. Bell Journal of Economics and Management Science, 1973, 4 (2): 454-498.

[140] Harris D P, Euresty D. The Impact of Transportation Network upon the Potential Supply of Base and Precious Metals from Sonora, Mexico. Proc. 10th APCOM, the South African Institute of Mining and Metallurgy, Johannesburg, 1973: 99-108.

[141] Labys W C. A Lauric Oil Exports Model Based on Capital Stock Adjustment. Malayan Economic Review, 1973, 18: 1-10.

[142] Ryan J M. An Analysis of Crude Oil Discovery Rate in Alberta. Bulletin of Canadian Petroleum Geology, 1973, 21 (2): 219-235.

[143] Ray W H, Szekely J. Process Optimization: With Application in Metallurgy and Chemical Engineering. New York: John Wiley & Sons, 1973.

[144] Copithorne L W. The Use of Linear Programming in the Economic Analysis of a Metal Industry: The Case of

Nickel. Department of Economics, University of Manitoba, 1973.

[145] Taylor H K. General Background Theory of Cutoff Grades. Trans. Instn Min. Metall. (Sect. A: Min. Industry), 1972, 81 (7): A160-179.

[146] Meadows D H. Limits to Growth. New York: Universe Books, 1972.

[147] McKelvey V E. Mineral Resource Estimates and Public Policy. American Scientist, 1972, 60 (1): 32-40.

[148] Fisher F M, Cootner P H, Bailey M. An Econometric Model of the World Copper Industry. Bell Journal of Economics and Management Science, 1972, 3: 568-609.

[149] Adams F F. The Impact of the Cobalt Production from the Ocean Floor: A Review of Present Empirical Knowledge and Preliminary Appraisal, Prepared for the UNCTAD. Wharton School of Finance, Philadelphia, PA, 1972.

[150] Burrows J. Analysis and Model Simulations of the Non-Ferrous Metal Markets: Aluminum. Special Report, CRA, Cambridge, MA, 1972.

[151] National Research Council, Mutual Substitutability of Aluminum and Copper. NMAB 286, National Materials Advisory Board, National Academy of Sciences, Washington, DC, 1972.

[152] Adams F G, Griffin J M. An Econometric Linear Programming Model of the U. S. Petroleum Industry. Journal of the American Statistical Association, 1972, 67: 542-551.

[153] Reardon W A. An Input-Output Analysis of Energy Use Changes from 1947 to 1958 and 1958 to 1963, Report to Office of Science and Technology. Executive Office of the President by Battelle Mem, Inst, 1972.

[154] Beltzer D, Almon C. Forecasts of U. S. Petroleum Demand: An Interindustry Analysis. RR, No. 4, Bureau of Business and Economic Research, University of Maryland, 1972.

[155] Harris D P, Freyman A J, Barry G S. A Mineral Resource Appraisal of the Canadian Northwest Using Subjective Probabilities and Geological Opinion. Proc. of 9th Int. Symp on Techniques for Decision-Making in the Mineral Industry, CIMM, 1971, 12: 100-161.

[156] Khazzoom J D. The FPC Staff′s Econometric Model of Natural Gas Supply in the United States. Bell Journal of Economics and Management Science, 1971, 2 (1): 51-93.

[157] Erickson E, Spann R. Supply Response in the Regulated Industry: The Case of Natural Gas. Bell Journal of Economics and Management Science, 1971, 2 (1): 94-121.

[158] Theil H. Principles of Econometrics. New York: Wiley, 1971.

[159] Burrows J. Cobalt: An Industry Analysis. Lexington, MA: Heath Lexington Books, 1971.

[160] Tsao C S, Day R H. A Process Analysis Model of the U. S. Steel Industry. Management Science, 1971, 17: 588 ~608.

[161] Takayama T, Judge G G. Spatial and Temporal Price and Allocation Models. Amsterdam: North-Holland, 1971.

[162] Barry G S, Freyman A J. Mineral Endowment of the Canadian Northwest. Mineral Information Bulletin, MR 105, Mineral Resources Branch, Department of Energy, Mines and Resources Canada, Ottawa, 1970: 57-95.

[163] Carter A P, Brody A. Contributions to Input-Output Analysis. Amsterdam: North-Holland, 1970.

[164] Meadows D L. Dynamics of Commodity Production Cycles. Cambridge: Wright-Allen Press, 1970.

[165] Nelson J P. An Interregional Recursive Programming Model of the U. S. Iron and Steel Industry: 1947 ~ 1967. University of Wisconsin, 1970.

[166] Tronzzo C L. Technical Efficiency of the Location of Integrated Blast Furnace Capacity. Harvard University, 1966.

[167] Lane K F. Choosing the Optimum Cut-off Grade. Quarterly of the Colorado School of Mines, 1964, 59: 811-829.

[168] Fabian R. Process Analysis of the U. S. Iron and Steel Industry. Manne A S, Markowitz H M. Studies in Process Analysis: Economy-Wide Production Capabilities. New York: John Wiley & Sons, 1963.

[169] Hubbert M K. Energy Resources: A Report to the Committee on Natural Resources, National Academy of Sciences. National Research Council Publication 1000-D, 1962.

[170] Arps J J, Roberts T G. Economics of Drilling for Cretaceous Oil Production on the East Flank of the Denver-Julesburg Basin. AAPG Bulletin, 1958, 42 (11): 2549-2566.

[171] Henderson J M. The Efficiency of the Coal Industry. Cambridge, MA: Harvard University Press, 1958.

[172] Paley W S. Resources for Freedom. A Report to the President by the President's Material Policy Commission, 1953.

[173] Samuelson P A. Spatial Price Equilibrium and Linear Programming. American Economic Review, 1952, 42: 283-303.

[174] Leontief W W. The Structure of the American Economy: 1919-1939. New York: Oxford University Press, 1951.

[175] Hotelling H. The Economics of Exhaustible Resources. Journal of Political Economy, 1931, 39 (4): 137-175.

[176] Berry E S. Present Value in Its Relation to Ore Reserves, Plant Capacity, and Grade of Ore. Mining and Metallurgy, 1922 (7): 11-16.

[177] Grey L C. Rent under the Assumption of Exhaustibility. Quarterly Journal of Economics, 1914, 28 (3): 466~489. Reprinted in: Gaffney. Extractive Resources and Taxation, Madison: University of Wisconsin Press, 1967: 423-446.